제1판 특수교사 임용시험 대비

임지원
특수교육의 맥

1. 특수교육의 방법 및 전략

임지원 편저

박문각 임용 동영상강의 www.pmg.co.kr

박문각

머리말

┃ 교재 소개

• 본 교재는 특수교사 임용시험을 준비하는 데에 부족함이 없도록 특수교육학 영역별 각론을 풍부하게 반영하여 체계적으로 정리한 수험서입니다.

• 본 교재만으로도 영역별 이론을 넓고 깊게 파악할 수 있도록 하였고, 수많은 각론서를 일일이 찾아 봐야 하는 수험생의 수고로움을 덜고자 하였습니다.

• 기존의 '특수교육의 맥(2022)' 교재를 기반으로 하되, 2022~2024년에 새롭게 출간된 최신 각론서의 내용과 최근기출 경향을 반영하여 영역별 구조 및 내용을 재정비하였습니다.

• 기본이론 강의교재로서, 단권화 교재로서, 서브노트의 기반이 되는 교재로서 또는 독학을 위한 교재로서 더욱 효과적이고 효율적인 학습이 가능하도록 구조 및 가독성을 보다 개선하였습니다.

• 본 교재는 총 4권으로 구성하였습니다.

제1권 **특수교육 방법 및 전략**
　　　통합교육 · 개별화교육, 특수교육평가, 행동지원, 특수교육공학, 전환교육

제2권 **특수아동교육 ❶**
　　　지적장애, 정서행동장애, 자폐성장애, 학습장애

제3권 **특수아동교육 ❷**
　　　시각장애, 청각장애, 의사소통장애

제4권 **특수아동교육 ❸**
　　　지체장애, 중도중복장애, 건강장애

| 교재의 특징 및 활용

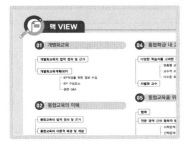

맥VIEW

챕터별로 전체적인 구조를 한눈에 파악할
수 있도록 마인드맵으로 정리

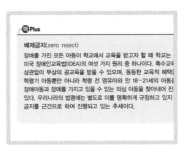

맥Plus

본문의 내용을 보다 확장하거나 깊게 볼 수
있는 관련 이론 및 용어 정리

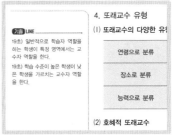

기출LINE

해당 이론이 반영된 기출문제의 제시문 및
예시문

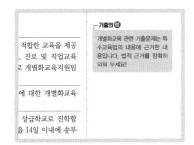

기출의 맥

해당 이론을 쉽게 이해하는 팁이나 유의점,
문제해결을 위한 핵심 등의 코멘트

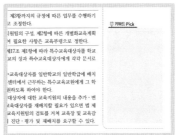

키워드 PICK

오른쪽 날개 하단마다 배치한 여백으로서
매 페이지마다 가장 중요한 핵심이나 키워
드, 또는 어려운 부분 등을 메모하는 곳

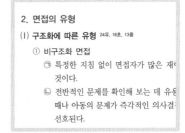

기출 출제연도 표시

기출문제 출제영역에 2009~2025학년도
유·초·중 기출 표시

이번 '특수교육의 맥' 교재 개정작업 내내 초심을 되돌아보며 제가 중요하게 생각하는 강의와 교재의
방향에 더욱 충실하고자 하였습니다.

임용시험 합격을 목표로 이 방대한 특수교육학을 공부할 때에는 올바른 방식으로 더 쉽고 정확하게 이
해하는 학습을 해야 하고, 이를 안내하고 돕는 것이 저의 가장 중요한 역할이자 역량일 것입니다.

본 교재 또한 그러한 의미에서 여러분의 합격에 기반이 되는 든든한 수험서가 될 수 있도록 노력하였
습니다.

예비 특수교사 여러분의 도전을 언제나 응원하고, 여러분 모두의 고득점 합격을 기원합니다!

2025년 1월, 임지원

차례

CHAPTER 04 특수교육공학

CHAPTER 05 전환교육

임지원 특수교육의 맥

통합교육·개별화교육

맥 VIEW

01　개별화교육

├ 개별화교육의 법적 정의 및 근거

└ 개별화교육계획(IEP)
　├ IEP작성을 위한 정보 수집
　├ IEP 구성요소
　└ 관련 Q&A

02　통합교육의 이해

├ 통합교육의 법적 정의 및 근거

├ 통합교육의 이론적 배경 및 개념
　├ 통합교육의 이론적 배경
　├ 통합교육 관련 용어
　└ 통합 수준에 따른 통합 유형

└ 특수교육의 연계적 서비스 체계

03　교수적 수정

├ 교수적 수정의 개념

├ 교수적 수정의 유형
　├ 교수환경의 수정
　├ 교수적 집단화의 수정
　├ 교수방법의 수정
　├ 교수내용의 수정
　└ 평가방법의 수정

├ 교수적 수정의 지침

└ 교수적 수정의 절차

04　통합학급 내 교수전략

├ 다양한 학습자를 고려한 수업방식에 관한 이론
　├ 맞춤형 교수
　├ 교수적 수정
　└ 다수준 포함 교수

└ 차별화 교수

05　통합교육을 위한 협력적 접근

├ 협력

├ 전문 영역 간의 협력적 팀
　├ 다학문적 접근
　├ 간학문적 접근
　└ 초학문적 접근

└ 협력교수 ─┬ 대안적 교수
　　　　　　├ 스테이션 교수
　　　　　　├ 평행교수
　　　　　　├ 팀 티칭
　　　　　　└ 교수-지원

06　사회적 통합을 위한 교수전략 : 협동학습 및 또래교수

├ 협동학습 ─┬ 개념과 원리
　　　　　　└ 협동학습 모형 ─┬ STAD
　　　　　　　　　　　　　├ TGT
　　　　　　　　　　　　　├ TAI
　　　　　　　　　　　　　├ Jigsaw
　　　　　　　　　　　　　├ GI
　　　　　　　　　　　　　├ Co-op Co-op
　　　　　　　　　　　　　├ LT
　　　　　　　　　　　　　└ CIRC

└ 또래교수 ─┬ 의미와 효과
　　　　　　├ 유의사항
　　　　　　├ 적용절차
　　　　　　└ 유형 ─┬ 연령/장소/능력에 따른 분류
　　　　　　　　　　└ 호혜적 또래교수

CHAPTER 01 통합교육 · 개별화교육

01 개별화교육

① 개별화교육의 법적 정의 및 근거

1. 정의

'개별화교육'이란 각급학교의 장이 특수교육대상자 개인의 능력을 개발하기 위하여 장애 유형 및 장애특성에 적합한 교육목표 · 교육방법 · 교육내용 · 특수교육 관련 서비스 등이 포함된 계획을 수립하여 실시하는 교육을 말한다.

2. 법적 근거(「장애인 등에 대한 특수교육법」 제22조)

기출의 맥

개별화교육 관련 기출문제는 특수교육법의 내용에 근거한 내용입니다. 법적 근거를 정확히 외워 두세요!

법	개별화 교육지원팀 구성	① 각급학교의 장은 특수교육대상자의 교육적 요구에 적합한 교육을 제공하기 위하여 보호자, 특수교육교원, 일반교육교원, 진로 및 직업교육 담당 교원, 특수교육 관련 서비스 담당 인력 등으로 개별화교육지원팀을 구성한다.
	IEP 작성	② 개별화교육지원팀은 매 학기마다 특수교육대상자에 대한 개별화교육계획을 작성하여야 한다.
	전학 및 송부	③ 특수교육대상자가 다른 학교로 전학할 경우 또는 상급학교로 진학할 경우에는 전출학교는 전입학교에 개별화교육계획을 14일 이내에 송부하여야 한다.
	특수교육 교원	④ 특수교육교원은 제1항부터 제3항까지의 규정에 따른 업무를 수행하기 위하여 각 업무를 지원하고 조정한다.
	기타 관련사항	⑤ 제1항에 따른 개별화교육지원팀의 구성, 제2항에 따른 개별화교육계획의 수립 · 실시 등에 관하여 필요한 사항은 교육부령으로 정한다.
영	개별화 교육지원 팀의 역할	① 교육장 또는 교육감은 법 제17조 제1항에 따라 특수교육대상자를 학교에 배치할 때에는 해당 학교의 장과 특수교육대상자에게 각각 문서로 알려야 한다. ② 교육장 또는 교육감은 특수교육대상자를 일반학교의 일반학급에 배치한 경우에는 특수교육지원센터에서 근무하는 특수교육교원에게 그 학교를 방문하여 학습을 지원하도록 하여야 한다. ③ 각급학교의 장은 특수교육대상자에 대한 교육지원의 내용을 추가 · 변경 또는 종료하거나 특수교육대상자를 재배치할 필요가 있으면 법 제22조 제1항에 따른 개별화교육지원팀의 검토를 거쳐 교육장 및 교육감에게 그 특수교육대상자의 진단 · 평가 및 재배치를 요구할 수 있다.

✏ 키워드 Pick

규칙	팀 구성 시기	① 각급학교의 장은 법 제22조 제1항에 따라 매 학년의 시작일부터 2주 이내에 각각의 특수교육대상자에 대한 개별화교육지원팀을 구성하여야 한다.
	IEP 작성시기	② 개별화교육지원팀은 매 학기의 시작일부터 30일 이내에 개별화교육계획을 작성하여야 한다.
	IEP 구성요소	③ 개별화교육계획에는 특수교육대상자의 인적사항과 특별한 교육지원이 필요한 영역의 현재 학습 수행수준, 교육목표, 교육내용, 교육방법, 평가계획 및 제공할 특수교육 관련 서비스의 내용과 방법 등이 포함되어야 한다.
	평가	④ 각급학교의 장은 매 학기마다 개별화교육계획에 따른 각각의 특수교육대상자의 학업성취도 평가를 실시하고, 그 결과를 특수교육대상자 또는 그 보호자에게 통보하여야 한다.

② 개별화교육계획(IEP)

1. 개별화교육계획(IEP) 작성을 위한 정보 수집 14·15·17유, 15중

방법	• 상담, 관찰, 추가평가(형식적·비형식적 평가 등)
내용	• 학습(교과), 사회성 기술, 인지능력, 이동능력, 대근육 운동, 소근육 운동 기술(필기 가능 여부 등), 의사소통능력, 동기, 주의집중, 교육과정에의 접근 정도, 행동문제, 진료 기록, 의료적 요구사항, 교육력, 강점과 재능, 사회·정서 요구, 필요한 특수교육 관련 서비스 등
유의점	• 특수교육대상자에 대한 정보를 수집할 때에는 개별화교육계획 수립에 참고가 될 수 있는 정보를 수집하되, 객관적이고 과학적인 방법에 의해 작성된 정보를 우선적으로 수집하고, 기타 교육에 참고가 될 수 있는 중요한 정보도 함께 수집한다. • 특수교육대상자에 대한 정보를 수집하기 위해 평가를 할 때에는 개별화교육계획 수립에 참고가 되지 않는 불필요한 평가를 하지 않도록 유의하며, 보호자에게 목적을 설명하고 동의를 구한다. • 특수교육대상자의 평가자료는 개별화교육계획을 개발하고 평가하는 등 교육목적으로만 사용하며, 다른 목적으로 사용하지 않는다.
정보의 관리	• 특수교육대상자 및 보호자의 생육사, 병력사, 가계사 및 가정 경제사 등 다양한 개인 인격 및 정보에 대한 비밀 보장과 보호를 위한 정보의 관리를 철저하게 하여 불필요한 자료는 폐기하고, 유출 및 남용을 방지한다.

2. 개별화교육계획(IEP)의 구성요소 14·18·19유, 15중

(1) 인적사항

성명, 성별, 생년월일, 학교, 학년/반, 주소, 가족사항, 연락처, 개별화교육계획 시작일 및 종료일, 장애 유형 및 정도, 장애특성, 진단·평가 내용, 특수교육대상자의 흥미, 강점, 약점, 보호자의 희망사항, 기타 사항(전년도 담임교사의 의견 등)

(2) 현재 학습 수행수준

① 교육목표 설정에 필요한 평가 관련 정보

② 교육목표와 관련된 출발점 행동 수준

③ 사회성 기술, 부적절한 행동, 신체활동(건강상태, 보장구 사용 등)과 같은 적응행동 특성은 교과 내에 포함시켜 진술

(3) 교육목표

내용	• 교육목표는 1년의 교육목표인 연간목표와 학기별 교육목표를 제시 • 매 학년 1학기 개별화교육계획 개발 시, 연간목표와 학기별 목표를 일차적으로 수립 • 연간목표 : 현재 학습 수행수준을 고려하여 개별화교육계획(1년)이 종료되는 시점에서 특수교육대상자가 수행할 것으로 기대되는 수준 • 학기별 목표 : 연간목표를 구성하는 하위 목표로서 해당 학기가 끝나는 시점에서 특수교육대상자가 수행할 것으로 기대되는 수준
진술 방법	• 교육목표는 하나의 의미만을 전달할 수 있도록 명료하게 객관적인 용어로 측정 가능하게 기술 • 교육목표는 수업을 받은 결과의 측면에서 '학생중심'으로 기술 • '무엇을 가르칠 것인가?'가 아닌 '무엇을 학습할 것인가?'의 시각 • 세 가지 조건 　－ 행동이 수행될 조건 　－ 수업의 결과로 학생들이 성취해야 할 행동 　－ 학습활동의 성취 여부를 결정할 기준 또는 수준
개발 방법	• 계열적 방법 • 비계열적 방법 • 혼합적 방법

(4) 교육내용

① 현재 학습 수행수준을 기초로 하여 교육목표에 도달할 수 있는 교육내용을 세부적으로 기술한다.

② 교육내용은 실제 가르치는 내용을 의미한다.

③ 교육내용을 선정할 때는 교과목 간의 연관성, 교수방법, 생활연령 등을 고려한다.

✥ 키워드 Pick

(5) 교육방법

① 영역별로 특수교육대상자의 개별적 요구에 부응할 수 있는 교육방법을 기술한다.
② 교육방법을 선택할 때는 보편적 설계 개념에 입각한 교육방법을 우선적으로 고려한다.

(6) 평가 계획

① 평가 계획은 평가 담당자, 평가 시기와 같은 일반사항과 교육목표 달성 여부를 어떻게 판단할 것인가에 관한 평가 준거를 포함한다.
② 평가 준거를 제시할 때는 측정 가능한 방법을 제시한다.

(7) 특수교육 관련 서비스

① 개별화교육계획을 수립할 때에는 특수교육대상자의 특성에 따라 요구되는 특수교육 관련 서비스의 내용과 방법 등이 포함된다.
② 특수교육 관련 서비스 내용: 가족지원, 치료지원, 보조교사, 통학지원, 학습자료지원, 정보접근지원, 기숙사 등

3. 개별화교육계획 관련 Q&A

Q1 일반학급에 완전 통합된 특수교육대상자를 위하여 개별화교육계획을 수립·운영하여야 하는가?

A 특수교육대상자의 교육 배치환경과는 무관하게 각각의 특수교육대상자에 대한 개별화교육지원팀을 구성하여 개별화교육계획을 작성하고 시행하여야 한다. 특수교육대상자에 대한 개별화교육계획의 작성과 시행은 선택사항이 아닌 의무사항이다.

Q2 특수교육대상자가 일반학급에 배치(완전통합)된 경우, 개별화교육계획은 어떻게 수립·운영하여야 하는가?

A 특수교육대상자가 일반학교의 일반학급에서 종일제 특수교육 서비스를 받는 경우, 일반학급교원의 책임하에 개별화교육계획을 수립·운영하여야 한다. 이때 당해 학교의 특수교육교원이나 특수교육지원센터의 특수교육교원의 지원을 받아 개별화교육계획을 수립·운영하여야 한다.

Q3 특수학급 미설치교에 배치된 특수교육대상자의 개별화교육계획은 어떻게 수립·운영하여야 하는가?

A 특수학급 미설치교에 특수교육대상자가 배치된 경우 학교장은 특수교육지원센터의 특수교육교원의 도움을 받아 개별화교육지원팀을 구성하여 개별화교육계획을 수립하고 운영하여야 한다.

Q4 특수교육대상자가 통합학급(일반학급)에서 학습하는 교과목도 개별화교육계획에 포함되어야 하는가?

A 일반학급(통합학급)에서 학습하는 교과목에 대한 개별화교육계획이 필요한 경우, 이 교과목에 대한 개별화교육계획을 작성하여 운영할 수 있다. 무엇보다도 특수교육대상자의 교육적 요구를 잘 고려하여 교육지원이 필요하다고 판단되는 교과에 대하여 개별화교육계획을 작성하는 것이 중요하다.

Q5 개별화교육계획에 명시된 특수교육 및 특수교육 관련 서비스 등을 포함한 교육지원 내용을 제공할 의무가 있는가?

A 개별화교육계획은 법적 구속력을 지닌 문서이므로 각급학교의 장은 개별화교육계획에 명시된 교육지원 내용을 제공하여야 하며, 이에 대한 관리의 책임을 가진다.

Q6 개별화교육계획의 교육목표를 특수교육대상자가 달성하지 못할 경우, 교사에게 책임을 물을 수 있는가?

A 개별화교육계획을 수립하지 않은 것에 대하여 개별화교육지원팀에게 책임을 물을 수는 있다. 그러나 교사를 포함한 개별화교육지원팀에서는 개별화교육계획을 수행함에 있어 자신이 담당한 부분에 대해서는 최선의 노력을 다해야 하며, 나름대로 최선의 노력을 다하였다면 책임을 물을 수는 없을 것이다.

Q7 개별화교육계획 작성 시 특수교육교원의 책임과 역할은 무엇인가?

A 개별화교육계획은 특수교육교원 한 사람이 작성하는 것이 아니라 개별화교육지원팀이 작성해야 한다. 특수교육대상자에게 교육지원이 필요한 영역의 전문가(전문인력)는 각자의 영역에 대하여 개별화교육계획을 작성하여야 하며, 특수교육교원은 이를 조정하고 지원하는 역할을 한다.

Q8 특수교육대상자 본인이 원하는 경우, 개별화교육계획 회의에 참석할 수 있는가?

A 특수교육대상자가 본인의 개별화교육계획 회의에 참여하기를 원하는 경우, 회의에 참석할 수 있다.

🔑 키워드 Pick

Q9 보호자가 개별화교육지원팀에 참여하기를 원하지 않을 경우 어떻게 하여야 하는가?

A 보호자가 참여를 원하지 않는 이유를 파악하여 그에 대한 적절한 대처를 하는 것이 바람직하다. 보호자의 참여를 유도하기 위하여 학교장은 적절한 행정적·재정적인 지원을 하여야 한다. 그러나 적절한 조정이나 지원을 제공하였음에도 불구하고 보호자가 참여하기 어려운 경우, 개별화교육계획 최종안을 송부하고 서명할 수 있도록 한다.

Q10 일반 중·고등학교의 경우 개별화교육지원팀에 모든 교과담당 교사가 참여하여야 하는가?

A 일반 중·고등학교에 재학 중인 특수교육대상자가 통합교육을 받는 경우, 개별화교육계획을 작성하는 교과의 담당 교사는 개별화교육지원팀의 구성원이 될 수 있다.

Q11 특수교육대상자가 다른 학교에서 전학을 온 경우 새로운 개별화교육계획을 작성하여야 하는가?

A 특수교육대상자가 전학을 온 경우, 새로운 개별화교육지원팀을 구성하는 것을 원칙으로 한다. 새로 구성된 개별화교육지원팀이 기존의 개별화교육계획(전출학교에서 보내 온 자료)이 적합하다고 판단될 경우, 기존의 개별화교육계획을 그대로 시행할 수 있다. 그러나 새로운 개별화교육계획이 필요하다고 판단될 경우, 최대한 빠른 시일 내에 개별화교육계획을 작성하여야 한다.

Q12 법에서 규정한 교육목표란 연간목표를 의미하는가, 아니면 학기별 목표를 의미하는가?

A 법에서 규정한 교육목표는 연간목표나 학기별 목표 중 하나를 의미한다고 볼 수 없다. 다만 매 학기별로 평가를 실시해야 하기에 학기별 목표는 필요하다. 또한 연간목표는 특수교육대상자의 한 학년 동안의 목표를 진술해야 하기에 각 학년 동안의 목표이다. 따라서 개별화교육지원팀은 매 학년의 1학기에 연간목표와 학기별 목표(1학기, 2학기)를 모두 작성하는 것이 적절하다.

Q13 개별화교육계획의 작성이 완료되기 전 특수교육 및 특수교육 관련 서비스는 어떻게 제공해야 하는가?

A 개별화교육계획의 작성 시기는 매 학기의 시작일로부터 30일 이내이다. 따라서 이 기간 동안에는 특수교육대상자의 교육적 요구를 최대한 반영하여 적절한 교육지원을 하도록 한다. 이때 특수교육대상자에 관한 진단·평가 결과를 활용할 수도 있다. 아동이 최초로 특수교육대상자로 선정된 경우에는 특수교육지원센터로부터 받은 진단·평가 결과 및 교육지원 내용을 참고하도록 한다. 기존의 특수교육대상자인 경우에는 학생의 교육과 관련 있는 다양한 자료를 활용하여 교육을 제공하도록 한다.

Q14 순회학급 또는 병원학급의 경우 개별화교육계획지원팀의 구성과 역할, 그리고 그 인원은 어떻게 하여야 하는가?

A 특수교육대상자가 소속된 학교의 학교장이 특수교육지원센터에 소속된 특수교육교원의 지원 및 협조를 받아 그 학생에 대한 개별화교육지원팀을 구성하여야 한다. 개별화교육지원팀의 수는 특수교육대상자의 교육적 요구에 따라 달라질 수 있으며, 구성원의 역할은 개별화교육지원팀에서 정하도록 한다.

Q15 소속학교에서 다른 학교로 가서 지도하는 파견교사의 경우, 개별화교육지원팀의 구성과 역할 그리고 그 인원은 어떻게 하여야 하는가?

A 특수교육대상자가 소속된 학교의 장이 그 학생에 대한 개별화교육지원팀을 구성하여야 한다. 개별화교육지원팀의 구성은 특수교육대상자의 교육적 요구에 따라 달라질 수 있다. 파견교사는 개별화교육지원팀 구성원의 하나로 개별화교육지원팀에서 정한 역할을 수행하도록 한다.

02 통합교육의 이해

① 통합교육의 법적 정의 및 근거

1. 정의

- "통합교육"이란 특수교육대상자가 일반학교에서 장애유형·장애정도에 따라 차별을 받지 아니하고 또래와 함께 개개인의 교육적 요구에 적합한 교육을 받는 것을 말한다.
- "특수학급"이란 특수교육대상자의 통합교육을 실시하기 위하여 일반학교에 설치된 학급을 말한다.
- "통합학급"이란 특수교육대상자와 또래 일반학생이 함께 편성된 학급을 말한다.

2. 법적 근거(「장애인 등에 대한 특수교육법」 제21조)

기출의 맥

최근 개정된 사항 정확히 암기해 두세요!

법	교육감의 책임	① 교육감은 특수교육대상자가 일반학교에서 또래와 함께 교육받을 수 있도록 시책을 수립·시행하여야 한다. (개정)
	각급학교 장의 책임	② 각급학교의 장은 교육에 관한 각종 시책을 시행하는 경우 특수교육대상자가 통합교육을 원활히 받을 수 있도록 하여야 한다. (개정)
	통합교육 계획	③ 특수교육대상자가 배치된 일반학교의 장은 일반교육교원 및 특수교육교원의 협력을 통하여 차별의 예방, 교육과정의 조정, 제28조에 따른 지원인력의 배치, 교구·학습보조기·보조공학기기의 지원 및 교원연수 등을 포함한 통합교육계획을 수립·시행하여야 한다. (개정)
	일반학교 장의 책임	④ 일반학교의 장은 제3항에 따라 통합교육을 실시하는 경우에는 제27조의 기준에 따라 특수학급을 설치·운영하고, 대통령령으로 정하는 시설·설비 및 교재·교구를 갖추어야 한다. (신설)
	특수교육 교원배치	⑤ 교육부장관 및 교육감은 특수교육대상자의 통합학급 교육활동을 지원하기 위하여 대통령령으로 정하는 바에 따라 특수교육교원을 둘 수 있다. (신설)

키워드 Pick

영	특수학급 교실의 위치 및 크기	① 일반학교의 장은 법 제21조 제2항에 따라 통합교육을 실시하는 경우에는 특수교육대상자의 교내 이동이 쉽고, 세면장·화장실 등과 가까운 곳에 위치한 66제곱미터 이상의 교실에 특수학급을 설치하여야 한다. 다만, 배치된 특수교육대상자의 수 및 그 학교의 여건 등을 고려하여 시·도 조례로 정하는 바에 따라 44제곱미터 이상의 교실에 학급을 설치할 수 있다.
	특수학급 교재교구	② 일반학교의 장은 법 제21조 제2항에 따라 통합교육을 실시하는 경우에는 배치된 특수교육대상자의 성별, 연령, 장애의 유형·정도 및 교육활동 등에 맞도록 정보 접근을 위한 기기, 의사소통을 위한 보완·대체기구 등의 교재·교구를 갖추어야 한다.

② 통합교육의 이론적 배경 및 개념

1. 통합교육의 이론적 배경

구분	내용
탈수용 시설화	• 1960년대에 이르러서 장애인을 시설에 수용하는 것에 대한 강한 비판이 나타나기 시작했으며, 이들을 분리된 시설에서 지역사회로 이동시키고자 하는 탈수용시설화 움직임이 시작되었음
주류화 (main-streaming)	• 주류화는 분리를 전제로 하여 소수집단이 다수집단을 향해 점진적으로 통합된다는 것과 일반교육환경 쪽으로 배치장소를 이동시킨다는 의미 • 특수학생들을 일반교육과정에 포함시키는 것을 의미
정상화의 원리	• 장애인의 사회통합을 향한 움직임의 가장 기본적인 원리 • 문화적으로 정상적인 개인의 행동 및 특성을 형성하고 유지하기 위해서는 가능한 한 문화적으로 정상적인 수단을 사용해야 한다는 철학적인 믿음에서 출발 • 구체적인 의미 : 장애나 기타 불이익을 경험하는 모든 사람들에게 사회의 일반적인 환경 및 생활 방식과 유사하거나 동일한 삶의 형태와 일상생활의 조건을 가능하게 해 주는 것 • 정상화의 원리를 특수교육에 적용하게 되면 장애인을 위한 교육의 목적 및 수단이 가능한 한 일반인들을 위한 교육의 목적 및 수단과 같아야 한다는 것 • 장애인들은 가능한 한 일반적인 사회로 통합되어야 한다는 것을 의미 • 장애인들도 일반인들의 교육환경과 동일하거나 가능한 한 유사한 환경에서 교육해야 하며, 일반인들에게 사용하는 교육방법과 동일하거나 가장 유사한 방법을 사용해야 함
일반교육 주도 (REI)	• 주류화가 가지고 있는 비효율성을 극복하기 위한 방안으로 제시된 것 • 특수교육을 일반교육에 포함시키되, 주도권을 일반교육이 가지고 통합교육으로서의 특수교육을 하려는 행정적인 차원에서 출발한 개념 • 특수교육 프로그램을 일반학교 안으로 끌어들여, 일반교사들이 특수교사의 역할까지 맡아서 하는 교육

최소제한 환경 (LRE)	• 장애학생을 장애가 없는 또래, 가정, 지역사회로부터 가능한 한 최소한으로 분리시켜야 한다는 개념 • 장애학생의 삶이 가능한 한 '정상적'이어야 한다는 의미 • 장애학생을 위한 교육은 그 학생의 개별적인 필요에 의해서 이루어져야 하지만 절대적인 필요 이상으로 개인의 자유를 침해해서는 안 된다는 개념으로 해석
완전통합	• 일반교육환경에 장애학생을 배치하고 그들의 교육적 요구에 따라 필요한 부분만 특수교육적 서비스를 통하여 지원하는 것이 바람직하다는 주장

2. 통합교육 관련 용어

구분	내용
모음식 통합교육	• 선 분리 후 통합 • 주류화, 최소제한환경, 일반교육주도 등
포함식 통합교육	• 선 장애인 포함교육 시작 후 필요에 따라 분리 • 비분리 후 필요에 따른 분리(pull out program) • 완전통합

맥 Plus

배제금지(zero reject)

장애를 가진 모든 아동이 학교에서 교육을 받고자 할 때 학교는 이를 거부할 수 없음을 명시한 것이다. 미국 장애인교육법(IDEA)의 여섯 가지 원리 중 하나이다. 특수교육 요구 아동은 장애의 성격이나 정도에 상관없이 무상의 공교육을 받을 수 있으며, 동등한 교육적 혜택을 받아야 함을 의미한다. 이 규정에는 학령기 아동뿐만 아니라 학령 전 영유아와 만 18~21세의 아동을 포함하며, 각 주의 모든 교육기관은 장애아동과 장애를 가지고 있을 수 있는 의심 아동을 찾아내어 진단하고 평가할 책임이 있음을 규정하고 있다. 우리나라의 법령에는 별도로 이를 명확하게 규정하고 있지 않지만 전반적인 특수교육내용은 배제금지를 근간으로 하여 진행되고 있는 추세이다.

— 「특수교육학 용어사전」

✦ 키워드 Pick

3. 통합 수준에 따른 통합 유형

물리적 통합	장애학생과 일반학생 사이의 접촉이 가능하도록 건물을 배치
용어적 통합	장애학생에 대한 명칭붙임(labeling)이나 차별적 표현을 사용하지 않음
행정적 통합	장애학생들을 다른 아동들과 마찬가지로 동일한 법적 체계 내에 포함
사회적 통합	장애학생과 일반학생 사이의 사회적 접촉을 매우 활발하게 함
교육과정 통합	장애학생과 일반학생에게 동일한 교육과정 체계와 장기목표를 적용
심리적 통합	모든 학생들이 같은 교실에서, 같은 시간에, 같은 프로그램으로, 함께 공부

③ 특수교육의 연계적 서비스 체계

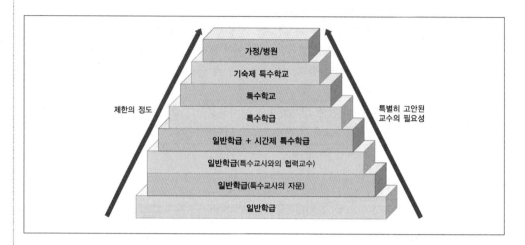

03 교수적 수정 09 · 11 · 13 · 13추 · 20 · 23유, 09 · 10 · 17 · 24초, 11 · 12 · 16 · 19 · 20 · 23중

① 교수적 수정의 개념

교수적 수정은 일반학급의 일상적인 수업을 특수교육적 욕구가 있는 학생의 수업 참여의 양과 질을 최적합한 수준으로 성취시키기 위해서 교수환경, 교수적 집단화, 교수방법(교수활동, 교수전략 및 교수자료), 교수내용, 혹은 평가방법에서 수정을 하는 것을 의미한다.

 Plus

교수 적합화		
정의	• 교수 적합화란 다양한 교육적 요구를 지닌 학생들의 수행의 향상과 수업 참여의 범위와 양을 확장시키기 위하여 교수환경, 교수집단, 교수내용, 교수방법, 평가방법을 포함하는 교육의 전반적인 환경을 조절(accommodation)하고 수정(modification)하는 과정(process)이다. 이는 상대해(responsive) 줌으로써 적응(adaptive)할 수 있도록 제공되는 유관적(contingent) 교수과정으로 이해될 수 있다.	
	• 교수 적합화라는 용어를 주장하는 입장에서 'adaptation'은 학생의 능력이나 요구 수준에 따라 교육과정이나 교수활동에 변화를 가하는 일련의 과정을 의미하는 용어이며, 조절과 수정은 적합화(adaptation)라는 과정을 통해 이루어진다고 해석한다.	
유형	일상적 · 전형적 적합화	• 학년 초에 장애학생의 특성에 따른 교수 적합화의 필요성에 따라 교수자료, 교수집단, 교수목표의 설정 등에서 일정 정도의 변화를 가하는 것 • 전체 학급을 대상으로 하는 적합화 • 상대적으로 적합화의 수준이 낮다는 약점
	실제적 · 특수화된 적합화	• 장애학생 개인의 요구에 부합하여 개인 및 과제 특정적으로 제공되는 교수 적합화

❷ 교수적 수정의 유형

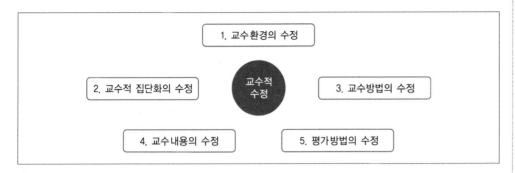

1. 교수환경의 수정

(1) 의미

교수환경의 수정은 일반학급의 물리적 및 사회적 환경을 장애학생의 일반학급에서의 학습목표 달성을 촉진하기 위해서 수정하는 것을 의미한다.

(2) 교수환경 수정의 내용

구분	내용
물리적 환경의 수정	• 물리적 환경에서 수정할 수 있는 요소들은 조명, 소음 정도, 시각적 및 청각적 정보 입력의 정도와 강도, 교실의 물리적인 정돈 상태 혹은 가구의 배열, 교수자료의 위치 혹은 접근성 등 • 교사와 상호작용이 용이하도록 앞줄 중앙에 배치 • 학습활동 시 또래지원이 용이한 아동과 짝이 되게 함 • 학습활동 시 불필요한 소음을 줄여 줌 • 모둠활동 시 또래와 상호작용을 원활히 할 수 있는 자리에 배치 • 장애학생의 접근성과 안전을 위해 교실은 1층에 배치
심리사회적 환경의 수정	• 학급 구성원들의 특성, 또래집단의 특성, 학급 전체집단의 특성 등이 상호작용하여 고유한 교실 분위기를 연출하게 됨 • 학생의 태도, 신념, 기대, 선행학습 경험, 가족, 또래 관계가 교사의 태도, 신념, 기대, 선행 교수·학습 경험, 가족, 동료 관계와 상호작용하면서 독특한 심리사회적 교실 환경을 만들어 냄 • 월 1회 장애인식개선 활동(비디오, 영화, 체험활동) • 장애학생의 학급활동 참여를 위해 학급 내 역할 부여하기 • 장애학생에게 일부 수정된 규칙 적용하기 • 장애학생의 참여를 위해 모둠활동 시 협력적 과제 부여하기 • 교사가 모든 구성원에게 동등한 배려와 관심 갖기

기출 LINE

11중) 장애학생 개개인의 소속감, 평등감, 존중감, 협동심, 상호의존감 등을 고려한다.

⚗ 키워드 Pick

기출 LINE

11유) 일반학생 5명과 은수가 모둠이 되어 학습목표에 도달할 수 있도록 서로 도와주게 한다.

기출 LINE

23중) '타격' 동작을 가르칠 때, 다른 학생들보다 과제를 더욱 세분화하거나 구체적으로 가르쳐 주세요.

2. 교수적 집단화의 수정

(1) 의미

교수적 집단화 형태의 수정이란 교육내용을 가장 적합하게 교수하기 위해서 교사가 사용하는 학생들의 교수적 집단화에서의 수정 및 보완을 의미한다.

(2) 방법

대집단 혹은 전체학급 교수, 교사주도적 소집단교수, 협동학습 집단, 학생주도적 소집단 또는 또래 파트너, 또래교사 혹은 상급 학생 교사, 1:1 교수, 자습 등

3. 교수방법의 수정

유형		내용
교수활동 수정		• 교수활동은 교수할 수업의 주제를 구체적인 활동들로 구조화하여 수업의 길이(차시)를 고려하여 편성한 것 • 교수할 주요 과제를 작은 단계로 나누는 것 • 과제의 양을 줄이는 것 • 과제를 쉽게 또는 구체적으로 수정하는 것 • 과제를 활동 중심적으로 수정하는 것
교수전략 수정	수업형태	• 강의나 시범 • 게임 • 모의 실시 • 역할 놀이 • 발표 • 활동 중심적 수업 • 경험 중심적 수업 • 주제 중심적 수업 • 지역사회 중심의 수업
	교육공학 및 보조공학	• 워드 프로세싱, 컴퓨터 보조학습용 소프트웨어 및 장애학생의 기능적인 능력을 향상시키는 보조공학 등
	행동 강화 전략	• 행동계약 • 모델링 • 토큰 경제 • 부모와의 의사소통 • 즉각적인 개별 피드백 • 칭찬
	정보 제시 및 반응 양식	• 전체제시 방법 • 부분제시 방법 • 시각적·청각적 및 촉각적 학습 양식에 따른 정보 제시 방법
교수자료 수정		• 학생에게 정보의 다른 입력 양식을 허용하거나 학생의 다른 반응 양식을 허용하여 다양하고 풍부한 학습자료를 제시하는 것을 의미한다.

4. 교수내용의 수정

구분	내용
의미	• 일반교육과정의 내용을 장애학생의 독특한 교육적 욕구와 기술의 수행수준에 적합하게 다양한 수준으로 수정하는 것
방법	• 교육과정 내용을 보충하는 것 • 교육과정 내용을 단순화하는 것 • 교육과정 내용을 변화시키는 것
일반교육 과정에서 목표수정	• 같은 교수내용이나 덜 복잡한 것 • 기능적 혹은 지역사회 중심의 교수내용의 적용 • 수행기준의 변경 혹은 다양화 • 과제 완수에 걸리는 시간 혹은 수업의 속도를 조정 • 평가기준 혹은 점수화 체계의 조정 • 행동관리기술의 개별화
교육과정 내용수정 5등급	**1등급** 같은 활동과 같은 교수목적, 같은 교수자료 — • 대상 학생의 IEP의 목표와 목적들을 일반교육과정의 수업에 적용 • 어떠한 수정도 요구되지 않음 • 만약 대상 학생이 감각장애가 있다면 점자, 보청기, 수화 등을 사용
	2등급 같은 활동의 좀 쉬운 단계(수정된 교수목적), 같은 교수자료 — • 같은 활동이 사용되지만 다른 교수목적 • 대상 학생의 반응 양식 수정 (예 읽는 것 대신 듣는 것, 쓰는 것 대신 말하는 것 등) • 1등급에 비해 더욱 개별화된 교수
	3등급 같은 활동, 다른 교수목적 및 교수자료 — • 교수목적과 교수자료의 수정 • 개별화의 정도가 더욱 강화 • 대상 학생은 그의 또래 동료들과 같은 책상이나 테이블에서 물리적으로 함께 위치
	4등급 같은 주제, 다른 과제와 다른 교수목적 — • 또래들이 학습하고 있는 일반교육과정의 주제 면에서 연관이 있는 활동에 참여 • 장애학생을 위한 초점은 일반교실의 교육과정 내용 안에 삽입될 수 있는 IEP의 핵심적인 목표와 목적들(예 사회성, 의사소통, 운동성, 인지)을 개발하는 것 • 고도의 개별화 • 또래와 함께 같은 테이블에 앉아 있을 수도 있고 그렇지 않을 수도 있지만 같은 교실 내에 있음
	5등급 다른 주제, 다른 활동 — • 기능성(functionality)과 장애학생의 일상적 생활에의 적용에 초점 • 대상 학생의 IEP의 목표와 목적은 일반교육과정과 직접적인 연관이 되지 않으며, 일반학급의 다른 학생의 활동과는 독립적으로 다루어짐 • 교수는 고도로 개별화되고, 대상 학생은 교실 안이나 자주 교실 이외의 장소에서 학습을 함

✧ 키워드 Pick

5. 평가방법의 수정

(1) 의미

① 평가방법의 수정은 학업 수행의 진보에 대한 매일의 측정과 성적 기준을 수정하는 것 등이 포함된다.

② 일반학급에서 교수내용의 수정과 교수환경, 교수적 집단화 및 교수방법에서의 교수적 수정으로 수업 참여가 이루어지고 있는 학생의 경우, 시험 시간을 길게 해 주는 것, 짧은 시험을 자주 보는 것, 시험을 위해 시험 가이드를 제공하는 것 등의 일반적인 수정을 평가에서 사용할 수 있다.

(2) 평가조정 전략

① 평가조정의 의미

장애학생을 위한 평가조정은 평가의 본질을 바꾸지 않고 학생이 표준평가에 참여하도록 평가 자료나 절차를 변경하는 것이다. 평가 본래의 목적을 훼손하지 않은 범위 내에서 장애학생이 알기 쉽고 평가에 참여할 수 있도록 문항 제시형태, 반응형태, 시험시간, 검사환경의 수정 또는 조정이 필요하다.

② 평가조정의 유형

㉠ 장애학생을 위한 평가조정은 평가 전·평가 중·평가 후로 나누거나, 평가 절차와 점수를 어떻게 부여할지로 나누거나, 평가의 구성, 운영 방법, 평가 장소로 범주화하기도 한다.

㉡ 평가조정에서는 평가하고자 하는 구성개념을 바꾸지 않으면서도 난이도와 상관없는 사항을 없애거나 제안하는 것이 핵심적인 전략이다.

㉢ 평가조정은 제시형식, 시험환경, 답안형식, 시험시간으로도 나누어질 수 있다.

㉣ 평가조정은 검사가 제시되는 형태, 검사에 반응하는 형태, 검사시간 및 스케줄 조정, 검사환경의 조정으로도 이루어진다.

구분	영역	내용
평가환경	평가공간	독립된 방 제공
	평가시간	시간 연장, 회기 연장, 휴식시간 변경
평가도구	평가자료	시험지의 확대, 점역, 녹음
	보조인력	수화통역사, 대필자, 점역사, 속기사 제공
평가방법	제시방법	지시 해석해 주기, 소리 내어 읽어 주기, 핵심어 강조하기
	응답방법	손으로 답 지적하기, 보기 이용하기, 구술하기, 수화로 답하기, 시험지에 답 쓰기

기출 LINE

20중) 수업의 정리단계에서 학생 D에게는 시간을 더 주고, 글보다 도식과 같은 그림으로 표현하게 하여 그 결과를 확인하는 것이 좋겠습니다.

맥 Plus

장애유형별 평가조정 전략의 예

장애유형	가능한 평가조정
학습장애	대독자, 독립된 교실, 시간 연장, 확대 활자, 읽기 보조기, 쓰기 보조기, 컴퓨터 보조기
의사소통장애	비언어적 검사, 의사소통의 강화
지적장애	구체적인 지시 수단, 대독자, 시간 연장, 개별화 검사, 자리 배치
정서행동장애	시간 연장, 개별화 검사, 독립된 장소, 정기적인 검사, 조정된 검사 시간
복합장애	개별화 검사, 의사소통의 강화, 특별장소, 편의시설
청각장애	수화통역사, 시간 연장, 독립된 장소, 자리 배치
건강장애	시간 연장, 휴식시간, 독립된 장소, 접근이 용이한 장소, 개별화 검사
지체장애	편의시설, 의사소통의 강화, 독립된 장소, 시간 연장
자폐성장애	의사소통의 강화, 개별화 검사, 비언어적 수단
뇌손상	의사소통의 강화, 특수시설, 독립된 장소, 개별화 검사
시각장애	확대기, 점자, 활자 확대, 대필자, 반응 다시 표기, 시간 연장, 자리 배치

(3) 대안적 평가방법

구분	평가방법	적용
전통적인 점수화	수, 우, 미 점수 혹은 퍼센트	학생 전체 점수 94퍼센트 이상이면 A를 받을 수 있다.
합격/불합격체계	합격 혹은 불합격을 정하는 광범위한 범주 기준	모든 과제를 완수하고 모든 시험에 통과한 학생은 한 과목의 합격 점수를 받을 것이다.
IEP 점수화	학생의 IEP에 근거한 수행수준이 학교 구획의 수행기준으로 변환된다.	만약 한 학생의 IEP가 90퍼센트 정확도를 요구하고 89~93점이 그 지역기준으로 B와 같다면, 그 학생이 목표된 정확도를 취득한다면 B를 받게 될 것이다.
습득 또는 준거수준 점수화	내용이 하위 구성요소로 나누어진다. 학생들은 어떤 기술의 습득이 정해진 수준에 도달하면 학점을 얻는다.	50개 주의 수도 중 38개의 이름을 명명하는 학생들은 사회 교과의 그 단원에 대해 통과 점수를 받을 것이다.
다면적 점수화	학생은 능력, 노력, 성취와 같은 몇몇 영역에서 평가되고 점수를 받는다.	학생이 시간 안에 프로젝트를 완성하였다면 30점을 받고, 모든 요구된 부분들을 포함하였다면 35점을, 적어도 4개의 다른 자료를 사용하였다면 39점을 받을 것이다.
공동 점수화	두 명 혹은 그 이상의 교사들이 한 학생의 점수를 결정한다.	일반교사가 학생 점수의 60퍼센트를 결정하고, 자료실 교사가 40퍼센트를 결정할 것이다.
항목점수 체계	활동들 혹은 과제들에 점수가 할당되고 그것들은 학기말 점수로 더해진다.	학생의 과학점수는 전체 200점이다. 100점은 학급의 실험에서, 50점은 숙제에서, 50점은 학급참여에서 점수를 준다.

기출 LINE

11중) 학생의 능력, 노력, 성취 등의 영역을 평가한다.

✏ 키워드 Pick

학생 자가 평가	학생들은 각각 자신들을 스스로 평가한다.	학생 본인이 과제를 시간 안에 하고 필요한 영역들이 포함되어 있으며 독립적으로 과제를 했다고 한다면, 학생은 그 과제에 대해 스스로 합격점수를 준다.
계약 점수화	학생과 교사는 어떠한 점수를 얻기 위해 요구되는 특정 활동들에 동의한다.	학생이 정기적으로 수업에 온다면 각 수업에서 적어도 한 번은 정보를 자발적으로 말하고, 모든 요구되는 과제를 제출하면, 학생은 C를 받을 것이다.
포트폴리오	각 학생의 작업이 누가적 포트폴리오로 보존되는데, 유치원에서 고등학교까지 주요 기술 영역들에서의 성취를 나타낸다.	손으로 쓴 것의 누가적 샘플들은 1학년에서 4학년까지 초보 수준의 손으로 쓴 것에서부터 읽기에 분명한 필기체 양식까지의 진보를 보여준다.

③ 교수적 수정의 지침

지침 1	장애학생과 비장애학생의 일반학급 수업 참여의 차이를 최소화할 수 있는 교수적 수정을 개발한다.
지침 2	장애학생과 비장애학생의 사회적 상호작용과 상호의존성이 육성되고 존중되어야 한다.
지침 3	장애학생 수업 참여의 양과 질을 최대화하고 IEP 목표의 달성을 촉진할 수 있어야 한다.
지침 4	장애학생의 강점을 강화하고 약점을 보완하는 교수적 수정을 개발한다.
지침 5	장애학생이 일반교육활동에서 분리되는 것보다는 되도록 동일한 활동에 비장애학생과 함께 참여하는 것을 선호한다.
지침 6	교육과정 내용보다는 교수환경과 교수방법의 수정을 더 선호한다.
지침 7	장애학생이 다른 사람의 보조 없이 독립적으로 활동하는 것을 선호한다.
지침 8	일반교육과정 내용을 가능한 한 유지하면서 장애학생을 위한 적합한 교육내용의 복잡성을 최대화한다.
지침 9	장애학생의 일반교육환경에의 참여를 위해 필요한 특정한 교수적 수정을 장애학생의 IEP 안에 기입할 수 있다.
지침 10	일반교사와 특수교육교사 및 다른 교사들의 시간적 및 자원적 변수들 안에서 교수적 수정의 고안과 사용이 가능할 수 있도록 계획하여야 한다.

④ 교수적 수정의 절차

> **1단계** : 장애학생의 IEP 장단기 교수목표의 검토
>
> ↓
>
> **2단계** : 일반학급 수업 참여를 위한 특정 일반교과(들)의 선택
>
> ↓
>
> **3단계** : 일반학급 환경에 대한 정보 수집
>
> ↓
>
> **4단계** : 일반교과 수업에서 장애학생의 학업 수행과 행동의 평가
>
> ↓
>
> **5단계** : 선택된 일반교과의 한 학기 단원들의 학습목표들을 검토 후 장애학생의 한 학기 개별화된 단원별 학습목표들의 윤곽 결정
>
> ↓
>
> **6단계** : 장애학생의 수업 참여를 위한 교수적 수정 유형의 결정 및 고안
>
> > • 교수내용의 수정(수정된 학습목표의 설정)
> > • 교수환경의 수정
> > • 교수적 집단화의 수정
> > • 교수방법(교수활동, 교수전략, 교수자료)의 수정
> > • 평가방법의 수정
>
> ↓
>
> **7단계** : 개별화된 교수적 수정의 적용 및 교수적 수정이 적용된 수업 참여의 양과 질의 평가

🖊 키워드 Pick

04 통합학급 내 교수전략

○ **통합학급에서 다양한 수준의 학생을 다루는 접근 유형**

접근 유형	의미	조정 노력	통합교육 구현정도
단일접근-분리	모두에게 동일한 접근을 사용하고 부적응 학생은 특수학급으로 분리	없음	없음
교육과정 조정	일반교육과정이 어려운 학생을 위한 조치	중다수준 교육과정	동일공간 및 주제일 경우 높음
탄력적인 수준별 수업	각 교과나 시간마다 수준별로 동질적인 집단을 형성	수준별 교재 개발 및 수업 진행	낮음
다수준 포함 교수	각 수준에서 적합한 실제적 학습 활동을 하면서 지원을 받지만 여전히 통합학급에서 동일한 수업에 참여	수준별 통합교과적 교재 개발 및 수업 진행	높음

① 다양한 학습자를 고려한 수업방식에 관한 이론

통합학급 내에서 장애학생을 포함하여 다양한 학습자를 고려한 수업 운영방식에 관한 이론으로는 맞춤형 교수(differentiated instruction), 교수적 수정(instructional adaptation), 다수준 포함 교수(multi-level instruction)를 들 수 있다. 이 세 가지는 주장하는 학자에 따라 그 명칭과 세부적인 주장 내용은 조금씩 서로 다르지만 핵심은 다인수 학급 내에서 모든 학습자가 자신에게 유의미하게 학습 경험을 하도록 지원하려 한다는 점에서 매우 유사하다.

1. 맞춤형 교수

① 맞춤형 교수는 학습자의 준비도, 흥미, 학습 경력 등을 고려하여 교육내용, 교육과정, 교육 산출물을 대상으로, 과제의 다양화, 학습집단 구성의 유연화, 지속적인 평가와 조정을 통해 학습자의 다양한 요구에 교사가 반응하는 것 일체를 의미한다.

② 맞춤형 교수의 본질은 바로 교육목표 혹은 성취기준의 의미를 횡적 및 종적으로 풍부하고 명료하게 드러내는 일에 있으며, 교육과정의 운영과 수업은 바로 그것을 중심으로 학습자들의 선택과 집중을 지원하는 방향으로 나아가야 한다는 것이다.

2. 교수적 수정

① 일반학급의 일상적인 수업에서 특수교육적 요구가 있는 학생의 수업 참여의 양과 질을 최대화하기 위해서 교수환경, 교수적 집단화, 교수방법(교수활동, 교수전략 및 교수자료), 교수내용 혹은 평가방법에서 수정 및 보완하는 것이다.

② 교수적 수정은 통합교육뿐만 아니라 다양한 학습자를 고려한 수업방식으로도 적용될 수 있다.

3. 다수준 포함 교수

① 다수준 포함 교수는 동일한 학급에 소속되어 있는 수준이 다양한 학생 각자에게 유의미한 학습 경험을 제시하려는 노력 중 하나이다. 교수적 수정을 실현하려는 구체적인 방안 중 하나라고 할 수 있다.

② 내용 제시 방법을 계획할 때 학습자의 학습 양식을 고려한다.

③ 각자의 수준별로 사고를 자극하는 질문을 통한 주제 중심의 통합교과 수업을 진행한다.

④ 각자의 수준에 따라 서로 다른 학습목표를 인정한다.

⑤ 학습한 것을 표출해 보일 다양한 방법(말, 그림, 음악, 신체 동작 등)을 선택할 수 있도록 한다.

⑥ 다양한 학습 표현 방법을 동등하게 인정해 준다.

⑦ 단일 기준보다는 각자의 노력과 개인 내 성장 정도에 근거하여 평가한다.

기출 LINE

10유) 다양한 학습 표현 방법을 동등하게 인정해 주는 실제적 다수준 포함 교수법

② 차별화 교수 22초

1. 개념

차별화 교수는 아동의 준비도, 흥미 및 요구 등의 다양성을 인식하고, 교수내용, 교수과정 및 교수결과를 아동의 차이에 부합하도록 계획하여 시행하는 교수이다.

2. 목적

✎ 키워드 Pick

① 차별화 교수는 아동들의 서로 다른 능력과 요구 및 선호와 더불어 모든 아동을 독특하다고 인정한다. 그래서 차별화 교수는 아동의 준비도에 따라 과제의 난이도 수준을 조정하고, 아동의 선호에 따라 자료를 조정하며, 아동의 능력에 따라 교수의 핵심적인 개념과 기술을 차별화한다.

② 차별화 교수는 이질집단의 아동 개개인에게 진정한 학습기회를 제공하는 데 목적을 두고 있다.

3. 기본 가정

① 차별화 교수는 교사들이 아동의 학습준비도 수준과 흥미 및 학습선호도의 다양성을 효과적으로 인식할 때 아동은 학습을 가장 잘 수행한다는 것을 전제로 하고 있는 교수철학이다.

② 이 철학에 따르면 교사는 개별 아동의 흥미와 선호 및 요구를 고려하여 동일한 목표, 동일한 내용, 동일한 방법으로 교수를 시행하지 않아야 한다. 아동은 모두 각각 다른 목표, 다른 내용, 다른 방법의 교수를 요구하기 때문에 교사들은 개별 아동의 수준, 흥미 및 선호에 따라 다른 목표, 다른 내용, 다른 방법으로 교수를 시행하여야 한다.

③ 차별화 교수의 기본적인 가정은 근본적으로 아동의 적극적인 학습, 아동에 대한 높은 기대, 학습의 사회적 맥락을 강조한다.

4. 원리

① 아동의 학습 및 학습자로서 그 자신에 관한 태도는 학습과정에 아동의 책임을 확립하고 유지하며 개발하는 데 매우 중요하다.

② 차별화는 높은 질의 교육과정의 대체가 아니라 확장이 되어야 한다.

③ 효과적인 차별화는 임의적인 것이 아니다. 주제나 분야에서 본질적인 것을 명료화하고, 아동의 입장을 사정하며, 피드백을 제공하고, 교수를 적합화하고, 성과를 사정하고, 필요한 부가적인 적합화를 결정하는 순환에 기초한다.

5. 교수모형

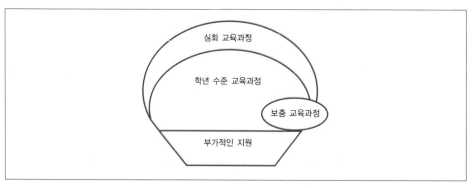

① 차별화 교수는 학년 수준 교육과정 외에 심화 교육과정과 보충 교육과정 및 부가적인 지원으로 이루어진다.

② 차별화 교수는 구성요소들 중에서 가장 먼저 학년 수준 교육과정에 대한 질 높은 교수를 요구한다.

05 통합교육을 위한 협력적 접근

1 협력

1. 협력의 활동 10유

구분	조정	자문	협력
내용	• 협력의 가장 단순한 형태 • 계획된 시간에 체계적인 방법으로 서비스가 제공되는지를 점검하기 위해 구성원들이 지속적으로 대화하고 협력한다.	• 각 구성원들은 정보와 전문지식을 주고받는다.	• 각 구성원이 자신의 장점을 바탕으로 동등한 입장에서 상호적으로 정보를 교환하고 협력한다.
예	• 특수교사와 일반교사가 특수아동이 통합될 시간표를 조정한다. • 특수교사와 일반교사가 특수아동의 평가에 대해 조정한다.	• 특수교사가 일반교사에게 자문한다. • 직업담당 교사가 지역사회의 고용주와 자문을 주고받는다.	• 특수교사와 일반교사가 교육과정 계획팀에서 함께 협력하여 일한다. • 전문가로 구성된 팀이 특수교육 서비스를 받기에 아동이 적합한가를 결정한다.

2. 교사의 공동협력

구분	내용	예
협력적 교환	교사 경력에 상관없이 새로운 정보나 지식을 자유롭게 교환한다.	특수교사와 일반학급 교사가 통합된 특수아동의 학습 특성에 관해 정보를 교환한다.
협력적 모델링	경험이 많은 교사가 특정 교수 실제에 대해 동료교사들에게 시범교수를 보인다.	특수교사가 일반학급 교사들에게 통합된 특수아동의 행동문제 중재 방법을 시범 보인다.
협력적 코칭	경험이 많은 교사가 동료교사에게 새로운 교수전략이나 실제를 습득하고 적용할 수 있도록 피드백을 제공한다.	경험이 많은 특수교사가 신임 특수교사에게 개별화교육 프로그램을 능숙하게 작성할 수 있도록 피드백을 제공하며 돕는다.
협력적 감독	경험이 많은 교사가 동료교사의 교수실제에 대해 평가적 피드백을 주어 교수가 향상되도록 돕는다	주임교사가 컴퓨터를 이용한 읽기 프로그램을 실시한 교사의 교수방법이 효과적이었는지에 대해 평가한다.
협력적 조언	경험이 적은 교사가 문제에 부딪힐 때마다 경험이 많은 교사가 조언을 하여 문제해결을 돕는다.	신임교사가 경험이 풍부한 교사에게서 비협조적인 부모와의 관계, 교사의 탈진 상태 및 동료교사와의 갈등에 이르기까지 모든 문제에 대해 조언을 받는다.

💠 키워드 Pick

3. 협력적 자문의 과정

1단계 자문 시작하기	• 교사는 관심을 가진 영역의 전문가에게 지원을 요청함으로써 자문 과정을 시작한다.
2단계 문제 확인하기	• 자문가는 초점을 유지하면서 누가, 무엇을, 언제, 어디서와 같은 상황에 대해 파악할 수 있는 질문과 대답을 유도하고 기록하여, 교사가 표현한 관심사에 대한 정보를 수집하고 이를 기초로 교사가 가진 문제가 무엇인지를 파악한다.
3단계 중재목표 설정하기	• 문제가 확인되면 교사와 자문가는 협력하여 중재목표를 작성한다.
4단계 중재계획 수립하기	• 문제가 정확하게 파악되고 적합한 목표가 설정되면 문제의 해결책을 찾아서 중재계획을 수립한다. • 계획수립 과정에서 진도와 성취결과를 평가하는 준거와 방법도 이 단계에서 선정해야 한다.
5단계 진도와 과정 평가하기	• 협력적 자문의 성공은 학급이나 다른 학교환경에서 수립된 계획을 효과적으로 수행하는 데 달려 있다. 교사와 자문가는 계획의 수행과 관련된 문제들을 조정하기 위해 자주 접촉한다. 그들은 함께 학생의 수행자료를 검토하고 어느 정도 진보되었는지 결정한다.

② 전문 영역 간의 협력적 팀 13 · 15 · 16 · 20유, 09 · 18 · 25중

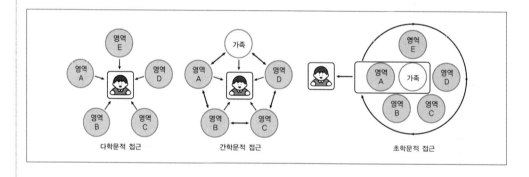

1. 협력적 팀 모델의 접근별 개념 25중

다학문적 접근	• 다학문적 접근의 협력은 여러 영역의 전문가가 함께 작업하되 서로 독립적으로 일하는 방법의 협력 모델이다. • 각 전문가는 자신의 전문 영역을 대표하는 진단 도구나 방법을 사용해서 진단하게 되며 그 결과를 보고할 때에도 독립적으로 수행한다. • 실제로 다학문적 협력 모델을 적용한 진단에서는 이러한 독립적인 작업의 특성으로 인해서 전문가 간 협력이 요구되지는 않는다. • 다학문적 접근의 진단은 팀의 구성원 모두 동일한 유아를 대상으로 일하는 하나의 협력적 모형이기는 하지만, 실제로 작업 과정에서는 협력이 전혀 발생하지 않고도 일이 진행된다는 특성으로 인해서 진정한 의미에서의 협력 모델이라고 말하기가 어렵다. • 다학문적 접근의 진단은 모든 영역의 전문가와 직접 소통해야 하는 가족에게는 부담이 되고 혼동을 일으킬 수도 있으며 수동적인 정보 수용자의 역할을 넘어서기 힘든 점이 있다. • 다양한 전문가들이 개별적으로 학생을 진단하고 프로그램을 계획하고 실행하는 것으로 각각의 중재가 상충되거나 기술의 일반화가 제한되기도 한다.
간학문적 접근	• 간학문적 접근의 진단 모델은 다양한 영역의 전문가가 서로 밀접하게 의사소통을 함으로써 진단과 교육계획이 좀 더 화합된 형태로 이루어질 수 있는 협력적 접근 방법이다. • 간학문적 접근의 진단에서도 다학문적 접근에서와 같이 진단 과정에서는 각 영역의 전문가가 독립적으로 작업을 하지만 그 과정과 결과의 보고에 있어서 서로 정보를 교환하고 협력하게 된다. • 그러나 많은 경우에 있어서 전문가 간 의사소통에 문제가 있는 것으로 지적되고 있는데, 이것은 각 영역의 전문가가 다른 영역의 전문성에 대해서 완전하게 이해하지 못할 뿐만 아니라 전문성에 따라서 교수의 우선순위나 방법에 대한 의견이 다를 수 있기 때문이다. • 즉, 전문가 간 의사소통 체계를 갖추었다고 하더라도 그러한 의사소통 자체가 의사결정 과정에서 자동적으로 동일한 결론을 내려주지는 않는다는 것이다. • 그러나 간학문적 진단에서는 다학문적 진단과는 달리 가족도 팀의 구성원으로 참여하게 되므로 가족과의 적극적인 협력을 통해서 가족이 정확한 정보를 근거로 의사결정을 할 수 있도록 안내할 수 있다. • 공식적인 회의를 통해 학생의 교육적 요구를 분석하고 진단과 중재에 대해 정보를 공유하지만, 각 전문가들은 자신의 분야에 관련된 서비스만을 독립적으로 제공한다.

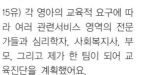

기출 LINE

15유) 각 영아의 교육적 요구에 따라 여러 관련서비스 영역의 전문가들과 심리학자, 사회복지사, 부모, 그리고 제가 한 팀이 되어 교육진단을 계획했어요.

15유) 저는 통합학급 교사로부터 각 유아에 대한 발달과 학습에 대한 정보를 받고, 유아가 다니는 치료실의 치료사나 심리학자, 의사 등으로부터 진단 결과나 중재 목표를 받아서 부모의 요구와 우선순위를 파악하여 작성했어요.

20유) 개별화교육지원팀은 함께 교육진단을 하고, 그 진단을 바탕으로 유아특수교사와 통합학급 교사가 교육을 계획한 후 실행하고 평가하는 전 과정에서 함께 협력해요.

20유) 개별화교육지원팀의 구성원들은 진단과 중재를 각각 하지만 팀 협의회 때 만나서 필요한 정보들을 공유해요.

키워드 Pick

초학문적 접근 25중	• 초학문적 접근의 진단은 팀 구성원 간 의사소통과 협력을 최대화하기 위한 노력으로 개발된 방법이다. • 초학문적 진단은 가족과의 협력을 통해서 진단 과정의 모든 절차를 공유하며, 더 나아가서는 팀 전체가 서로 지식과 기술을 나누는 하나의 단위로 기능한다는 특성을 지닌다. • 초학문적 진단이 다른 접근과 가장 크게 다른 점은 팀의 모든 구성원이 진단과 교육계획에 함께 책임을 지고 참여하게 되지만 유아에게 주어지는 실질적인 교육활동은 가족과 주요 서비스 제공자에 의해서 행해진다는 것이다. • 가족을 강조하고 다양한 전문 영역이 협력적으로 일한다는 특성에 의해서 초학문적 접근 모델은 특히 나이가 어린 영아에게 적절한 것으로 인식되고 있으나, 실제로 교육 현장에서는 학령기 장애학생이나 통합 환경의 장애유아에게도 유용하게 사용된다. • 각 전문가들이 학생의 교육적 요구 진단, 프로그램 계획과 실행에 이르기까지 지속적이고 통합적으로 정보와 기술을 공유하고 교육목표와 중재에 대해 공통으로 의사결정을 하며, 프로그램의 구성과 실행에 대한 책임을 공유한다.

2. 협력적 팀 모델의 접근별 장단점

협력 유형	장점	단점
다학문적 접근	• 서비스 계획과 제공에 하나 이상의 전문 영역이 참여한다. • 의사결정에 다양한 전문성이 반영된다.	• 통일된 접근을 실행하기 어렵다. • 팀의 결속력과 기여도가 부족하다.
간학문적 접근	• 활동과 교육목표가 서로 다른 영역끼리 보충하고 지원한다. • 하나로 통일된 서비스 계획에 기여한다. • 서비스 대표자를 통해서 정보를 공유할 수 있다.	• 전문가의 '고집'이 협력을 위협할 수도 있다. • 전문가가 융통성이 없는 경우 효율적이지 못할 수 있다. • 서비스 대표자의 역할이 불분명하기 때문에 역할 수행에 있어서 독단적일 수 있다.
초학문적 접근	• 다양한 전문 영역 간의 상호작용을 격려한다. • 역할을 공유하도록 권장한다. • 종합적이면서 통일된 계획을 제공한다. • 유아에 대해서 좀 더 잘 이해하도록 돕는다. • 전문가의 지식 및 기술을 향상시키고 전문성을 강화한다.	• 다양한 영역의 전문가 참여가 요구된다. • 서비스 대표자의 역할을 하는 교사에게 가장 큰 책임이 주어진다. • 고도의 협력과 상호작용을 필요로 한다. • 전문가 간의 의사소통과 계획에 많은 시간이 소모된다.

❸ 협력교수 11·12·14·18·19·21·23·24·25유, 11·12·16·18·20·22·25초, 09·11·13추·16·20·25중

1. 협력교수의 원리

① 학급 내 모든 학생들에 대한 교수적 책임의 공유
② 정기적인 의사소통
③ 정서적 지지나 동료 장학 등의 지원
④ 모든 학생을 교수에 포함시키기 위한 적극적인 노력

2. 협력교수의 유형

(1) 대안적 교수

기출의 맥

협력교수의 유형별 핵심 특징을 정확히 이해해 두는 것이 가장 중요합니다. 유형별로 구분되는 점과 차이점 등을 비교해서 파악해 두어야 합니다.

기출 LINE

20유) 윤아와 몇몇 유아들이 마스크 쓰기와 손 씻기를 많이 어려워하는 경우, 이들을 별도로 소집단을 구성해서 특별한 방법으로 집중 지도를 해 보도록 할게요.

정의 및 적용	• 한 교사가 전체적인 수업지도에 책임을 지고 학급을 교수하거나 감독하는 동안 나머지 한 교사는 도움이 필요한 학생들에게 추가적인 심화학습이나 재교수를 하는 등의 부가적인 지원을 제공 • 사전 학습, 사후 학습, 심화학습 등에 활용 • 소집단이 고정화되어서는 안 된다는 점에 유의해야 함 • 교재의 지문을 중심으로 학습할 경우에 적용 • 장애학생이나 영재학생 집단에게 좀 더 집중적인 교수가 필요하다고 생각될 경우에 적용 • 소집단은 6~7명 이하로 구성되어 주로 집중적인 교육이 필요한 아동들로 이루어짐 • 소그룹에 과다하게 배치할 경우 '공부를 못하는 아동' 혹은 '문제아동'으로 낙인이 찍힐 우려가 있으므로 반드시 필요한 경우를 제외하고는 통합학급에서 대안교수 모델을 적용하지 않는 것이 바람직함 • 학업성취도가 우수한 아동만을 소집단에 배치하여 교수할 경우 우수한 아동에 대한 편견으로 받아들여지기 쉬움 • 일반교사와 특수교사가 대집단과 소집단을 번갈아 가며 지도하는 것이 바람직함	
형태	학생집단	• 대집단 하나 • 소집단 하나
	교사역할	• 교사1: 대그룹을 맡아 수업함 • 교사2: 소그룹을 맡아 수업함
장점	• 심화학습의 기회를 제공 • 결석한 학생의 보충 기회를 제공 • 개인과 전체 학급의 속도를 맞출 수 있음 • 못하는 부분을 개발해 주는 시간을 만들 수 있음	
단점	• 도움이 필요한 잘 못하는 학생들만 계속 선택하기 쉬움 • 분리된 학습환경을 조성 • 조율하기 어려움 • 학생들을 고립시킬 수 있음	

키워드 Pick

기출 LINE

19유) 유아들은 세 가지 활동에 모둠으로 나누어 참여했다. 나는 음악에 맞추어 리듬 막대로 연주하기를 지도하고, 박 선생님은 음악을 들으며 코끼리처럼 움직이기를 지도해 주었다. 다른 모둠은 원감 선생님께서 유아들끼리 자유롭게 코끼리 그림을 그릴 수 있도록 해 주었다. 그리고 한 활동이 끝나면 유아들끼리 모둠별로 다음 활동으로 이동해 세 가지 활동에 모두 참여할 수 있도록 해 주었다.

(2) 스테이션 교수

정의 및 적용		• 교사는 수업 내용에 대한 세 개 이상의 교사주도 또는 독립적 학습을 할 수 있는 학습 스테이션을 준비하고, 학생들은 수업 내용에 따라 집단이나 모둠을 만들어 자연스럽게 이동하면서 모든 영역의 내용을 학습함 • 두 명의 교사가 두 군데 장소에서 교재의 반을 가르치고 다시 학생을 바꾸어 같은 내용을 지도하는 모형 • 활동을 2~3개로 나누어 진행할 경우 대집단교수보다 모둠별 학습이 더 필요한 경우에 적용하는 것이 좋음 • 스테이션 교수 모델은 대부분의 경우 다양한 능력의 아동으로 구성된 이질집단으로 운영되지만 경우에 따라 비슷한 능력을 가진 동질집단으로 구성되어 집중적인 교수를 하는 데 사용되기도 함 • 각 스테이션에서 수행해야 하는 활동에 대한 구체적인 목표, 절차 및 제출해야 하는 결과물을 정확하게 기록하여 스테이션에 붙여 놓는 것이 필요함 • 각 스테이션에 할당된 시간을 타이머를 통해 점검할 수 있도록 배려하는 것도 중요 • 효과적으로 사용하기 위해서는 무엇보다도 교수를 하기 전에 협동학습에 필요한 기본적인 규칙을 훈련하는 것이 요구됨
형태	학생집단	• 여러 개의 소집단(동질집단 혹은 이질집단)
	교사역할	• 교사 1 : 본인이 맡은 수업을 함 • 교사 2 : 본인이 맡은 수업을 함
장점		• 능동적인 학습 형태를 제시 • 소그룹 수업을 통해 주의집중 증가 • 협동과 독립성 증진 • 학생들의 반응 증가 • 전략적으로 집단 구성 • 장애학생이 소집단에서 학습할 때 효율적 • 두 교사가 모든 아동들을 가르치는 기회가 주어지기 때문에 동일한 지위를 가질 수 있음 • 교사들의 교수 스타일이 다르더라도 효과적인 교수가 이루어질 수 있음 • 교사 대 아동의 비율이 낮아 아동들이 활동에 보다 적극적으로 참여하고 교사로부터 관심과 피드백을 받을 기회가 증가함
단점		• 많은 계획과 준비가 필요함 • 교실이 시끄러워짐 • 집단으로 일하는 기술과 독립적인 학습기술이 필요함 • 감독하기 어려움

(3) 평행교수

정의 및 적용	• 두 교사가 함께 수업을 계획하고 학급을 여러 수준의 학생들이 섞인 두 집단으로 나눈 후 같은 내용을 동시에 각 집단에 교수 • 내용의 동질성을 위해 구체적인 사전협의가 필수적 • 반복학습이나 프로젝트 학습에 사용하는 것이 좋음 • 같은 내용을 좀 더 작은 집단으로 나누어 지도할 필요가 있는 경우에 적용 • 가령, 시청각 자료를 가르치는 것에 능숙한 교사가 그러한 방법을 사용할 때 다른 교사는 듣기를 통하여 가르칠 수 있음. 따라서 학생들은 이 두 방법 중 자신이 선호하는 방법으로 가르치는 교사에게서 배우게 됨 • 평행교수 모델은 대부분의 경우 이질집단으로 나누어 운영되지만 보충학습과 심화학습이 필요한 경우 동질집단으로 나누어 아동들의 수준에 적합한 교육을 실시할 수도 있음 • 이 모델을 사용하고자 하는 경우, 교사가 모두 교육내용에 대한 지식이 있어야 하며 이를 가르치는 것에 대해 부담이 없어야 함 • 주로 도입 단계에서는 대집단으로 시작하여 수업에 대해 안내하고, 전개 단계에서는 평행교수를 활용하며, 정리 단계에서는 다시 대집단으로 모여 각 집단에서 토의한 내용과 관점을 함께 공유하는 형태로 진행		
형태	학생집단	• 두 개의 집단(동질집단 혹은 이질집단)	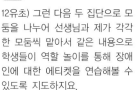
	교사역할	• 교사1: 하나의 그룹을 맡아 수업함 • 교사2: 다른 하나의 그룹을 맡아 수업함	
장점	• 효과적인 복습 형태를 제공 • 학생들의 반응을 독려 • 집단학습과 복습을 위한 교사–학생 간 비율 감소 • 학급학생을 1/2씩 나누어 학습하므로 모든 학생들이 토론에 참여하거나 교사의 질문에 답하는 기회를 적어도 두 배로 가질 수 있음 • 아동의 학업성취 여부를 점검하기가 수월함		
단점	• 동일한 수준의 내용을 성취하기 어려울 수 있음 • 조율하기 어려움 • 상대방 교사의 속도에 대해 점검해야 함 • 교실이 시끄러워짐 • 모둠 간 경쟁을 야기 • 교사들은 각각의 소집단에 소속된 아동들에게 동일한 교육내용을 전달해야 하는 책임이 있으므로, 함께 수업을 준비하고 수업에 대한 계획을 할 수 있는 시간을 마련하는 것이 요구됨		

기출 LINE

12유초) 그런 다음 두 집단으로 모둠을 나누어 선생님과 제가 각각 한 모둠씩 맡아서 같은 내용으로 학생들이 역할 놀이를 통해 장애인에 대한 에티켓을 연습해볼 수 있도록 지도하지요.

18유) 유아들의 참여도를 높이기 위해 반 전체를 10명씩 두 모둠으로 나누어 '송편 만들기' 수업을 동시에 진행하였다. 다른 수업 때보다 참여도가 높았고, 친구들과 상호작용도 활발하게 해서 기뻤다.

✿ 키워드 Pick

기출 LINE

10중) 교사 간 상호작용은 학생들에게 학습활동이나 사회적 상황에서 수행할 행동의 중요한 본보기가 된다.

20초) 이번에는 수업의 계획부터 실행과 평가까지 같이 책임지고 해요. 그래요. 동기유발단계는 우리 둘이 역할놀이로 준비해서 보여줍시다.

(4) 팀 티칭

정의 및 적용	• 두 교사가 모든 학생을 대상으로 동등한 책임과 역할을 가지고 함께 수업을 하는 동안 번갈아 가며 다양한 역할(개념교수, 시범, 역할놀이, 모니터)을 함으로써 반 전체 학생들을 위한 교수 역할을 공유 • 특수교사와 일반교사가 한 교실에서 교수활동에 동등하게 참여하는 형태로 학생들 전체를 대상으로 교수의 역할을 공유하는 형태 • 두 교사는 수업의 계획 수립, 교수 및 평가 등에서 동등한 책무성을 공유 • 역할의 공유는 똑같은 활동을 의미하는 것이 아니라 어느 한 교사가 교수의 특별한 유형이나 교육과정의 특정 부분에 일차적인 책임감을 지닌다는 것을 가정함 • 두 교사가 서로의 전문성에 대해 신뢰할 수 있어야 하며, 서로에 대한 진정한 신뢰가 형성되지 않았을 때 이 모델을 사용하는 것은 오히려 역효과를 가져올 수 있음 • 두 교사가 서로 현저하게 다른 교수 스타일이나 기타 교수를 하는 데에 이견이 많을 경우, 팀 티칭 모델을 성공적으로 활용하는 데는 어려움이 따를 수 있음 • 협력교수 모델 가운데 가장 적용이 어려운 모델이기 때문에 여러 협력교수 모델을 충분히 활용한 후에 시도하는 것이 바람직함		
형태	학생집단	• 대집단	
	교사역할	• 교사 1 & 2 : 함께 수업을 주도함	
장점	• 체계적 관찰과 자료 수집 가능 • 역할과 교수내용의 공유 • 개별 도움을 주기 용이 • 학업과 사회성에 있어서 적절한 도움을 구하는 행동의 모델 제시 가능 • 질문하기를 가르칠 수 있음 • 개념, 어휘, 규칙 등을 보다 명확하게 할 수 있음		
단점	• 학습을 풍부하게 하는 것이 아니라 교사의 업무를 분담하는 것에 머무를 수 있음 • 많은 계획을 필요로 함 • 모델링과 역할놀이 기술이 필요		

(5) 교수-지원(1교수 1지원)

정의 및 적용	• 한 교사가 주로 활동을 진행하고 나머지 교사는 보조함. 진행하는 교사가 그 시간에 진행될 모든 활동을 고안하고 모든 학생들에게 그 내용을 전달함. 보조 역할을 맡은 교사는 적재적소에 주교사와 학생들의 활동을 지원함 • 적용 원칙은 읽기 과제 중심의 전체 교수에 효율적이며 두 명의 교사가 직접 교수를 진행하는 것보다 한 명의 교사가 수업을 할 때 더 효과적인 경우에 적용 • 일반교사와 특수교사의 전문성을 적절히 고려하여 두 교사가 주교사와 지원교사의 역할을 번갈아가며 수행하는 것이 요구됨		
형태	학생집단	• 대집단	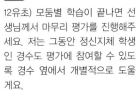
	교사역할	• 교사1: 주교사로서 수업을 주도함 • 교사2: 지원교사로서 필요에 따라 아동을 지원함	
장점	• 주교사가 수업을 하는 동안 지원교사는 지원이 필요한 아동에게 개별적인 도움을 줄 수 있음 • 지원교사는 수업 중 아동의 이해 정도를 점검하고 이해하기 어려운 개념에 대해 구체적인 예를 설명해 주기도 하며, 아동이 수업에 참여하도록 유도하거나 적극적으로 참여할 것을 격려함 • 교사들이 수업을 준비하고 계획하는 데 그다지 많은 협력을 요구하지 않기 때문에 협력교수를 처음으로 실시하는 교사들에게 적합한 모델임		
단점	• 언제나 주교사가 일반교사가 되고 보조 역할을 맡은 교사가 특수교사가 되어서는 안 됨 • 주교사와 보조교사는 완전한 동질의 파트너가 되어야 함 • 이동하며 돕는 교사가 보조자로 보일 수 있다는 점과 학생의 주의를 산만하게 할 수 있다는 단점이 있음 • 교사가 이동하며 도와주기 때문에 학생들을 의존적인 학습자로 만드는 경향이 있음 • 특수교사가 특수교육 대상 아동만을 지원할 경우, 특수교사는 장애아동을 지원하기 위해 통합학급에 들어온 손님으로 여겨지기 쉬움		

⑰ Plus

기타 협력교수 유형

1. **그림자 교수(shadow teaching)**
   ① **정의·적용** : 일반교사가 주로 지도하고 특수교사는 학습 및 행동에 문제가 있는 1, 2명의 학생을 직접 지도하는 형태이다.
   ② **단점** : 특수교사가 장애학생만을 지도하는 형태이기 때문에 통합교육 장면에서 장애학생을 일반학생에게서 더욱 분리시키는 결과를 초래할 수 있으며 협력교수의 효과를 기대하기 어렵다.

2. **보완적 교수(complementary teaching)**
   일반교사가 주로 구체적인 학습내용을 지도하고, 특수교사는 학생들이 학습을 하는 데 필요한 기술을 포함하여 학습방법적 측면에서 지원한다.

3. **지원적 교수(support teaching)**
   주로 일반교사가 학생들에게 내용을 지도하고, 특수교사는 학생들에게 일반교사가 지도한 내용을 보충 지도하는 형태이다.

4. **교수교사 및 관찰교사(한 사람 교수, 한 사람 관찰)**
   ① 한 교사가 교수를 주도하는 동안 다른 교사는 학생들을 보다 이해하고 교수적인 결정에 사용하기 위해 필요한 자료를 모으는 유형이다.
   ② 학생들의 주의집중하기, 독립적으로 과제수행하기, 도움이 필요할 때 질문하기 등의 행동을 관찰한다.
   ③ 교수교사 및 관찰교사 유형을 사용할 때 각 협력교사는 가끔 수업을 진행하고 관찰하는 역할을 교대로 돌아가며 맡아야 한다.
   ④ 수업 진행 결과에 대한 책임과 신뢰를 공유한다.

06 **사회적 통합을 위한 교수전략 : 협동학습 및 또래교수**

① 협동학습 13·15·16·17·20·23초, 12·15·18중

1. 협동학습의 개념과 원리

(1) 협동학습의 개념

① 협동학습이란 소집단이 공동 목표를 성취하기 위해 동료들과 함께 학습하는 구조화된 체계적인 수업 기법이다.
② 집단 구성원들의 학습을 최적화시키기 위해 소집단을 활용하는 구조화된 수업형태이다.
③ 협동학습에는 다양한 유형이 있지만, 대부분 학습목표에 대해 교사가 개략적으로 소개한 후 학생들은 과제 특성에 따라 4~6명으로 소집단을 구성해서 학습한다.
④ 일반적으로 집단 구성원들의 능력은 혼합되어 있다.

(2) 협동학습의 원리

① 협동학습의 일반적인 4가지 원리

㉠ 긍정적 상호의존성

㉡ 개별 책무성

㉢ 동등한 참여

㉣ 동시다발적 상호작용

② 협동학습의 3가지 기본원리(Slavin)

집단보상	• 집단이 목표를 달성할 때 주어지기 때문에 집단의 각 구성원들은 자신이 속한 집단의 성공을 위해 서로 최선을 노력을 할 수 있다는 것
개별 책무성	• 자신이 속한 집단의 성공적인 수행을 위해 구성원 각자가 학습에 대한 책임을 짐으로써 집단에 기여하는 것
성공 기회의 균등	• 학생들이 특정 집단에 속해 있어서 보상을 받는다고 인식하는 것이 아니라 자신의 과거 수행에 비해 향상됨으로써 자신이 속한 집단에 기여할 수 있다는 것

③ 협동학습의 5가지 기본원리(Johnson & Johnson)

긍정적 상호의존성	• 개개인이 집단의 성공을 위해 자신뿐만 아니라 동료들도 성취해야 하기 때문에 서로 도움을 주는 관계라는 의미 • 상호의존성은 목표 상호의존성, 과제 상호의존성, 자원 상호의존성, 역할 상호의존성, 보상 상호의존성 등의 형태를 취할 수 있음
대면적 상호작용	• 집단 구성원 각자가 집단의 목표를 성취하기 위해 다른 구성원들의 노력을 직접 격려하고 촉진시켜 주는 것을 의미 • 교사는 충분한 시간을 주면서 상호작용이 잘 일어나도록 서로가 마주볼 수 있게 자리배치를 함으로써 이 과정을 촉진할 수 있음

개별 책무성	• 과제를 숙달해야 하는 책임이 각 학생들에게 있다는 의미
	• 집단의 구성원으로서 각 학생들의 수행에 대한 평가 결과가 그 학생이 속해 있는 집단과 자신에게 적용될 때 개별 책무성이 존재하게 됨
	• 개별 책무성을 통해 방지할 수 있는 효과
	  – 무임승객 효과: 집단 활동에 능동적으로 참여하지 않고 다른 학생들이 이루어 놓은 성취를 공유하는 것
	  – 봉 효과: 일부 우수한 학생 중에서 자신의 노력이 다른 학습자에게 돌아간다고 인식하면서 학습에 능동적으로 참여하지 않는 것

사회적 기술	• 집단 내에서의 갈등 관리, 의사결정, 효과적 리더십, 능동적 청취 등을 의미 • 집단 내의 갈등 관리, 리더십, 의사결정, 의사소통과 같은 사회적 기술을 지도할 필요가 있음
집단과정	• 특정한 집단이 의도한 목표를 성취하기 위해서는 집단 구성원들 각자가 목표를 얼마나 잘 성취하고 공동의 목표를 달성하기 위해 얼마나 노력하고 협력했는지에 대한 토론과 평가가 필요

키워드 Pick

Plus

집단보상과 개별 책무성을 위한 구조화의 중요성

① 협동학습에서 집단보상과 개별 책무성을 구조화하면 각 개인은 자신의 집단에서 다른 동료들이 성공할 때만 보상을 받을 뿐만 아니라, 상위능력 학습자가 집단학습을 좌지우지 못하게 된다.

② 집단보상과 개별 책무성을 이용하는 협동학습에서는 학생들이 학습자료에 대한 자신의 숙달 책임뿐만 아니라 동료들의 숙달에 대한 책임도 갖게 되어 협동학습의 긍정적 효과를 이끌어 낼 것으로 기대할 수 있다.

기출의 맥

협동학습의 유형별 절차, 과제, 보상, 점수산출방식 등을 정확히 정리해 두세요!

2. 협동학습 모형

(1) 성취과제 분담학습(STAD : Student Team Achievement Division)

① 개념
   ○ 수업절차가 간단해서 널리 활용되고 있다.
   ○ 협동학습을 처음 접하는 교사들이 사용하기에 적합하다.
   ○ 사실에 관한 지식 및 이해, 기본 기능의 습득에 적합하며 대체로 초등학교 2학년 학생들부터 고등학교 3학년 학생들에게 활용되고 있다.
   ○ 교과로는 국어, 수학, 과학과 등에 널리 적용된다.

② 특징
   ○ 구성원 각자의 목표뿐만 아니라 집단의 목표가 있어 서로 돕고 도움을 받으려 한다(집단의 목표).
   ○ 집단에 대한 책무성과 과제에 대한 분담이 이루어져 개별 책무성이 강조됨으로써 개인의 능력을 최대한 발휘할 수 있다(개별 책무성).
   ○ 개인의 능력에 관계없이 집단에 기여할 수 있는 성공의 기회가 균등하게 주어져 스스로 노력하게 된다(성공의 기회 균등).
   ○ 소집단 간의 경쟁이 유발되어 구성원들의 결속이 다져지고 구성원들의 학습동기가 촉진된다(소집단 간의 경쟁).

③ 절차

1단계 수업안내	• 수업을 시작할 때 교사는 학급 전체를 대상으로 일반적인 교수활동을 함. 교사는 학생들에게 주요 개념과 학습목표를 제시하고, 학습할 자료와 과제를 알려 줌 • 이때 교사는 전체 학생을 대상으로 도입, 전개, 연습의 순으로 수업을 안내함. 이 단계에서 학생은 주의를 집중해야 하는데, 그 이유는 자신들이 해야 할 팀 활동의 방향과 팀 활동이 끝난 뒤에 치르는 퀴즈 시험의 힌트를 얻기 때문 • 단순한 설명보다는 다양한 시청각 매체를 사용하는 것도 중요한 차이점
2단계 소집단학습	• 집단의 구성원은 성취도가 가장 높은 학생 1명과 평균 수준의 학생 2~4명, 장애학생처럼 학습이 어려운 성취가 가장 낮은 학생 1명으로, 이질적인 집단으로 구성 20중

	• 팀이 구성되면 교사는 팀 학습의 의미가 무엇인지를 설명해 주고, 집단 규칙을 정해줌
3단계 형성평가	• 소집단 활동이 끝나면 학생들은 퀴즈 문제를 통해 개별적으로 형성평가를 실시 • 학생들은 개별적인 문제를 풀어야 하므로 집단 구성원끼리 서로 돕지 못하며 개인 점수로 계산
4단계 개인별·팀별 점수 계산	• 개인 점수는 초기에 정해진 각 학생의 기본 점수보다 향상된 점수를 말함 • 팀 점수는 팀원의 개별 향상점수 총합의 평균 점수를 말함
5단계 팀 점수 게시와 보상	• 수업이 끝나면 즉시 팀 점수와 개인 점수를 게시하고 우수한 개인이나 소집단에게 보상 • 보상의 방법은 칭찬이나 스티커, 사탕 등으로 보상하는 방법과 점심 식사를 가장 먼저 하게 하는 등의 방법이 있음

(2) **팀 경쟁 학습**(TGT : Teams Games Tournaments)

① 개념

㉠ 수학 계산 문제와 응용, 철자법과 구구단, 지리와 과학 개념과 같은 단답형의 개념 지도에 적절하다.

㉡ 형성평가 대신에 토너먼트 과정이 들어간다는 점을 제외하면 STAD 모형의 수업 절차와 같다.

㉢ 성취과제 분담학습(STAD) 모형의 퀴즈나 시험을 토너먼트 게임으로 대체한 것뿐만 아니라 학습 팀을 사용하기 때문에 학생들에게 흥미를 불러일으키며 경쟁을 유도하는 협동학습 모형이다.

㉣ 각 팀에서 사전 성취도가 비슷한 수준의 학생들이 경쟁을 하며 TGT 게임을 하므로 자신의 팀에 공헌할 수 있는 기회를 동등하게 갖게 된다.

㉤ TGT의 장점은 학생들의 흥미를 유발시켜 개념 이해나 학업성취를 향상시킨다는 것이다.

② 특징

㉠ TGT는 퀴즈 대신에 게임을 함으로써 학습자들이 흥미를 갖게 한다.

㉡ STAD가 개인적인 퀴즈를 대비해서 학습하는 반면 TGT는 토너먼트 게임에서 좋은 성적을 얻기 위해 다른 팀의 구성원들과 경쟁을 한다. 학생들은 과거 성적이 유사한 다른 구성원들과 토너먼트 테이블에서 경쟁한다.

㉢ STAD에서는 개별 향상점수를 사용하지만 TGT는 범핑체제(bumping system)를 사용한다. 즉 STAD에서는 개별 향상점수로 학습동기를 강화하지만 TGT는 공정한 게임을 하기 위해 게임에서 얻은 점수로 학습동기를 강화시킨다. 각 테이블의 우승자는 테이블에 관계없이 승리하면 팀에 60점을 더한다. 이는 상위 득점자와 하위 득점자가 똑같은 성공의 기회를 갖는다는 것을 의미한다.

🔑 **키워드 Pick**

ⓔ TGT의 중요한 특징은 매주 토너먼트 성적에 따라 선수로 출전하는 테이블이 바뀐다는 점이다. 즉 그 주에 좋은 성적을 얻는 구성원은 다음 주에 더 높은 경쟁자들이 모이는 상위의 테이블 선수로 나가게 되고, 반대로 좋은 성적을 얻지 못한 구성원은 자신이 출전했던 테이블보다 하위의 테이블에 출전하게 된다.

ⓜ TGT는 지루하기 쉬운 학습을 게임의 형식으로 진행하므로 학습자들에게 많은 흥미를 갖게 한다. 반면에 다른 학습방법과는 달리 게임에 상대적으로 많은 학습 시간을 보내기 때문에 협동학습 시간이 줄어드는 단점이 있다.

ⓗ TGT 모형은 집단 간 편파를 조장할 가능성이 있으므로 사용하는 데 신중을 기해야 한다.

③ 절차

1단계 수업안내	• 수업을 시작할 때 교사는 학급 전체를 대상으로 일반적인 교수활동을 함 • 교사는 학생들에게 주요 개념과 학습목표를 제시하고, 학습할 자료와 과제를 알려 줌 • 학생들은 활동하는 가운데 개별적으로 점수를 받게 되고 이는 집단의 점수에 가산되며 집단이 받은 점수를 근거로 보상을 받게 됨 • 교사는 장애학생이 향상될 잠재력을 많이 지니고 있으므로 집단에 점수를 가장 많이 올려 줄 수 있다는 점을 설명하며, 다른 사람들이 장애학생에게 도움을 받아야 한다는 점을 이야기해 줌
2단계 집단 구성	• 팀 경쟁학습도 성취과제 분담학습처럼 성취도가 가장 높은 학생과 평균 수준의 학생 2~4명, 장애학생처럼 학습에 문제가 있는 성취가 가장 낮은 학생 1명으로 구성되고, 동일한 수업 방법과 연습 문제지를 이용하여 협동학습을 실시함
3단계 토너먼트 게임	• 각 팀에서 비슷한 성적을 가진 학생 3명이 나와서 처음 학생이 문제를 읽는 독자가 되고 다른 두 학생 중 한 명이 처음 도전자, 남은 학생이 다음 도전자가 됨 • 문제가 적힌 카드가 섞이면 게임이 시작됨. 독자가 된 학생이 문제를 읽고 답을 답지에 적고 난 뒤에 나머지 두 명도 답을 다 적으면 독자가 답을 말하게 됨 • 처음 도전자의 답이 맞으면 통과시키고, 틀리면 두 번째 도전자가 다시 도전을 하게 됨 • 처음 도전자의 답이 맞으면 카드를 가지게 되고, 이를 통해 나중에 점수 합계를 내게 됨 • 틀리면 카드를 책상 위에 올려놓고 답을 맞춘 한 도전자가 그 카드를 가져가게 됨 • 다음 경기는 처음 도전자가 독자가 되고 두 번째 도전자가 처음 도전자가 되며 독자가 두 번째 도전자가 되어 왼쪽으로 돌아가며 역할이 바뀜 • 경기는 카드를 다 계산할 때까지 계속됨. 가장 많은 카드를 가진 팀은 60점, 두 번째 팀은 40점, 세 번째 팀은 20점을 얻음. 전체 팀 점수가 계산되고 평균을 내어 수행 결과를 확인함

4단계 집단점수 게시와 보상	• 팀 점수 산출 : 토너먼트가 끝난 후 테이블 기록표에 나타난 순위에 따라 팀 점수를 부여하고, 팀 성적을 산출함 • 가장 많은 점수를 얻은 팀은 게시판에 게시하고 상장을 주거나 그 결과를 부모에게 통보할 수 있음

 Plus

STAD와 TGT 비교

구분		STAD	TGT
차이점	학습목적	개별적으로 퀴즈에 대비	토너먼트 게임에서 좋은 성적
	학습동기 강화방법	개별 향상점수로 강화	게임에서 얻은 점수로 강화 (*bumping system)
	성공의 기회	성적 상위/하위자의 기회가 다름	이기면 무조건 점수를 받음 ⇨ 성적 상위/하위 득점자의 기회 동일
공통점	기여도	집단에 기여할 수 있는 기회가 동일	
	절차	STAD와 형성평가 대신 게임이 들어가는 것 외에는 절차 동일	
	외적 동기 > 내적 동기	STAD < TGT	

* bumping system : 게임 성적에 따라 테이블을 옮겨가는 방법이다. 최고 득점자는 한 단계 높은 테이블로 올라가고(bumped up), 중간 득점자는 머물고, 최저 득점자는 낮은 수준의 테이블로 내려간다(bumped down).

(3) **팀 보조 개별학습**(TAI : Team-Assistant Indivisualization)

① **개념**
  ㉠ TAI는 수학교과에서 협동학습과 개별학습의 장점을 취해서 결합한 수업모형이다.
  ㉡ TAI는 개별학생마다 진도가 다르게 학습이 이루어진다.

② **특징**
  ㉠ 수학 성적이 낮은 학생들도 수업 진행에 소외되지 않고 자기 수준에 맞는 수학 능력을 계속해서 증진시킬 수 있고, 우수한 학생들도 자신의 능력에 따라 높은 수준의 학습목표를 달성할 수 있는 기회가 계속 제공된다.
  ㉡ 협동학습의 긍정적 상호의존성 효과를 얻는다.
  ㉢ 수학에서 많이 사용되고 있는 학생의 개인차를 고려한 개별화 수업의 부작용을 해소할 수 있다.
  ㉣ TAI는 이질적 집단을 구성하여 집단 동료와의 상호교수에 기초한 상호작용을 활발하게 하고, 교사는 같은 수준의 학생 집단을 개별 지도하는 이중의 효과를 얻는 모형이다.
  ㉤ 수업 절차와 역할 부여 등이 복잡하여 학생이나 교사가 이 수업에 익숙해지는 데 많은 시간과 노력이 걸리는 단점이 있다.
  ㉥ 수학과를 위해 개발되었지만 다른 교과에도 적용할 수 있다.

💡 **키워드 Pick**

③ 절차

1단계 집단 구성과 배치검사	• 학습 능력이 이질적인 아동을 집단으로 구성 • 수업을 시작하기 전에 사전 검사를 통하여 각 학생의 수준에 적합한 수준을 평가하여 집단을 구성		
2단계 학습 안내지와 문항지 배부	• 학습 안내지에는 학생들이 집단에서 학습할 절차와 학습내용이 적혀 있음. 또 4개의 문항이 기술된 기능 훈련 문항지 4장과 10개의 문항으로 구성된 2장의 형성평가지도 배부됨 • 그리고 15개의 문항으로 된 단원평가 문항지와 정답지가 배부됨 • 학습자료의 구체적인 내용		
	안내지	교사가 집단별 지도를 할 때 사용하는 자료로 내용의 개관과 문제를 해결하는 절차 소개	
	기능훈련 문제지	4묶음 16개의 문제로 구성되어 있으며, 전체 기능의 최종적 획득을 위한 안내의 역할을 함	
	형성평가	각각 10개의 문항으로 구성된 두 개의 형성평가 문제	
	단원평가	15개의 문항으로 된 단원평가 문제로 교사가 별도 관리	
	정답지	기능훈련 문제, 형성평가 문제, 단원평가 문제에 대한 답	
3단계 집단학습	• 집단 구성원들은 자신의 집단 내에서 서로의 학업 정도를 점검하기 위해 2명 또는 3명씩 짝을 정해 먼저 기능 훈련지로 문제를 해결함 • 4문항으로 된 각 장을 해결하고 나면 정답지를 가지고 가서 또래의 점검을 받음. 모두 맞았으면 형성평가 단계로 넘어가고, 틀렸으면 또 다른 묶음의 4문제를 품 • 이런 식으로 기능 훈련 문제지 한 묶음(4문제)을 모두 맞힐 때까지 계속함 • 만약 이 과정에서 어려움이 있으면 동료에게 도움을 청하고, 그래도 안 되면 교사에게 도움을 청함 • 형성평가에서 80% 이상 도달하면 집단에서 주는 합격증을 받고 단원평가를 치름		
4단계 집단교수	• 교사는 아동이 학습하는 5~15분간 각 집단에서 동일 수준의 학생을 직접 교수함 • 즉 개별화 수업의 변형된 형태임 • 집단교수 동안 나머지 학생들은 자신의 집단에서 계속해서 학습을 함		
5단계 집단점수와 집단보상	• 교사는 매주 말에 집단점수를 계산함 • 집단점수는 각 집단 구성원이 해결한 평균 단원 수와 단원평가의 점수를 기록해서 계산함 • 결과에 따라 집단에게 보상함		

(4) 직소(Jigsaw)

① 개념

  ㉠ 정보를 직소퍼즐처럼 배열함으로써 학생들이 서로 의존하도록 만든 모형이다.

  ㉡ 집단 구성원들은 자신의 정보를 숙달한 후에 그것을 집단의 나머지 구성원들에게 가르치고, 또한 집단의 다른 구성원들이 제시한 정보를 배울 책임이 있다.

  ㉢ **직소의 기본절차**: 원소속 집단의 각 구성원은 개인별 전문과제를 부여받고, 전문가 집단에서 협동학습을 한다. 그리고 자신의 원소속집단으로 돌아가 돌아가면서 자신이 학습한 정보를 동료들에게 가르치고 동료들과 함께 토론한다. 전체 학습과제에 기초하여 개별평가를 받는다.

② 특징 [23초]

  ㉠ 직소 I 은 개별 학생의 입장에서 볼 때 과제 상호의존성은 매우 높으나 보상 상호의존성은 없다. 즉 직소 I 은 보상구조를 통해서가 아니라 학습 과제의 분담을 통해서 집단 구성원들이 서로 의존하고 협동하도록 하는 모형이다.

  ㉡ 직소 II 는 직소 I 모형에 보상구조와 성공기회의 균등을 보완하여 개발하였다. 직소 I 에서는 각 전문가가 특정 내용(전문과제)을 갖고 있는 집단에서 유일한 구성원이 되지만, 직소 II 에서는 모든 집단 구성원에게 전체 학습 과제를 접할 수 있는 기회를 제공함과 동시에 특정 내용(전문과제)에 대해 각각 전문가가 되도록 구조화되어 있다. 그리고 집단보상을 하기 때문에 긍정적 보상 상호의존성이 높다. 즉 직소 II 는 과제 상호의존성에 기초하고 있으면서도 보상 상호의존성은 높은 모형이라 할 수 있다(직소 I 보다 과제 상호의존성은 낮추고 보상 상호의존성을 높인 것이다).

③ 절차

직소 I	① **집단 구성**: 5~6명으로 구성하고, 이질적으로 집단을 구성 ② 개인별 전문과제 부과 ③ 전문과제별 모임 및 전문가 집단에서의 협동학습 ④ 원소속집단에서의 협동학습 ⑤ 개별평가 ⑥ **개인점수 산출**: 각 개인의 개인별 점수만 계산됨. 어떠한 경우도 향상점수나 집단점수는 산출하지 않으며 집단보상 또한 없음
직소 II	① **집단 구성**: 집단 구성원은 4명으로 하며, 이질적으로 집단을 구성 ② 개인별 전문과제 부과 ③ 전문과제별 모임 및 전문가 집단에서의 협동학습 ④ 원소속집단에서의 협동학습 ⑤ 개별평가 ⑥ **개인별 점수, 향상점수, 집단점수 산출**: 각 학생의 개인별 점수뿐만 아니라 STAD모형에서처럼 향상점수와 집단점수가 산출됨 ⑦ 개별보상 및 집단보상

✿ 키워드 Pick

직소Ⅲ	① **집단 구성**: 4~5명으로 집단을 구성하고, 이질적으로 집단을 구성 ② 개인별 전문과제 부과 ③ 전문과제별 모임 및 전문가 집단에서의 협동학습 ④ 원소속집단에서 협동학습 ⑤ **평가유예기**: 수업을 통해 학습한 것을 정리할 수 있는 시간을 위해 설정해 둔 시간 ⑥ 원소속집단에서의 평가 준비 ⑦ 개별평가 ⑧ 개인별 점수, 향상점수, 집단점수 산출 ⑨ 개별보상 및 집단보상
직소Ⅳ	① **집단 구성**: 4~5명으로 집단을 구성하고, 이질적으로 집단을 구성 ② 개인별 전문과제 부과 ③ 전문과제별 모임 및 전문가 집단에서의 협동학습 ④ 전문가 집단에서 전문과제에 대한 평가 ⑤ 원소속집단에서 협동학습 ⑥ **평가유예기**: 수업을 통해 학습한 것을 정리할 수 있는 시간을 위해 설정해 둔 시간 ⑦ 원소속집단에서의 평가 준비 ⑧ 개별평가 ⑨ 개인별 점수, 향상점수, 집단점수 산출 ⑩ 개별보상 및 집단보상

(5) **집단탐구**(Group Inverstigation)

① **개념**

㉠ 학습자 간의 상호협력을 전제로 조사, 토의, 협동적 계획, 프로젝트 등을 통해 소규모로 활동하는 개방적 수업형태이다.

㉡ 5~6명의 학생들이 집단을 이루어 학습목표의 주제와 하위 주제를 선정하고 하위 주제를 각 개인의 과제로 나누어 집단 발표를 준비하기 위한 활동을 수행한 다음, 전체에게 전달하는 교수방법이다.

㉢ 협동적 보상은 구체적으로 잘 드러나지 않는다. 학생들은 단순히 집단 목표를 달성하기 위하여 함께 공부하도록 요구받는다.

② **특징**

㉠ **탐구**: 교사와 학생이 채택하는 학습에 대한 일반적인 방향을 보여준다. 학급은 '탐구 공동체'가 되고, 학생들은 각자 자신이 맡은 분야의 탐구자가 되어 학급 전체의 목표를 해결하는 데 기여한다.

㉡ **상호작용**: 상호작용은 학습의 사회적 맥락을 제공해 주는 탐구 공동체로 조직된 교실에서 발생한다.

ⓒ 해석: 학생들은 탐구 과정에서 많은 정보를 수집하고 정기적인 만남을 통해 정보와 아이디어를 교환한다. 이 과정에서 학생들은 다양한 정보나 아이디어들을 해석한다.

ⓔ 내재적 동기: 학생들의 내재적 동기를 강조한다. 내재적 동기란 특정한 과제에 대한 흥미나 호기심 또는 만족감 때문에 과제를 수행하는 것을 의미한다.

③ 절차

1단계 주제선정 및 소집단 구성	• 교사는 여러 가지 측면에서 해결해 볼 수 있는 일반적인 탐구문제(주제)를 제시함 • 탐구문제 제시와 일정 기간 동안의 자료 탐색이 있은 후에 실질적으로 시작됨 • 학생들에게 주제와 관련하여 알고 싶은 문제를 알아보도록 하고, 교사는 발표한 질문들을 칠판에 모두 기록한 후 유사한 내용을 묶어 질문을 5~6개로 범주화함. 이 범주는 각 집단에서 탐구할 하위 주제가 됨 • 학생들은 자신의 관심과 흥미에 따라 하위 주제를 선택함 • 특정한 하위 주제를 탐구하고자 하는 집단이 많을 경우 동일 주제에 2~3개의 소집단을 구성할 수 있음(이때 교사는 각 집단이 독특한 방식으로 탐구 활동을 할 수 있도록 안내함)
2단계 계획수립 및 역할분담	• 소집단별로 선택한 하위 주제를 탐구할 계획과 각자의 역할을 분담함 • 교사는 집단 사이를 순회하면서 학생들에게 필요한 정보를 제공하고, 모든 과정이 민주적인 절차에 따라서 이루어지도록 안내해 주어야 함
3단계 탐구 활동	• GI의 핵심적인 활동으로써 학생들은 개별적으로나 짝을 지어 자신이 맡은 역할을 수행하고 집단 구성원들과 정보를 분석하고 통합함 • 교사는 정보제공자의 역할을 함 • 교사는 학생들이 탐구 과정에서 직면하는 문제를 해결하는 데 도움을 줌
4단계 발표준비	• 탐구 활동과정에서 수집한 자료를 바탕으로 학습결과를 전체 학생들에게 발표할 준비를 함 • 이 과정을 통해서 자신들이 수행한 과제의 핵심사항을 추론하고 요약해서 발표하는 방법을 학습함
5단계 발표	• 발표 시간은 모든 집단에게 공평하게 부여하며 탐구 주제의 성격에 따라 2차시 이상 연속해서 진행될 수 있음 • 학생들은 소집단별로 앉아 발표 과정에 참여함 • 교사는 소집단의 발표가 끝날 때마다 토론 시간을 짧게 제공함
6단계 평가	• 탐구결과의 주제 평가, 사실적 지식 평가, 소집단의 발표물 통합, 탐구자 및 집단 구성원으로서의 수행 반성

💡 키워드 Pick

기출 LINE

24중) 학생이 토의하여 학습할 주제를 선정합니다. 그리고 자신이 원하는 주제를 선택하고, 원하는 모둠에 들어가서 소주제를 분담한 후 조사한 결과를 발표합니다. 그런 다음 전체 학급에서 발표할 보고서를 준비하여 전체 학생들 앞에서 발표합니다. 평가는 교사가 학생들의 소주제에 대한 학습 기여도를 평가하고, 학생들은 모둠 내 기여도 평가와 전체 동료에 의한 모둠 보고서 평가를 할 수 있습니다.

(6) 자율적 협동학습(Co-op Co-op)

① 개념

    ㉠ 자율적 협동학습(Co-op Co-op) 모형은 협동을 위한 협동학습 모형 또는 자율적 협동학습 모형이라고도 번역된다.

    ㉡ 집단탐구(GI) 모형과 매우 유사하다.

    ㉢ 학급 전체가 학습할 주제를 토론 과정을 거쳐 직접 선정하고, 학생들은 각자 흥미에 따라 소집단을 구성한 다음 소집단 내에서 자신이 수행할 주제를 다시 선택하여 집단의 과제를 완성하고, 각 집단의 과제가 함께 보여 전체 학급의 학습주제를 숙달하도록 하는 구조이다.

    ㉣ 이 모형은 집단 간의 상호 협동을 통하여 학급 전체의 학습목표를 달성하도록 되어 있는 협동학습 구조이다.

    ㉤ 학생들로 하여금 그들 자신이 학습 과제를 선택하도록 하고 자신과 동료들의 평가에 참여하도록 허용하는 유형이다.

② 특징

    ㉠ 집단 내의 협동과 집단 간의 협동을 강조해서 학급 전체가 특정한 주제와 관련된 학습 경험을 나눌 수 있도록 구성된 협동학습 구조이다.

    ㉡ 집단 구성원들이 함께 공부하고 자신들의 이해의 폭을 확장할 수 있는 기회를 최대한 제공할 뿐만 아니라 각 집단들이 협동을 통하여 산출한 결과물을 학급 전체가 나눌 수 있도록 함으로써 다른 집단의 학생들 역시 이득을 얻게 된다.

③ 절차

1단계 학생중심 학급토론	• 토론의 목적은 주제에 대한 학생들의 호기심을 유발시켜 주제에 대한 참여도를 높이는 데 있음 • 이 단계에서 학생들은 자신들의 학습이 다른 사람의 학습에 기여할 수 있다는 것을 알게 됨
2단계 학습집단의 선택	• 목표에 따라 학생들이 자신의 흥미에 따라 집단을 선택할 수도 있고 집단을 배정받을 수도 있음 • 교사는 집단 내의 이질성을 가능한 한 최대화시켜 학생들 간의 긍정적인 상호작용과 자아존중감 신장을 유도해야 함
3단계 집단 세우기와 협동적 기술 계발	• 집단에 대한 긍정적인 정체성이 형성될 수 있도록 집단 세우기를 실시함 • 집단 세우기를 통하여 집단 구성원 간의 공동체 의식을 형성함
4단계 집단주제 선택	• 학급 토론을 통해서 제안된 학습주제 중에서 집단 구성원들이 탐구하고자 하는 주제 선택 • 각 집단이 주제를 선정하기 위하여 토론을 시작하면 교사는 집단을 순회하면서 촉진자의 역할을 함

5단계 소주제 선택	• 집단 구성원들은 집단 주제를 완성하기 위하여 자신의 흥미에 적절한 소주제 선택 • 교사는 학생들이 선택한 소주제가 학생들의 능력에 적절한지, 소주제를 수행하기 위해 활용할 수 있는 자원이 있는지에 대한 조언을 바탕으로 필요한 경우 학생들의 소주제 선택에 도움을 주어야 함
6단계 소주제 준비	• 집단 구성원들은 자신이 선택한 소주제에 대한 개별적 탐구 활동을 수행하고 집단에서의 발표를 준비함
7단계 소주제 발표	• 집단 구성원들은 각자가 탐구한 소주제를 집단 내에서 발표하고 토론함 • 이 과정을 통해 학생들은 자신이 맡은 소주제의 완성에 대한 책임을 전적으로 짐
8단계 집단발표 준비	• 집단 구성원들은 집단 주제에 대한 발표 내용 및 형식을 결정함 • 한 집단이 발표를 하면 다른 집단이 그것에 대하여 피드백을 해주고, 집단 발표를 위해 다른 집단의 자료를 사용할 수 있도록 함
9단계 집단발표	• 집단별 발표 및 질의응답 • 교사는 피드백을 제공하여 발표를 준비하는 집단의 효과적인 발표에 도움을 줄 수 있음
10단계 반성과 평가	• 개인별 또는 집단별 평가 • 사회적 기술을 반성해 볼 수 있는 기회가 수시로 포함되어 있음 • 평가는 3가지 수준에서 이루어짐 　－ 팀 동료에 의한 팀 기여도 평가 　－ 교사에 의한 소주제의 학습 기여도 평가 　－ 전체 학급 동료들에 의한 팀 보고서 평가

⑺ **함께 학습하기**(LT : Learning Together)

① **개념**

　㉠ 함께 학습하기 모형은 협동학습에서 집단 형성을 강화시키는 데 초점을 두고 있다.

　㉡ 집단 구성원들이 잘 결속되어 상호작용이 활발하게 이루어지도록 하여 학습효과를 높이려는 전략이다.

　㉢ LT 모형에서는 5~6명의 이질적인 구성원으로 소집단을 구성하여 주어진 과제를 협동적으로 수행한다.

　㉣ 과제는 집단별로 부여하고 보상도 집단별로 하며, 평가도 집단별로 받는다.

　㉤ 시험을 개별적으로 시행하나 성적은 소속된 집단의 평균점수를 받으므로 자신이 속한 집단 내에 다른 학생들의 성취 정도가 개인의 성적에 영향을 준다.

　㉥ 학생들의 협동적 행위에 대해 보상을 줌으로써 협동을 격려하고 조장한다.

　㉦ 이 모형은 집단보고서에 집단보상을 함으로써 무임승객 효과, 봉 효과 같은 사회적 빈둥거림이 나타나 상대적으로 효과적이지 못하다고 한다.

② 절차

집단 구성	• 학습능력으로는 집단 간 동질집단이 되고 각 집단 내에서는 이질적인 집단이 되도록 팀원을 구성
역할부여	• 개별 책무성을 강화하여 무임승차하는 학생이 없도록 하고 상호의존적인 관계를 확실히 하도록 팀원의 역할을 분담(팀장, 관찰자, 기록자, 격려자, 연구자 등)
교사의 직접지도	• 교사가 단원의 개요나 학습활동에 필요한 기본적인 내용을 직접 교수
집단학습	• 팀별로 2장의 학습지를 나누어 주고 팀원을 2팀으로 나누어 상호협력하여 문제를 해결한 후 집단 구성원 모두 협력하여 학습 결과물 1장을 제출 • 협동학습이 이루어지는 동안 교사는 체크리스트를 가지고 순회하며 학생의 행동을 관찰하여 기록
집단보상	• 개별적으로 형성평가를 실시한 후 팀의 평균에 따라 팀 부가점을 팀원 모두에게 동일하게 부여함 • 집단점수는 개인의 점수를 합산하여 계산하고 집단을 보상함 • 이 모형은 집단 구성원의 상호작용의 기술을 배우는 중요한 기회가 되지만 장애학생들의 경우 집단 구성원들의 높은 수준 성취를 요구한다는 점에 의해 어려울 수 있음

(8) **읽기와 쓰기 통합학습 모형**(CIRC : Cooperative Integrated Reading and Composition)

① 개념

㉠ 읽기, 독해, 쓰기 기술의 향상을 목적으로 하며, 기본적 활동, 독해에 대한 직접교수, 통합적 언어와 쓰기와 같은 세 가지 요소로 구성되어 있다.

㉡ 모든 활동은 이질집단으로 구성된 집단 중심으로 이루어진다.

㉢ 모든 활동에는 교사의 설명, 집단 활동, 독자적 연습, 또래평가, 보충연습, 평가 등이 포함되어 있다.

② 특징

㉠ CIRC는 추수 활동 시간을 효과적으로 활용할 수 있도록 해 준다.

㉡ CIRC는 학생들이 소리 내어 읽기를 할 수 있는 기회를 최대한으로 보장해 준다.

㉢ CIRC는 집단 구성원들 간의 상호작용을 통하여 포괄적으로 적용할 수 있는 독해기술의 습득을 돕는다.

㉣ CIRC는 쓰기를 설계, 실행, 평가하는 과정에서 또래를 활용한다는 특징이 있다.

㉤ 이 모형에는 이야기와 관련된 다양한 활동들이 포함되어 있어서 학생들의 지루함을 막을 수 있다.

③ 절차

집단 구성	• 읽기 수준에 따라 학생들을 2~3개의 집단으로 나눔 • 다음 동일한 집단 내의 학생들 2명 혹은 3명씩 짝을 지어 협동학습 집단을 구성 • 예를 들어, 상위 수준에 속하는 학생 2명이 짝과 함께 이동하고, 하위 수준에 속하는 학생 2명이 이동해 와서 총 4명으로 된 협동학습 집단을 구성함 • 이렇게 해서 읽기수준이 각기 다른 이질적인 협동 학습집단이 구성됨
독해를 위한 직접교수	• 교사는 매주 한 번씩 독해기술을 학생들에게 직접 가르침 • 교사로부터 독해기술을 학습한 후에 학생들은 교사가 제시한 학습자를 사용해서 획득한 독해기술을 적용해 보는 기회를 갖게 됨
기본적 활동	• 매일 20분 정도 정해진 교재를 활용해서 이야기와 관련된 활동을 함 • 이 단계에서 교사는 이야기를 소개하고 집단 내의 토론을 주도함 • 이때 토론을 일종의 구조화된 토론으로 주로 읽기에서 효과적으로 알려진 독해기술에 초점을 맞추도록 함
짝 점검활동	• 활동을 마치면 자신의 짝이 과제의 수행기준에 도달했는지의 여부를 점검 • 학생들은 매일 자신들이 해야 할 학습활동을 제시받고 그것을 자신의 속도에 따라 진행
평가	• 평가의 목적은 이야기와 관련된 새로운 낱말을 학생들이 분명히 학습하고 이야기의 내용을 이해했는지의 여부를 확인하는 데 있음 • 산출된 점수와 이야기와 관련된 쓰기에 대한 평가 점수가 합산되어 집단 점수가 됨
홀로읽기	• 방과 후 가정에서 매일 자신들이 선택한 책을 20여분 동안 읽도록 함 • 홀로 읽기 활동은 방과 후에만 제공하는 것이 아니라 학생들이 제시된 과제를 일찍 끝냈을 경우에는 수업 중에도 제공할 수 있음

 Plus

학생 팀 학습(STL)과 협동적 프로젝트(CP) 25초
협동학습 기법들은 집단 간 경쟁을 채택하는가 혹은 집단 간 협동을 채택하는가에 따라 학생 팀 학습(STL : Student Team Learning)과 협동적 프로젝트(CP : Cooperative Project) 유형으로 나눌 수 있다.

학생 팀 학습(STL)	협동적 프로젝트(CP)
• 능력별 팀 학습(STAD) • 토너먼트식 학습(TGT) • 팀 보조 개별학습(TAI) • 과제분담학습Ⅱ(JigsawⅡ)	• 과제분담학습Ⅰ(JigsawⅠ) • 자율적 협동학습(Co-op Co-op) • 집단조사(GI) • 함께하는 학습(LT)

☆ 키워드 Pick

3. 통합학급에서 협동학습을 실시할 때 고려할 사항

(1) 모둠 구성

① 성, 상위-중위-하위 수준의 과제수행능력, 상-중-하 의사소통 및 사회적 상호작용 능력 등을 포함하는 다양한 범위의 특성에 따라 의도적으로 학생들을 골고루 섞어서 집단을 구성하고, 함께 배우고 싶은 학생 중 적어도 한 명과 같이 앉도록 한다.

② 한 집단 안에 대인관계 및 집단 참여 기술이 우수한 학생을 적어도 한 명 포함시키고, 보조가 많이 필요한 학생과 보다 능력 있는 학생 간에 균형을 이룰 수 있도록 모둠을 구성한다.

③ 각 학생에게 함께 배우고 싶은 다른 3명의 학생을 선택하도록 하고, 모든 아동이 한 명 정도는 자신이 선택한 친구가 될 수 있도록 배려한다.

(2) 각자의 수준에 맞는 역할 제시

① 어떠한 협동구조 혹은 유형을 선택하든 각자의 수준에 적합한 역할을 분명하게 제시해야 한다.

② 내용의 이해를 통한 참여가 어려운 경우 기능적인 역할 부여를 통해 집단의 한 구성원으로서 자리매김할 수 있도록 해야 한다.

(3) 주제 선정

① 주제를 선정하여 토의하는 협동학습 구조에서는 학생에게 친숙한 토의 주제를 선정하거나, 선택할 수 있는 주제를 준비하여 학생이 주제를 선정하게 한다.

② 혹은 학생의 지적 수준에 맞추어서 주제를 제시하는 방법으로 지적장애학생 및 다양한 능력 수준의 학생들을 수업에 참여시킬 수 있다.

(4) 답변 혹은 반응하는 방식

① 주제를 변경하거나 수성할 수 없는 경우 주제에 대해 사전에 교수할 수 있다.

② 면담방식으로 협동학습을 진행할 경우 면담할 질문에 대한 답을 준비할 수 있는 시간을 주거나 면담 질문에 답할 사실이나 정보를 알려줄 수 있다.

③ 반응하는 방식에서 쓰기가 어려운 학생은 돌아가며 말하거나 번갈아 말하기와 같은 방식을 사용할 수 있다.

(5) 비장애학생들의 준비

장애학생과 같은 모둠의 모둠원들이 보조하고 코치하는 기술을 미리 배울 수 있다.

② 또래교수(peer tutoring) 13추유, 15 · 17 · 18 · 19초, 13 · 19중

1. 또래교수의 의미와 효과 25초

① 또래교수는 동일한 연령이나 학년의 또래가 교사 역할을 맡아 일대일 지도를 하는 방식이다.

② 또래학습자에게는 기본 학습기능이나 기본 사실, 어휘 학습 등에 효과적이다.

③ 또래교사는 자신의 역할에 자부심을 갖고 자존감을 높일 수 있으며, 학교학습 전반과 교과학습에 긍정적인 태도를 가질 수 있다. 내용을 조직화하고 재진술해야 하기 때문에 심층적 이해를 도울 수 있고 내용의 반복학습 효과가 있다.

④ 또래교수는 교사가 모든 학생을 개별적으로 지도하기 어려운 다인수 학급에서 학생의 실제 학습에 몰입하는 시간을 증가시키는 역할을 한다.

2. 성공적인 또래교수를 위한 유의사항

① 사전에 특별 훈련을 제공한다.

② 교수의 대상인 장애학생과 자주 만나 교수가 이루어지게 한다.

③ 교사들의 지속적인 지도와 점검을 제공한다.

④ 또래교수를 시작할 때 교수자들이 장애학생들로부터 거부당할 수 있음을 인식시키고 이러한 거부는 시간이 지남에 따라 사라질 것이라는 사실도 인식시킨다.

3. 또래교수 적용절차 25초

① **또래교수 목표 및 대상내용 설정**: 또래교수를 통해 학생들이 정확히 무엇을 성취하기를 기대하는지 분명히 해야 한다.

② **구체적인 수업지도안 작성**: 세밀하고 구체적인 계획이 필요하다.

③ **또래교수팀 조직관련 사항 결정**: 학급 상황이나 교수목적에 따라 교대로 역할을 설정할 수도 있고, 또래교사를 다양하게 지정할 수도 있다.

④ **또래교수 관련 목표와 절차 및 규칙 사전교육**: 학생은 자신의 역할에 대한 충분한 사전훈련을 받아야 한다.

⑤ **또래교수 과정 점검**: 교사는 교실을 돌아다니면서 각 팀이 제대로 또래교수를 수행하는지 점검하고, 문제가 있는 부분은 수시로 교정한다.

⑥ **또래교수 효과 평가**: 실제로 각자에게 어떤 도움을 주었는지 평가한다.

✿ 키워드 Pick

4. 또래교수 유형

(1) 또래교수의 다양한 유형

연령으로 분류	• 같은 연령 또래교수 • 다른 연령 또래교수
장소로 분류	• 학급전체 또래교수 • 분리된 또래교수
능력으로 분류	• 역할반전 또래교수 • 전문가 또래교수

(2) 호혜적 또래교수

① 또래도움학습전략(PALS)

ㄱ 특별한 지원이 필요한 학생에게 효과적인 전략이다.

ㄴ 학생들도 또래교수에 대해 긍정적으로 인식하고 있으며, 장애학생에 대한 사회적인 태도도 향상된다.

ㄷ 학업성취가 향상된 이유는 학습 교재가 구체적이고 명확한 데다 친근하게 사용할 수 있는 것이었으며 필요한 기술적인 지원을 제공하였기 때문이다. 또한 읽기 독해를 잘하기 위한 연습전략을 제공한 것과 또래와의 일대일 관계, 응답의 기회를 자주 제공한 것, 정확한 피드백, 학업시간의 증가, 사회적 지원과 격려의 제공도 원인이 된 것으로 분석하고 있다.

ㄹ 단점은 교사의 지원이 없으면 효과가 떨어지며, 장애가 심할 경우 또래중재 전에 특수교사의 강도 있는 개별화교육이 필요하다는 점을 들 수 있다.

ㅁ 3단계 활동

번갈아 읽기	• 또래교수 짝에서 읽기 수준이 높은 학생이 번갈아 읽기 활동을 위해 먼저 5분 동안 선택된 자료를 소리 내어 읽는다. • 그 후 읽기 수준이 낮은 학생이 5분 동안 같은 자료를 읽는다. • 낮은 수준의 학생은 읽은 내용에서 나타난 주요 사건을 순서대로 나열한다.
단락 요약하기	• 단락 요약하기 활동에서는 읽기 수준이 높은 학생이 먼저 새로운 이야기 자료를 읽고, 각 단락을 요약한 후에 활동을 멈춘다. • 그런 다음 읽기 수준이 낮은 학생이 다음 5분 동안 계속해서 이야기를 읽고 단락을 요약한다.
차례로 예측하기	• 차례로 예측하기 활동에서는 읽기 수준이 높은 학생이 자료의 한 페이지나 반 페이지를 소리 내어 읽고, 다음 페이지에서 어떤 일이 일어날 것인지 예측하는 것이다. • 그런 다음 페이지를 계속해서 읽고 예측한 것이 맞는지를 점검한다. 이것을 5분 정도 실시한다. • 읽기 수준이 낮은 학생도 이러한 활동을 동일하게 반복한다.

② 전체학급또래교수(CWPT)

ⓖ 학급 구성원 전체가 2~3개의 큰 형태로 나누어 또래교수에 참여하도록 하는 것이다.

ⓛ 학업성취가 낮은 소수집단이나 장애학생 교수에 목적을 둔다.

ⓒ 교사가 체계적이고 의도적으로 학생을 임의로 배정한다.

ⓔ 모든 학생들의 학업적 행동에 관심을 가지고 수업 시간 중에 조화를 증가시킨다.

ⓜ 학습속도와 피드백 증가, 즉각적인 오류수정 보다 높은 수준과 내용 이해에 도달하고자 한다.

ⓗ 주로 초등학교 읽기, 철자, 단어 연습에 활용된다.

ⓢ 전략의 목적은 모든 학생들의 학업 행동에 관심을 가지고 수업시간 중에 조화를 증가시키며 속도와 피드백을 제공하고, 즉각적인 오류교정을 할 수 있으며 보다 높은 수준과 내용 이해에 도달하는 데 있다.

ⓞ 절차

> • 또래교수자는 또래학습자에게 문제를 제시
> • 또래학습자가 답을 말하고 씀. 만일 그 답이 정답인 경우, 또래교수자는 2점을 줌. 만일 답이 정답이 아닌 경우, 또래교수자는 구조화된 오류 교정 절차에 따라 또래교수를 실시. 즉 또래교수자는 정확한 반응을 제시하고, 또래학습자에게 정확한 답을 세 번 쓰도록 요청하며, 오류가 교정된 경우 또래학습자에게 1점을 줌
> • 일정한 시간(5~10분)이 경과하면, 또래교수자와 또래학습자는 역할을 서로 바꾸어 또래교수를 실시. 장애학생이 포함된 2인 1조 팀의 경우 역할을 바꾸는 대신 장애학생이 학습한 바를 다양한 방식으로 표현할 기회를 제시하도록 할 수 있음
> • 교사는 2인 1조로 구성된 팀들 사이를 순회하며, 또래교수자가 자료를 정확히 제시하고, 점수를 부여하며, 오류 교정 절차를 사용하고, 지원적인 도움과 의견을 제공하는지 여부에 기초하여 점수를 부여함. 이때 점수는 2인 1조의 팀이 해당 시간 동안 완성한 문항 수로 부여
> • 1주에 2~4번의 또래교수 회기에 참여한 이후, 학생들은 개별적으로 검사를 받고, 각각의 정확한 답에 대해 5점을 얻음
> • 주말에 학급전체의 2팀 중 각 팀에 소속된 2인 1조로 구성된 또래교수팀이 얻은 점수를 합산하여 기록, 합산한 점수를 학급에 제시

③ 전체학급또래교수팀(CSTT)

ⓖ 4~5명의 학습능력이 다른 학생이 한 팀이 되어 소그룹을 형성하고 팀별로 경쟁을 하는 학습방법이다.

ⓛ 주로 중학교 이상 사회, 과학, 체육 시간에 활용된다.

ⓒ 학급전체 또래교수팀은 3~5명의 소그룹으로 형성되며, 2개의 큰 형태를 이루는데 비해 학급전체 또래교수는 또래 짝과 함께 공부하는 점이 다르다.

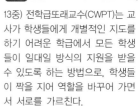

기출 LINE

13중) 전학급또래교수(CWPT)는 교사가 학생들에게 개별적인 지도를 하기 어려운 학급에서 모든 학생들이 일대일 방식의 지원을 받을 수 있도록 하는 방법으로, 학생들이 짝을 지어 역할을 바꾸어 가면서 서로를 가르친다.

🔖 키워드 Pick

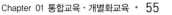

CHAPTER

특수교육평가

02

맥 VIEW

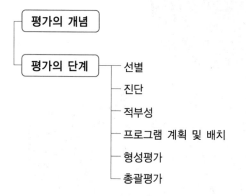

01 특수교육평가의 이해

- **평가의 개념**
- **평가의 단계**
  - 선별
  - 진단
  - 적부성
  - 프로그램 계획 및 배치
  - 형성평가
  - 총괄평가

02 측정의 기본개념

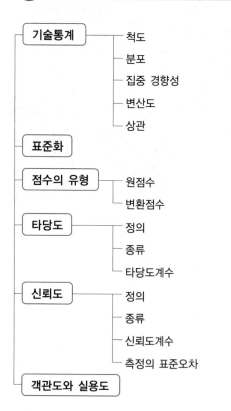

- **기술통계**
  - 척도
  - 분포
  - 집중 경향성
  - 변산도
  - 상관
- **표준화**
- **점수의 유형**
  - 원점수
  - 변환점수
- **타당도**
  - 정의
  - 종류
  - 타당도계수
- **신뢰도**
  - 정의
  - 종류
  - 신뢰도계수
  - 측정의 표준오차
- **객관도와 실용도**

03 사정방법

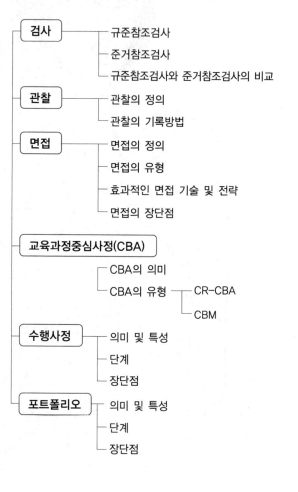

- **검사**
  - 규준참조검사
  - 준거참조검사
  - 규준참조검사와 준거참조검사의 비교
- **관찰**
  - 관찰의 정의
  - 관찰의 기록방법
- **면접**
  - 면접의 정의
  - 면접의 유형
  - 효과적인 면접 기술 및 전략
  - 면접의 장단점
- **교육과정중심사정(CBA)**
  - CBA의 의미
  - CBA의 유형
    - CR-CBA
    - CBM
- **수행사정**
  - 의미 및 특성
  - 단계
  - 장단점
- **포트폴리오**
  - 의미 및 특성
  - 단계
  - 장단점

CHAPTER
02 특수교육평가

01 특수교육평가의 이해

① 평가의 개념

구분	내용
평가 (evaluation)	수집된 자료에 근거하여 가치판단을 통하여 교육적 의사결정을 내리는 과정
사정 (assessment)	교육적 의사결정에 필요한 자료를 수집하는 과정
측정 (measurement)	양적 또는 수량적 자료를 수집하는 과정

② 평가의 단계 09 · 25유, 09초

○ 평가단계와 의사결정

평가단계	의사결정 내용
선별	• 아동을 더 심층적인 평가에 의뢰할 것인가를 결정한다. • 선별이란 더 심층적인 평가가 필요한 아동을 식별해 내는 과정이다. 선별에서 사용되는 사정도구들은 제한된 수의 문항으로 아동의 수행이나 행동을 사정하도록 고안되므로, 선별을 위한 사정도구를 실시하는 데는 보통 15~20분 정도가 소요된다. 주로 표준화된 규준참조검사가 실시된다. • 선별의 4가지 가능한 결과 13 · 15 · 23유

구분		더 심층적인 평가로의 의뢰 여부	
		의뢰됨	의뢰되지 않음
특수교육 필요 여부	필요함	A	C (위음: false negative)
	필요하지 않음	B (위양: false positive)	D

🖋 키워드 Pick

진단	• 아동이 장애를 가지고 있는가, 그렇다면 장애의 원인은 무엇인가를 결정한다. • 진단이란 어떤 상태의 특성과 원인을 파악하는 과정이라고 할 수 있는데, 아동이 장애를 가지고 있는지, 그 장애의 원인은 무엇인지에 대해 결정하는 과정이다. 선별에 비해 많은 수의 문항을 활용하고, 다양한 사정방법을 통한 포괄적인 사정이 이루어지며, 사정을 실시하는 사람의 자격도 더 제한된다. 진단은 특정 장애의 유무와 함께 장애의 원인을 파악하는 데에도 중요하며, 이는 적절한 중재나 교육 프로그램의 계획을 위한 유익한 정보를 제공한다.
적부성	• 아동이 특수교육대상자로 적격한가를 결정한다. • 특수교육대상자로서 적격한가를 결정하는 과정이다. 즉, 이전 단계인 진단과정에서 아동이 장애를 가진 것으로 판명되었다 하더라도 특수교육대상자로 반드시 선정되는 것은 아님을 의미한다. 특수교육대상자로 선정되기 위해서는 「장애인 등에 대한 특수교육법」에 제시된 선정기준에 적합해야 한다.
프로그램 계획 및 배치	• 아동에게 어떤 교육 및 관련 서비스를 어디에서 제공할 것인가를 결정한다. • 아동이 특수교육대상자로 선정이 되고 나면 아동에게 제공될 교육이나 관련 서비스에 대한 프로그램을 계획한다. 이 단계에서 개별 아동의 특성과 요구에 맞는 개별화교육 프로그램을 작성한다.
형성평가	• 아동이 적절한 진전을 보이는가를 결정한다. • IEP 작성과 배치가 이루어진 다음 교수-학습이 시작되고 나면, 아동의 진전에 대한 지속적인 평가를 실시하여 적절한 진전을 보이고 있는가에 대해 결정을 해야 한다. 형성평가란 교수-학습이 진행되는 과정에서 아동의 진전을 점검하고 필요한 경우 교육과정이나 교수방법을 개선시키기 위해 실시하는 평가라 할 수 있다.
총괄평가	• 아동이 예상된 진전을 보였는가를 결정한다. • 지속적인 형성평가와 함께 교수-학습활동이 이루어지고 나면 이에 대한 종합적인 평가인 총괄평가를 실시한다. 일정 단위의 프로그램이 실시된 후에 프로그램의 목표 달성 기준에 비추어 프로그램의 결과에 대한 가치를 평가한다.

Plus

형성평가와 총괄평가

1. 형성평가(formative evaluation)

교수–학습이 진행되는 과정에서 아동의 진전을 점검하고 필요한 경우 교과과정이나 수업 방법을 개선시키기 위해 실시하는 평가이다. 즉, 교수–학습과정 중에 가르치고 배우는 내용을 학습자들이 얼마나 잘 이해하고 있는지를 수시로 점검하고, 학습자들의 수업능력, 태도, 학습방법 등을 확인함으로써 교육과정이나 수업 방법을 개선하고 교재의 적절성을 확인할 수 있다.

2. 총괄평가(summative evaluation) ⑧ **총합평가**

교육 프로그램이 끝난 다음 교수목표의 달성과 성취 여부를 종합적으로 판정하는 평가이다. 총괄평가는 학습자가 도달하도록 설정된 교육목표를 어느 정도 성취하였는지에 주된 관심이 있으며, 평가도구는 교육목표에 따라 결정되며, 표준화검사, 교사 자작 검사, 작품 평가방법 등이 사용된다. 한편, 총괄평가의 기능은 다음과 같다.

① 학습자의 성적을 결정한다.

② 학습자의 미래 학업성적을 예측하는 데 도움을 준다.

③ 집단 간의 성적을 비교할 수 있는 정보를 제공해 준다.

④ 과제에서 제시된 학습목표와 학습자가 지닌 기능이나 능력, 지식이 부합하는지를 판단할 수 있게 한다.

－「특수교육학 용어사전」

기출 LINE

23유) 석 달 전 선별검사에서 특별한 문제가 없었지요. 그래서 진단·평가에 의뢰하지 않았지요.

Plus

적격성 판정을 위한 「장애인 등에 대한 특수교육법」의 대상자 선정기준

시각장애	시각계의 손상이 심하여 시각기능을 전혀 이용하지 못하거나 보조공학기기의 지원을 받아야 시각적 과제를 수행할 수 있는 사람으로서 시각에 의한 학습이 곤란하여 특정의 광학기구·학습매체 등을 통하여 학습하거나 촉각 또는 청각을 학습의 주요 수단으로 사용하는 사람
청각장애	청력 손실이 심하여 보청기를 착용해도 청각을 통한 의사소통이 불가능 또는 곤란한 상태이거나, 청력이 남아 있어도 보청기를 착용해야 청각을 통한 의사소통이 가능하여 청각에 의한 교육적 성취가 어려운 사람
지적장애	지적 기능과 적응행동상의 어려움이 함께 존재하여 교육적 성취에 어려움이 있는 사람
지체장애	기능·형태상 장애를 가지고 있거나 몸통을 지탱하거나 팔다리의 움직임 등에 어려움을 겪는 신체적 조건이나 상태로 인해 교육적 성취에 어려움이 있는 사람
정서·행동장애	장기간에 걸쳐 다음 각 목의 어느 하나에 해당하여, 특별한 교육적 조치가 필요한 사람 가. 지적·감각적·건강상의 이유로 설명할 수 없는 학습상의 어려움을 지닌 사람 나. 또래나 교사와의 대인관계에 어려움이 있어 학습에 어려움을 겪는 사람 다. 일반적인 상황에서 부적절한 행동이나 감정을 나타내어 학습에 어려움이 있는 사람 라. 전반적인 불행감이나 우울증을 나타내어 학습에 어려움이 있는 사람 마. 학교나 개인 문제에 관련된 신체적인 통증이나 공포를 나타내어 학습에 어려움이 있는 사람
자폐성장애	사회적 상호작용과 의사소통에 결함이 있고, 제한적이고 반복적인 관심과 활동을 보임으로써 교육적 성취 및 일상생활 적응에 도움이 필요한 사람

✐ 키워드 Pick

의사소통 장애	다음 각 목의 어느 하나에 해당하여 특별한 교육적 조치가 필요한 사람 가. 언어의 수용 및 표현 능력이 인지능력에 비하여 현저하게 부족한 사람 나. 조음능력이 현저히 부족하여 의사소통이 어려운 사람 다. 말 유창성이 현저히 부족하여 의사소통이 어려운 사람 라. 기능적 음성장애가 있어 의사소통이 어려운 사람
학습장애	개인의 내적 요인으로 인하여 듣기, 말하기, 주의집중, 지각(知覺), 기억, 문제해결 등의 학습기능이나 읽기, 쓰기, 수학 등 학업 성취 영역에서 현저하게 어려움이 있는 사람
건강장애	만성질환으로 인하여 3개월 이상의 장기입원 또는 통원치료 등 계속적인 의료적 지원이 필요하여 학교생활 및 학업 수행에 어려움이 있는 사람
발달지체	신체, 인지, 의사소통, 사회·정서, 적응행동 중 하나 이상의 발달이 또래에 비하여 현저하게 지체되어 특별한 교육적 조치가 필요한 영아 및 9세 미만의 아동

두 가지 이상
중복된 장애
	다음 각 목의 구분에 따른 장애를 지닌 사람으로서 제1호부터 제6호까지의 규정에 따른 특수교육대상자에 대한 각각의 교육지원만으로 교육적 성취가 어려워 특별한 교육적 조치가 필요한 사람
	가. 중도중복(重度重複)장애: 다음의 구분에 따른 장애를 각각 하나 이상씩 지니면서 각각의 장애의 정도가 심한 경우. 이 경우 장애의 정도는 법 제14조제1항에 따른 선별검사의 결과, 제9조제4항에 따라 제출한 진단서 및 「장애인복지법 시행령」 제2조 제2항에 따른 장애의 정도 등을 고려하여 정한다.
	  1) 지적장애 또는 자폐성장애
	  2) 시각장애, 청각장애, 지체장애 또는 정서·행동장애
	나. 시청각장애: 시각장애 및 청각장애를 모두 지니면서 시각과 청각에 의한 학습이 곤란하고 의사소통 및 정보 접근에 심각한 제한이 있는 경우

02 측정의 기본개념

① 기술통계

1. 척도

(1) 척도의 종류

구분	내용
명명척도	• 측정대상을 구분·분류하기 위하여 사용되는 척도 예 운동선수의 배번, 성별 구분을 위한 번호
서열척도	• 명명척도의 특성과 함께 측정대상의 상대적 서열을 표시하기 위하여 사용되는 척도 예 성적, 키, 인기 순위
등간척도	• 측정대상의 분류와 서열에 관한 정보를 주면서 동시에 동간성을 갖는 척도 예 온도, 연도 • 절대영점이 아닌 임의영점을 가지는 척도여서 승제법 적용이 안 됨 예 0°C는 온도가 전혀 없다는 뜻이 아님
비율척도	• 분류, 서열, 동간성의 속성을 지닌 등간척도의 특성을 지니면서 동시에 절대영점과 가상단위를 갖는 척도 예 무게, 길이
절대척도	• 분류, 서열, 동간성의 특성을 가지면서 절대영점과 절대단위를 갖는 척도 예 사람 수, 자동차 수, 책상 수, 걸상 수 등

(2) 평정척도의 종류

구분	내용
기술평정척도	• 행동의 한 차원을 연속성 있는 몇 개의 범주로 나누어 기술하고 관찰자로 하여금 대상의 행동을 가장 잘 나타내는 진술문을 선택하게 하는 방법
숫자평정척도	• 각 척도지에 숫자를 부여함으로써 이루어지는데, 숫자는 일종의 점수로서 평정된 자료를 수량화하고 통계적 분석을 가능하게 함
도식평정척도	• 관찰자의 판단을 돕기 위해 기술적 유목에 어떤 선을 첨가시킨 형태 • 도식평정에서 일정한 직선을 제시하고 직선상의 위치에 따라 판단할 때 관찰자는 직선을 하나의 시각적 단서로 활용하여 관찰하는 행동의 연속성을 가정하게 됨
표준평정척도	• 평정의 대상을 다른 일반 대상과 비교할 수 있도록 구체적 준거를 제시하는 방법

기출의 맥

측정 관련 개념들을 직접적으로 묻는 경우는 잘 없지만, 이 개념들을 기반으로 제시된 자료나 상황을 해석해야 할 때가 있습니다. 각 개념을 정확히 이해하고 정리해 두세요!

☆ 키워드 Pick

2. 분포

구분	내용
분포의 종류	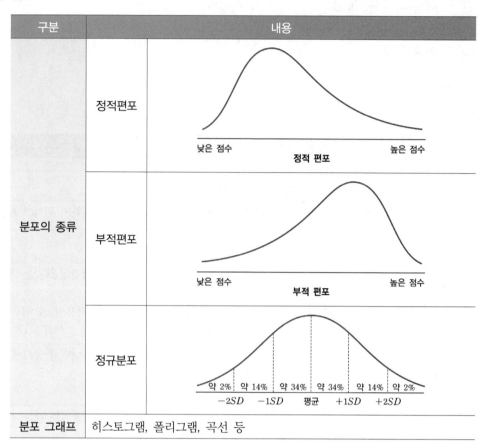
분포 그래프	히스토그램, 폴리그램, 곡선 등

3. 집중 경향성

구분	내용
평균	전체 자료의 값을 모두 더한 다음 전체 자료의 사례 수로 나눈 값
중간값	자료를 크기 순서대로 배열했을 때 중앙에 위치하게 되는 값
최빈값	자료에서 가장 빈번하게 관찰된 최다도수를 갖는 값

Plus

자료의 왜도에 따른 평균, 중앙값, 최빈값의 관계

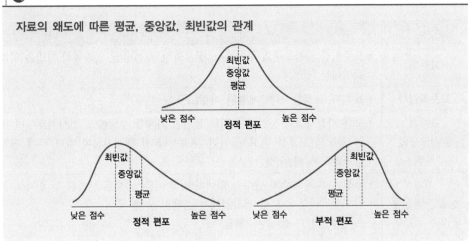

4. 변산도

구분	내용
범위	관찰된 자료의 양 극단의 점수
분산	편차 점수 제곱의 평균
표준편차 (SD)	분산에 제곱근을 취해 구한 값

5. 상관

구분	내용
정적상관	두 변인은 같은 방향으로 이동 예 지능과 학업성취
부적상관	두 변인은 반대 방향으로 이동 예 교사의 스트레스와 직무만족
영상관	두 변인 사이에 아무런 관계가 없음 예 키와 지능

기출의 맥

정규분포곡선의 의미와 표준 편차, 백분위, T점수 등을 이해 하고 그래프의 내용을 정확히 암기해 두어야 합니다. 정규분 포곡선을 그리고 학생의 위치 등을 대입하여 해석할 수 있어 야 해요!

키워드 Pick

기출의 맥

'표준화'의 개념을 정확히 알고 있는지 점검하세요!

기출 LINE

13중) 표준화 검사의 장점 중 하나는 측정 영역에 대한 학생의 수준을 객관적으로 볼 수 있다는 점이다.

18유) 실시 방법과 채점 방법 등이 정해져 있어요.

② 표준화(standardization) ^{15초, 13중}

구분	내용
표준화	• 표준화란 사정도구의 구성요소, 실시과정, 채점방법, 결과해석 기법을 엄격히 규정하는 것
표준화검사	• 표준화 과정을 거쳐 제작된 사정도구
표준화 검사도구의 목적	• 모든 피검자들이 동일한 물질로 동일한 과제를 수행하고, 검사자로부터 동일한 정도의 보조를 받고, 동일한 채점방법 및 해석지침에 따라 수행 결과를 평가받도록 하는 것
생활연령 산출	• 출생 이후의 햇수와 달수를 의미하며, 하이픈(−)으로 분리된 두 숫자로 표현 • 일·월·년의 순으로 검사일에서 출생일을 뺌 **예** 생활연령 7−4는 7년 4개월

<table>
<tr><td rowspan="5">기저점과 최고한계점</td><td colspan="2">• 전체 문항이 난이도에 따라 쉬운 문항부터 배열되어 있는 규준참조검사에서 검사설명서에 피검자의 연령이나 능력에 적합한 문항들을 찾아 실시할 수 있도록 제시하는 지침</td></tr>
<tr><td>기저점</td><td>• 그 이하의 모든 문항들에는 피검자가 정답을 보일 것이라고 가정되는 지점
• 제시된 수만큼의 연속적 문항에서 피검자가 정답을 보이는 지점</td></tr>
<tr><td>최고한계점</td><td>• 그 이상의 모든 문항들에는 피검자가 오답을 보일 것이라고 가정되는 지점
• 제시된 수만큼의 연속적 문항에서 피검자가 오답을 보이는 지점</td></tr>
<tr><td>시작점</td><td>• 검사를 시작하는 지점으로 검사설명서에서 연령에 적합한 시작점을 제시</td></tr>
<tr><td>원점수의 계산</td><td>• 기저점 이전의 문항 수 + 기저점과 최고한계점 사이의 정답 문항 수</td></tr>
<tr><td>특수아를 위한 수정 방법의 예</td><td colspan="2">• 지시, 시범, 시간제한, 제시양식, 반응 양식, 보조물, 촉구, 피드백, 정적 강화, 물리적 위치/장소, 검사자 등의 다양한 유형으로 조정 및 변경</td></tr>
</table>

Plus

기저점 및 최고한계점의 결정과 원점수 계산의 예시

문항	반응	기저점 및 최고한계점	원점수
1		기저점 이전의 문항 수 (정답이라고 가정하는 점수)	원점수 = 기저점 이전의 문항 수 + 기저점과 최고한계점 사이의 정답 문항 수 = 1~2 사이의 문항 수 + 3~13 사이의 문항 수 = 2 + 6 = 8
2			
3	+	기저점	
4	+		
5	+		
6	−		
7	+		
8	−		
9	+		
10	+		
11	−	최고한계점	
12	−		
13	−		

③ 점수의 유형  13추 · 18유, 15 · 19 · 22 · 23초, 20중

기출의 맥

한 번만 정확히 이해해 두고 정리해 두면 어렵지 않은 부분인데, 대충 봐 두거나 이해하지 않고 외우기만 하면, 점수 유형과 관련된 문제를 해석할 수 없습니다. 자주 출제되는 부분이니 처음부터 꼼꼼하고 정확하게 봐 두세요!

키워드 Pick

점수의 유형				척도
1. 원점수				서열 등간
2. 변환점수	(1) 백분율 점수			등간
	(2) 유도점수	① 발달점수	등가점수 연령등가점수	서열
			등가점수 학년등가점수	서열
			지수점수	등간
		② 상대적 위치 점수	백분위 점수	서열
			표준점수 z점수	등간
			표준점수 T점수	등간
			표준점수 능력점수	등간
			표준점수 척도점수	등간
			표준점수 정규곡선등가점수	등간
			구분점수(스태나인)	서열

1. 원점수

① 피검자가 옳은 반응을 보인 문항의 수이다.
② 획득점수이다.
③ 정답 문항 수에 정답으로 가정된 문항 수를 더한 값(기저점과 최고한계점 고려)이다.
④ 피검자가 옳은 반응을 보였거나 옳은 반응을 보인 것으로 가정되는 문항에 부여된 배점을 합산한 점수이다.
⑤ 문항에 따라 배점 준거가 달라질 수 있다.
⑥ 피검자의 수행에 대한 의미 있는 정보를 주지 못한다.

2. 변환점수

(1) 백분율 점수(%)

① 총 문항 수에 대한 정답 문항 수의 백분율이다.
② 총점에 대한 획득점수의 백분율이다.
③ 준거참조검사에서 아동의 수행수준을 묘사할 때 유용하게 사용된다.
④ 상대적 비교를 할 수 없는 제한점이 있다.

(2) 유도점수

① 발달점수 : 아동의 발달 정도를 나타내는 점수

등가점수		• 특정 원점수를 평균 수행으로 나타내는 연령 또는 학년
	연령등가점수	• 연수와 개월 수를 하이픈으로 연결하여 나타냄 • 연령등가점수의 종류 : 발달연령(DA), 정신연령(MA), 사회연령(SA), 언어연령(LA) • 연령등가점수 8-5 : 8년 5개월 된 아동들의 평균 점수와 같음
	학년등가점수	• 학년과 달을 소수점으로 연결하여 나타냄 • 학년등가점수 1.2 : 1학년 둘째 달 아동들의 평균수행수준을 보인다는 의미
지수점수		• 지수점수는 발달율의 추정치를 말함 • 연령등가점수를 생활연령(CA)로 나눈 후 100을 곱해서 산출 • 생활연령에 대한 연령등가점수의 비율이므로 비율점수라고도 불림 • 지수점수의 종류 : 발달지수(DQ), 비율IQ(ratioIQ), 사회지수(SQ), 언어지수(LQ)

② 상대적 위치 점수

백분위	• percentiles, 퍼센타일(‰) • 특정 원점수 이하의 점수를 받은 아동의 백분율(%) • 전체 아동의 점수를 크기순으로 늘어놓고 100등분하였을 때의 순위 • 상대적인 위치를 서로 비교해볼 수 있는 장점은 있으나, 점수 사이에 동간성이 없다는 제한점이 있음	
표준점수	• 사전에 결정된 평균과 표준편차를 가지고 정규분포를 이루도록 변환된 점수들을 총칭하는 용어 • 특정 원점수가 평균으로부터 그 이상 또는 그 이하로 얼마나 떨어져 있는가를 나타냄 • 한 분포의 평균치를 기준으로 원점수가 평균치로부터 떨어져 있는 정도를 표준편차 단위로 표시하여 비교 가능한 척도로 변환한 점수	
	z점수	• 평균 0, 표준편차 1을 가진 표준점수
	T점수	• 평균 50, 표준편차 10을 가진 표준점수 • $T = 50 + 10z$
	능력점수	• 일반적으로 평균 100, 표준편차 15(또는 16)를 가지는 표준점수
	척도점수	• 주로 평균 10, 표준편차 3을 가지는 표준점수 • 검사도구가 하위검사를 통해 여러 영역에 걸쳐 점수를 제공할 때 흔히 사용
	정규분포 등가점수	• 평균 50, 표준편차 21(정확하게는 21.06)을 가지는 표준점수 • 다른 점수들과 혼동할 여지가 있어 권장하지 않는 편임
구분점수	• stanine, 스태나인 • 정규분포를 9개 점주로 분할한 점수 • 1부터 9까지의 점수분포를 가짐 • 상위부터 4%, 7%, 12%, 17%, 20%, 17%, 12%, 7%, 4%에 각각 1등급(9점), 2등급(8점), … 9등급(1점)을 부여 • 이것은 정규분포를 9개의 점수 구간(범주)으로 분할한 것으로, 특정 점수가 아닌 수행수준의 범위를 나타내며 이 9개 범주 간에 등간성은 없음	

기출 LINE

19초) 상대적 서열에 대한 변화점수의 예로 표준점수, 스테나인 점수, 백분위 등이 있다.

기출 LINE

12초) 백분위점수를 통해 동일연령대에서 학생의 지적 능력의 상대적인 위치를 파악할 수 있다.

12초) 소검사의 환산점수는 표준점수이므로 이를 통해 학생의 환산점수가 각 소검사에서 동일 연령대의 환산점수 평균과 얼마나 차이가 나는지 알 수 있다.

19초) 특정 점수 이하의 점수를 받은 학생 사례 수를 전체 학생 사례 수에 대한 백분율로 나타낸 것

기출 LINE

20중) 대표성을 띠는 피검자 집단으로부터 구한 평균과 표준편차를 가지고 정규분포를 이루도록 변환한 점수입니다. 정규분포에서 특정 원점수가 평균으로부터 얼마나 떨어져 있는지를 표준편차 단위를 환산한 점수로 Z점수, T점수, 지표점수 등이 이에 해당합니다.

⚘ 키워드 Pick

Plus

상대적 위치점수들과 정규분포의 관계

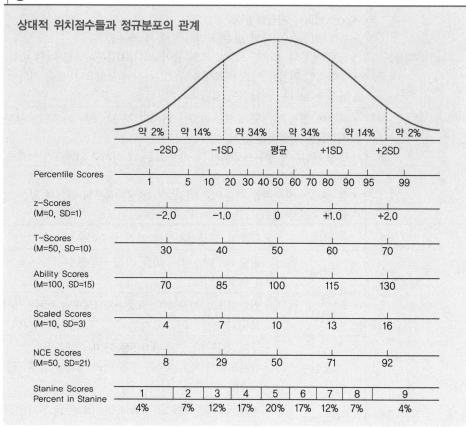

④ 타당도 22초, 18 · 20중

1. 정의

① 검사도구가 측정하고자 하는 능력이나 특성을 실제로 측정하고 있는 정도이다.

② 검사목적에 따른 검사도구의 적합성의 정도이다.

2. 종류

(1) 내용타당도

① 측정하고자 하는 영역을 검사문항이 대표하고 있는 정도를 말한다.

② 측정하고자 하는 영역을 검사문항이 얼마나 충실하게 대표하는가를 의미한다.

③ 일반적으로 그 영역 전문가의 논리적 사고와 분석을 통하여 판단되며 따라서 수량적으로 표시되지는 않는다.

기출 LINE

18중) 타당도는 검사도구의 적합성이라고 생각하면 돼요.

기출 LINE

18중) 내용 타당도는 검사도구가 얼마나 검사의 목적을 달성할 수 있는 문항으로 구성되었는지를 나타내는 것입니다. 즉 측정하고자 하는 영역을 검사문항이 얼마나 충실히 대표하는가를 의미합니다.

22초) 평가 문항들이 단원의 목표와 내용을 충실하게 대표하는지를 같은 학년 교사들이 전문성을 바탕으로 이원분류표를 활용해서 비교·분석하여 확인

(2) 안면타당도

① 검사문항들이 피검자에게 친숙한 정도를 말한다.

② 내용타당도는 전문가에 의해 판단되는 반면 안면타당도는 피검자에 의해 판단된다.

③ 검사에서 안면타당도가 항상 필요한 것은 아니다. 왜냐하면 학업성취의 정도를 파악하고자 하는 검사에서는 안면타당도가 높아야 피검자의 반응을 제대로 도출해 낼 수 있지만 태도나 가치관과 같은 정의적 특성을 측정하는 검사에서는 안면타당도가 높으면 거짓반응을 유도해 낼 수도 있기 때문이다.

(3) 준거관련 타당도

① 검사도구의 측정 결과와 준거가 되는 변인의 측정 결과와의 관련 정도를 말한다.

② 준거관련 타당도에는 예측타당도와 공인타당도의 두 가지 유형이 있는데, 이 두 가지 유형의 궁극적인 차이는 준거변인의 측정 결과가 얻어지는 시점에 있다.

③ 예측타당도는 미래시점의 준거변인과 관련이 있으며 공인타당도는 현재시점의 준거변인과 관련이 있다.

예측타당도	• 검사 결과가 미래의 행동을 정확하게 예측할 수 있는 정도를 말하며 예언타당도라고도 한다. • 미래시점의 준거변인과 관련이 있으므로 검사도구의 예측타당도를 검증하기 위해서는 일정한 시간이 경과해야 한다. 예 비행사 적성검사에서 높은 점수를 획득한 사람이 나중에 비행기 안전운행에서 높은 점수를 보인다면 비행사 적성검사의 예측타당도는 높다고 할 수 있다.
공인타당도	• 검사 결과가 거의 동일한 시기에 실시된 다른 검사 결과와 일치하는 정도를 말하며, 공유타당도 또는 동시타당도라고도 한다. • 공인타당도는 현재시점의 준거변인과 관련이 있으므로 검사도구의 공인타당도를 검증하기 위해서는 검증을 필요로 하는 검사와 준거변인이 되는 다른 검사를 거의 동일한 시기에 실시하게 된다. 예 새로운 비행사 적성검사를 제작하였을 때, 이 검사의 점수가 기존의 다른 비행사 적성검사의 점수와 유사하다면 새로 제작된 비행사 적성검사의 공인타당도는 높다고 할 수 있다.

(4) 구인타당도

① 측정하고자 하는 이론적 구인을 검사도구가 실제로 측정하는 정도를 말하는 것으로 구성타당도라고도 한다.

② **구인(construct)**: 눈으로 직접 관찰되지 않는 추상적이고 가설적인 심리적 특성이라고 할 수 있는데 지능, 창의력, 인성, 동기, 자아존중감, 불안, 논리적 사고력 등이 그 예에 속한다.

③ 구인타당도는 타당도 유형 중에서 가장 입증하기 어려운 유형이다.

기출 LINE

18중) 예언 타당도는 검사를 통해 얻어진 결과가 향후 학생의 행동이나 특성을 얼마나 정확하게 예측할 수 있는지를 나타내는 것이랍니다.

기출 LINE

10중) 이 검사와 동일한 능력을 측정하고 타당성이 인정된 다른 검사와의 상관계수가 .90이므로 공인타당도가 매우 높다고 말할 수 있지요.

✿ 키워드 Pick

3. 타당도계수

① 상관계수가 특정 검사점수와 준거변인 측정치 간의 관련 정도를 나타내기 위해 사용된다.

② 상관계수(correlation coefficient)는 기호 r로 나타내며 그 범위는 -1.00에서 $+1.00$까지이다.

③ 범위: 0.00에서 $+1.00$까지이다.

타당도계수	타당도 평가
.00 이상~.20 미만	타당도가 거의 없다.
.20 이상~.40 미만	타당도가 낮다.
.40 이상~.60 미만	타당도가 있다.
.60 이상~.80 미만	타당도가 높다.
.80 이상~1.00 미만	타당도가 매우 높다.

⑤ 신뢰도 13추유, 14 · 20중

1. 정의

① 신뢰도(reliability)란 동일한 검사도구를 반복 실시했을 때 개인의 점수가 일관성 있게 나타나는 정도, 즉 반복시행에 따른 검사도구의 일관성(consistency)의 정도를 의미한다.

② 검사도구가 측정하고자 하는 능력이나 특성을 오차 없이 정확하게 측정한 정도를 의미하므로 만약 측정 시 오차가 크다면 신뢰도는 낮아진다.

③ 신뢰도는 앞서 설명한 타당도의 선행요건으로서 신뢰도가 낮으면 높은 타당도를 기대할 수 없다.

2. 종류

(1) 검사–재검사 신뢰도

① 동일한 검사를 동일한 집단에게 일정 간격을 두고 두 번 실시하여 얻은 점수 간의 상관계수에 의해 추정되는 신뢰도이다.

② Karl Pearson의 단순적률상관계수 공식에 의해 산출된다.

③ 일반적으로 간격이 가까울수록 연습효과로 인해 신뢰도가 높아진다.

④ 연습효과의 영향을 줄이고 검사들 간 검사–재검사 신뢰도의 상대적 비교를 좀 더 용이하게 하기 위해 2주 간격으로 두 번의 검사를 실시하도록 권장되기도 한다.

⑤ 피검자의 반응이 얼마나 안정적인가를 알려 주기 때문에 검사도구의 안정성에 대한 지표가 된다.

(2) 동형검사 신뢰도

① 두 개의 동형검사를 제작한 뒤 동일한 집단에게 일정한 간격을 두고 실시하여 얻은 점수 간의 상관계수에 의해 추정되는 신뢰도이다.

② 상관계수는 단순적률상관계수 공식에 의해 산출된다.

③ 두 개의 동형검사를 가능한 한 가까운 시일 내에 실시한다.

④ 두 검사가 얼마나 유사한가를 알려 주며 평행검사 신뢰도라고도 한다.

⑤ 동형검사는 동일한 내용을 측정하여야 하고 동일한 문항형태와 문항 수로 구성되어 있어야 하며 동일한 문항 난이도와 문항 변별도를 가지고 있어야 하므로, 동형검사의 제작에는 많은 어려움이 따른다.

(3) 내적일관성 신뢰도

① 검사를 구성하고 있는 부분검사 또는 문항들 간의 일관성의 정도를 말한다.

② 검사를 구성하고 있는 부분검사 또는 문항들이 측정하고자 하는 내용을 얼마나 일관성 있게 측정하는지를 알려 주는데, 검사를 구성하고 있는 부분검사들 간의 일관성의 정도는 반분 신뢰도로 추정되며 문항들 간의 일관성의 정도는 문항내적일관성 신뢰도로 추정된다.

반분 신뢰도	한 번 실시한 검사를 두 부분으로 나누어 두 부분검사점수의 상관계수를 산출한 후 Spearman–Brown 공식으로 보정하여 추정되는 신뢰도
문항내적 일관성 신뢰도	개별 문항들을 하나의 검사로 간주하여 문항들 간의 일관성을 추정한 신뢰도

(4) 채점자 간 신뢰도

① 두 검사자가 동일집단의 피검자에게 부여한 점수 간의 상관계수에 의해 추정되는 신뢰도이다.

② 단순적률상관계수 추정 공식에 의해 산출된다.

③ 검사 결과가 검사자들 사이에서 얼마나 유사한가를 나타낸다.

3. 신뢰도계수

① **범위**: 0.00에서 +1.00까지이다.

② **기호**: r_{xx}(또는 r_{nn}, r_{tt})

③ 신뢰도계수를 평가하는 절대적 기준은 없으나 검사도구를 선정할 때 일반적으로 신뢰도계수 .80 이상을 기준으로 한다.

④ 검사점수가 중요한 교육적 의사결정(**예** 특수교육 적부성 결정)과 관련될 때는 신뢰도계수 .90 이상이 요구된다.

⑤ 일반적으로 검사–재검사 신뢰도계수가 가장 높게 산출되고 그 다음 동형검사 신뢰도, 반분 신뢰도, 문항내적일관성 신뢰도의 순으로 신뢰도계수가 산출되는 경향이 있다.

🖊 **키워드 Pick**

4. 측정의 표준오차(SEM)

(1) 측정의 표준오차(SEM)의 개념

① 획득점수를 가지고 진점수를 추정할 때 생기는 오차의 정도이다.

② 검사도구의 신뢰도와 직접적으로 관련되어 있다.

③ 신뢰도가 높을수록 측정의 표준오차는 더 작아지고 반대로 신뢰도가 낮을수록 측정의 표준오차는 더 커진다.

④ 검사도구의 표준편차가 클수록 측정의 표준오차도 더 커진다.

(2) 신뢰구간

기출 LINE

14중) 신뢰구간을 구하기 위해서는 학생 A의 획득 점수, 95%의 신뢰수준에 해당하는 z점수, 이 검사의 측정의 표준오차가 필요합니다.

① 신뢰구간은 획득점수를 중심으로 진점수가 포함되는 점수의 범위를 나타내는 것이다.

② 신뢰구간 = 획득점수 $\pm z(SEM)$

③ 신뢰구간을 설정하기 위해서는 획득점수와 SEM 외에 선택된 신뢰수준에 해당하는 z점수가 필요하다.

④ z점수는 대부분의 통계학에서 제시되고 있는 정규분포표로부터 구할 수 있는데, 가장 일반적으로 사용되는 신뢰수준과 그에 해당하는 z점수는 다음과 같다.

> 68% 신뢰수준, $z = 1.00$
> 85% 신뢰수준, $z = 1.44$
> 90% 신뢰수준, $z = 1.65$
> 95% 신뢰수준, $z = 1.96$
> 99% 신뢰수준, $z = 2.58$

⑥ 객관도와 실용도

객관도	• 검사(시험)에서 검사자의 주관적인 편견이 얼마나 배제되었느냐의 문제로서, 한 검사자가 다른 검사자와 얼마나 유사하게 채점하느냐의 문제와 한 검사자가 모든 채점대상을 얼마나 일관되게 채점하느냐의 문제로 구분할 수 있다. • 객관도는 채점(평정, 관찰)의 주관성 배제 여부를 확인하는 매우 포괄적인 용어이며, 학문적 용어로 쓰이는 경우는 드물다.
실용도	• 검사도구를 노력, 시간, 비용 등을 얼마나 적게 들이고 사용할 수 있는가의 정도이다. • 검사도구의 유용성의 정도를 나타낸다. • 검사도구의 적합성의 정도를 의미하는 타당도와 검사도구의 일관성의 정도를 의미하는 신뢰도가 검사도구의 이론적 측면이라면, 실용도는 검사도구의 실제적 측면이라고 할 수 있다.

03 사정방법

① 검사

1. 규준참조검사 18·19초, 13·20중

규준	• 규준집단의 점수의 분포 • 규준집단 : 모집단(population)에서 선정된 표본(sample) • 규준집단의 양호성은 규준참조검사에서 매우 중요한 요소라고 할 수 있음 • 규준집단 양호성의 세 가지 요인		
	대표성	규준집단이 검사도구 대상집단의 특성을 얼마나 잘 대표하는 지를 말하는 것으로, 이러한 특성으로는 성, 연령, 사회경제적 지위, 지역 등이 있음	
	크기	규준집단에 포함된 아동들의 수를 의미하는데, Sattler(2001) 에 의하면 각 연령당 최소한 100명의 아동이 필요	
	적절성	검사를 받는 아동에 대한 규준집단의 적용 가능성을 말하는 것으로, 아동에게 검사를 실시하는 목적에 따라 필요한 규준 의 유형(예 국가단위규준 또는 지역단위규준)이 다를 수 있음	
규준참조 검사	• 검사를 받은 또래 아동들의 점수의 분포인 규준(norm)에 아동의 점수를 비 교함으로써 또래집단 내 아동의 상대적 위치에 대한 정보를 제공하는 검사		
규준참조 점수	• 규준참조검사는 또래집단 내 아동의 상대적 위치에 대한 정보를 제공하는 검사이므로 이러한 정보를 제공하는 유도점수를 사용		

기출 LINE

20중) 이 검사는 학생의 지적 능력을 또래와 비교하여 학생의 상대적 위치를 알 수 있게 해 주는 규준 참조 검사이지요. 특수교육에서는 주로 장애진단을 목적으로 많이 사용합니다.

2. 준거참조검사 13추유, 19초, 13중

준거	• 사전에 설정된 숙달수준 • 피검사의 자질이나 특성에 대한 수준별 기술	
준거참조 검사	• 사전에 설정된 숙달수준인 준거(criterion)에 아동의 점수를 비교함으로써 특 정 지식이나 기술에 있어서의 아동 수준에 대한 정보를 제공하는 검사	
준거참조 점수	• 특정 지식이나 기술에 있어서의 아동 수준에 대한 정보를 제공하는 준거참조 검사는 변환점수 중에서 아동의 수행에 대한 절대적 해석을 가능하게 하는 백 분율 점수를 사용	
개발 단계	단계 1	사정할 일련의 특정 교수목표들을 명확하게 밝힘
	단계 2	각 목표를 일련의 학습 단계나 학습기술로 나누는 과제분석을 실시
	단계 3	과제분석의 각 단계를 조작적으로 정의
	단계 4	사정되는 각 기술의 수행기준을 명확히 함
	단계 5	사정되어야 할 항목을 교육과정에서 배우는 기술에 잘 부합되게 선정
	단계 6	학생의 수행을 효율적이고 정확하게 기술할 수 있는 채점 및 보고 체계를 개발

기출 LINE

13추유) 개인의 수행을 규준집단의 수행수준과 비교하지 않고, 개인이 일정 숙달수준에 도달했는지의 여부를 알아볼 수 있는 검사유형

19초) 피험자가 사전에 설정된 성취 기준에 도달했는지에 대한 정보를 제공하는 검사

🔍 키워드 Pick

3. 규준참조검사와 준거참조검사의 비교

구분	규준참조검사	준거참조검사
목적	• 상대적 위치 파악	• 수행수준 파악
비교대상	• 규준집단의 규준	• 숙달수준인 준거
사용영역 (평가목적)	• 선별, 진단, 특수교육 적격성, 배치	• 교육 프로그램 계획, 형성평가, 총괄평가
문항구성	• 문항 난이도를 고려한 문항구성으로 개인 간 차이를 명료화(쉬운 문항에서 어려운 문항)	• 준거 달성 여부를 파악하기 위하여 문항 난이도가 유사한 문항으로 구성
결과제시	• 백분율, 유도점수	• 백분율
제공하는 정보	• 상대적 위치에 대한 정보	• 수행수준에 대한 정보
평가기준	• 집단 내의 '어느 위치'	• '무엇을' 성취
교육관	• 선발적 교육관	• 발달적 교육관
개인차	• 개인차는 필연	• 개인차는 해소 가능
수업과의 관계	• 교수·학습과정과 관련 없음 • 외부 전문가가 평가도구 제작 가능	• 교수·학습과정과 밀접한 관련 • 담당교사가 평가도구 제작
절대영점	• 점수의 상대적 의미 강조	• 절대영점 존재 인정

맥 Plus

능력참조평가와 성장참조평가	
능력참조 평가	• 학생이 자신이 지니고 있는 능력에 비추어 얼마나 최선을 다하였는지에 초점을 두는 평가방법 • 학생이 지니고 있는 개인적인 능력 수준과 학생이 나타내 보인 수행수준을 비교하여 그 학생이 자신의 잠재능력을 얼마나 발휘하였는지를 평가하는 개인 위주의 평가방법
성장참조 평가	• 학생이 교육과정을 통하여 얼마나 성장하고 발전하였느냐에 초점을 두는 평가방법 • 학생이 초기 능력 수준에 비해 최종 성취 수준에서 얼마만큼 능력의 향상을 보였는지를 강조하는 평가

② 관찰

1. 관찰의 정의

일상적인 상황에서 자연스럽게 나타나는 아동의 행동을 기술 또는 기록함으로써 특정 현상에 대한 객관적인 자료를 수집하는 방법이다.

2. 관찰의 기록방법

(1) 서술기록 23유

특정 사건이나 행동의 전모를 이야기하듯 있는 그대로 사실적으로 묘사하는 방법

일화기록	특정한 시간이나 장소에 제한 없이 관찰자가 기록할 만한 가치가 있다고 느꼈던 어떤 짧은 내용의 사건, 즉 일화에 대한 간략한 서술적 기록
연속기록	일정한 시간 또는 미리 정해진 활동이 끝날 때까지 사건이 발생한 순서대로 상세하게 이야기식으로 서술하는 기록

(2) 간격기록

관찰대상 행동을 관찰기간 동안 일정한 간격으로 여러 회에 걸쳐 관찰하여 기록하는 방법

전체 간격 시간표집	전체 관찰시간을 일정한 간격으로 나눈 후 행동이 간격의 처음부터 끝까지 나타났을 때 해당 간격에 행동이 발생했다고 기록하는 것
부분 간격 시간표집	전체 관찰시간을 일정한 간격으로 나눈 후 행동이 간격의 어느 순간에 한 번이라도 나타났을 때 해당 간격에 행동이 발생했다고 기록하는 것
순간시간표집	전체 관찰시간을 일정한 간격으로 나눈 후 행동이 간격의 마지막 순간에 나타났을 때 해당 간격에 행동이 발생했다고 기록하는 것

(3) 사건기록

관찰기간 동안 지속적으로 관찰하여 관찰대상 행동이 발생할 때마다 기록하는 방법

행동의 빈도	관찰기간 동안 행동이 발생한 횟수를 의미
행동의 강도	행동의 힘, 에너지, 발휘력 등의 정도를 의미
행동의 지속시간	행동이 시작되어 끝날 때까지의 전체 시간을 의미
행동의 지연시간	자극이 주어지고 행동이 발생하기까지의 시간을 의미

기출 LINE

13중) 관찰은 일상적인 상황에서 나타나는 학생의 행동을 기록함으로써 특정 현상에 대한 자료를 수집하는 방법이다.

♻ 키워드 Pick

(4) 평정기록

관찰대상 행동을 관찰한 후 사전에 준비된 평정수단(범주, 척도, 검목표)을 사용하여 행동의 특성, 정도 또는 유무를 판단해 기록하는 방법

범주기록	연속성 있게 기술된 몇 개의 범주 중 관찰대상 행동을 가장 잘 나타내는 범주를 선택하여 기록하는 것
척도기록	행동의 정도를 몇 개의 숫자로 표시해 놓은 척도, 즉 숫자척도를 사용하여 관찰대상 행동을 가장 잘 나타내는 숫자를 선택해 기록하는 것
검목표 기록	일련의 행동이나 특성들의 목록, 즉 검목표에 해당 행동이나 특성의 유무를 기록하는 것

③ 면접

1. 면접의 정의

면접자와 피면접자 간의 면대면 대화를 통해 일련의 질문에 대한 반응을 기록함으로써 자료를 수집하는 방법으로, 특수아 평가의 거의 모든 단계에서 의미 있는 정보를 제공한다.

2. 면접의 유형

(1) 구조화에 따른 유형 24유, 16초, 13중

기출 LINE
13중) 구조화 면접은 질문의 내용과 순서를 미리 준비하여 정해진 방식대로 질문해 나가는 면접이다.

① 비구조화 면접
  ㉠ 특정한 지침 없이 면접자가 많은 재량을 가지고 융통성 있게 질문을 해 나가는 것이다.
  ㉡ 전반적인 문제를 확인해 보는 데 유용하며 특정 영역을 심층적으로 다루고자 할 때나 아동의 문제가 즉각적인 의사결정을 필요로 할 만큼 심각한 상태일 때 특히 선호된다.

② 반구조화 면접
  ㉠ 미리 준비한 질문 목록을 사용하되 응답 내용에 따라 필요한 추가 질문을 하거나 질문 순서를 바꾸기도 하면서 질문을 해 나가는 것이다.
  ㉡ 심리적 관심사나 신체적 문제에 대한 자세한 정보를 얻고자 할 때 특히 유용하다.

③ 구조화 면접
  ㉠ 미리 준비된 질문 목록 순서에 따라 정확하게 질문을 해 나가는 것이다.
  ㉡ 면접자에게 재량이나 융통성이 거의 주어지지 않으며 정신의학적 진단을 내리거나 연구를 위한 자료를 얻고자 할 때 특히 유용하다.

(2) 피면접자에 따른 유형

① 아동면접(아동면접 시 유의할 사항)
  ㉠ 아동의 나이, 인지발달 수준, 자기 자신의 표현능력, 집중력 등을 고려한다.
  ㉡ 면접 장소나 면접자가 생소할 경우 면접 과정에서 나타나는 아동의 행동이 일상적인 행동이 아닐 수 있다.

② 부모면접(부모가 제공하는 정보의 정확성과 관련하여 유의할 사항)
  ㉠ 아동의 성격이나 기질에 대한 정보보다는 아동의 키, 몸무게, 건강 등에 대한 정보가 더 정확하다.
  ㉡ 보다 명확히 분리되는 증상에 대한 기억이 더 정확하다.
  ㉢ 일반적으로 아버지보다는 어머니가 더 신뢰로운 정보를 제공한다.

③ 교사면접(교사를 대상으로 면접을 실시할 경우 유의할 사항)
  ㉠ 아동의 문제행동에 대한 교사의 책임감을 완화시킨다.
  ㉡ 아동의 문제는 다양한 요인들로부터 야기되는 경향이 있음을 면접자인 교사에게 알려 준다.
  ㉢ 평가 결과가 나올 시기를 교사에게 말해 준다.
  ㉣ 중재와 관련된 제안사항이 있는지 교사에게 물어본다.

3. 효과적인 면접을 위한 기술 및 전략

면접의 기본 기술	• 경청 • 소리와 말투 및 비언어적 행동의 관찰 • 외모의 관찰 • 면접 내용과 관찰된 행동의 통합
면접 전략	• 라포 형성 • **자발성의 활용**: 즉시적 자발성을 최대한 활용해서 피면접자 이해 • **적절한 어휘 사용**: 피면접자의 발달단계나 특성에 맞는 어휘 사용. 심리학적 전문 용어 사용 삼가 • **피면접자 반응의 명료화**: 피면접자의 불분명한 반응에 대한 명료화 및 탐색 • **적절한 질문 사용**: 개방형 질문, 직접적 질문 사용. '예/아니오' 질문, 길거나 복수 의미를 내포한 질문 및 수치심을 유발하는 질문 삼가 • **구조화**: 면접 상황에 대한 기본적 구조화(예 소요 시간, 비용, 면접 및 검사 후 조치 등) • **강화 제공**: 적절한 반응을 했을 때 강화를 제공하여 반응을 촉진 • **적절한 탐색 질문의 사용**: 감정을 탐색. 의도적으로 한 방향으로 끌고 가는 질문 삼가 • **반영과 피드백**: 내용 이외에 감정의 반영에 초점. 언어와 행동의 불일치 탐색 • **질문의 타이밍 고려**: 타이밍의 중요성 자각. 훈련을 통한 능력 제고 • **다루기 어려운 행동의 처리**(예 침묵) • **탐색의 범위 확대**: 포괄적이고 이론적 조망에 기초한 탐색 • **면접자의 감정 통제**: 분노나 동정의 통제. 역전이적 감정 관리 • **의사소통 방식으로부터 정보 추출**: 내담자의 반응 내용 외에 반응 방식에 초점

✧ 키워드 Pick

4. 면접의 장단점

장점	• 다양하고 심층적인 정보 수집 • 평가대상의 연령이 어릴 경우 적합한 자료 수집 방법으로, 면접은 방법적으로 대화의 형식을 이용하므로 아동과의 상호작용이 가능 • 질문 순서를 시의적절하게 통제할 수 있으므로 피면접자로 하여금 일련의 질문에 대해 순서대로 반응하도록 해야 할 경우에 적합 • 면접 과정에서 질의응답이나 보충설명을 통해서 피면접자에게 질문의 의미를 충분하게 이해시킬 수 있으므로 정확한 정보를 수집할 수 있음 • 경제적인 문제나 성 문제 등과 같이 개인적으로 민감한 문제에 대한 정보를 수집하고자 할 경우 적합한 방법 • 동기의 촉진 • **유연성**: 질문할 수 있는 유연성 • **명료성**: 모호한 반응에 대해 분명한 반응 요구 • 오해의 즉시적 해결 • **맥락에 대한 이해**: 맥락과 배경에 대한 정보 수집 • 행동관찰 가능 • 주변인에 대한 이해 • **개입의 효율성에 대한 판단**: 아동이 다양한 개입 방법을 얼마나 수용할 수 있는지 파악
단점	• 면접 과정에 대한 시간과 노력이 많이 소요 • 면접자의 태도와 행동이 피면접자에게 영향을 미치기 때문에 반응이 왜곡될 가능성이 있음 • 일반적으로 면접 결과의 신뢰도와 객관도가 낮고, 통계적인 분석에도 제약을 받음 • 면접자의 면접 기술에 많이 의존하는 방법이기 때문에 면접자가 미숙할 경우에는 편견, 그릇된 판단 등이 작용하여 자료의 정확성·객관성을 잃을 우려가 있음 • 신뢰도 및 타당도 미확보 • **비객관성**: 부정확한 정보 제공 가능 • 민접자의 비의도적 영향 • 편견의 발생

④ 교육과정중심사정(CBA : Curriculum-based assessment) 10유, 11초, 09 · 15 · 25중

1. 교육과정중심사정(CBA)의 의미

① 아동에게 가르치는 교육과정과 관련하여 아동의 수행에 대한 자료를 수집하는 방법이다.

② CBA는 학교에서 배우는 교육과정의 내용에 근거하여 학습자의 수행능력을 평가하기 위해 자료를 수집 및 분석하여 종합하는 과정이다.

③ 실시하는 목적은 학생의 수행수준뿐만 아니라 수행능력이 어떻게 변화하고 있는지를 파악하고, 교사가 교수 계획을 수립하기 위한 기본 자료를 수집하며, 교사가 제공하는 교수 프로그램이 아동의 수행능력을 향상시키는 데 적합한지를 평가하는 데 있다.

④ CAB는 아동 중심의 교육을 실시하기 위한 의사결정에서 중요하게 활용될 수 있다.

2. 교육과정중심사정(CBA)의 유형

(1) 준거참조-교육과정중심사정(CR-CBA) 11초

① 의미 및 특징

ㄱ CR-CBA는 아동의 교육과정을 반영하여 교사가 제작한 검사를 통해 실시되며 다양한 유형의 교육과정에 적용될 수 있다.

ㄴ CR-CBA는 준거참조검사 특히 교사제작 준거참조검사에 대한 대안적인 방법이며, 비공식적 사정에 속한다.

ㄷ CR-CBA와 준거참조검사의 차이점

• 준거참조검사에서는 사전에 설정된 숙달수준인 준거에 아동의 수행을 비교하는 데 비해 CR-CBA에서는 아동에게 가르치는 교육과정에 아동의 수행을 비교한다.

• 준거참조검사의 목적은 사전에 설정된 기술을 아동이 습득했는지를 결정하는 것인 데 비해 CR-CBA의 목적은 아동에게 가르친 교육과정을 아동이 어느 정도 습득했는지를 결정하는 것이다.

ㄹ CR-CBA는 준거참조검사와 마찬가지로 특수아평가단계 중 선별, 진단, 적부성, 그리고 배치와 관련된 의사결정보다는 교육 프로그램 계획, 형성평가, 총괄평가에 더 유익한 정보를 제공할 수 있다.

② 단계

측정할 기술 확인 → 목표설정 → 문항 제작 → 수행기준 결정 → 검사 실시/자료 해석

☆ 키워드 Pick

(2) **교육과정중심측정**(CBM : Curriculum-based measurement) 09·13·24초, 11·25중

① 의미 및 특징

    ㉠ 읽기, 쓰기, 철자법, 셈하기의 단기 유창성을 표준화된 방식으로 간단하게 측정하는 일련의 방법이다.

    ㉡ CBM은 규준참조검사의 대안적인 방법으로서, 표준화되어 있고, 공식적 사정에 속한다.

    ㉢ CBM과 규준참조검사의 차이점

        • 규준참조검사에서는 보통 국가단위규준을 사용하는 데 비해 CBM에서는 지역단위규준을 사용한다.

        • 규준참조검사는 단기간 내에 재실시될 수 없으나 CBM에서는 자주 실시될 수 있다.

        • 규준참조검사는 교수내용과 교수방법에 대한 정보를 거의 제공하지 못하는 데 비해 CBM은 교수내용에 대한 정보뿐만 아니라 반복적인 측정을 통해 교수방법에 대한 정보도 제공한다.

        • 규준참조검사는 형성평가를 위해 사용될 수 없으나 CBM은 형성평가에 유용하다.

        • 규준참조검사는 비용이 비교적 많이 들지만 CBM은 비용이 비교적 적게 든다.

② 단계

1단계 측정할 기술 확인	• 먼저 어떤 기술을 측정할 것인가를 결정 • 필요에 따라 한 가지 이상의 기술을 측정할 수 있음
2단계 검사지 제작하기 25중	• 결정한 기술과 관련된 향후 1년간의 교육과정을 대표할 수 있는 검사지 제작 • 이때 CBM 기간에 실시할 검사의 횟수와 동일한 숫자의 동형검사를 제작하여야 함 • **동형검사** : 다른 문항으로 구성되어 있지만 문항들의 내용과 형태, 문항수, 문항난이도가 동일한 검사
3단계 검사의 실시횟수 결정하기	• 향후 1년간 해당 기술영역에서의 진전을 점검하게 되는데 이 과정에서 주 2회 검사를 실시할 것이 권장됨 ⇨ 아동의 진전을 사정하는 데 강조점을 두기 때문 • 기초선 점수를 결정하기 위한 검사의 횟수를 고려하여 검사의 실시횟수 결정
4단계 기초선 점수 결정하기	• 아동의 진전을 측정할 때 근거가 되는 시작점수 • 기초선 점수를 결정하기 위해 3회의 검사점수가 필요하며, 3회의 점수 중 중앙값이 기초선 점수로 결정됨

5단계 목적 설정하기	• 해당 학년이 끝날 때 기대되는 점수인 목적을 설정 • 현실적 목적과 도전적 목적에 따른 산출 방법 　− 현실적 목적: 기초선 점수 + (현실적 성장률 × 기초선 점수 　　설정 이후 수업 주일수) 　− 도전적 목적: 기초선 점수 + (도전적 성장률 × 기초선 점수 　　설정 이후 수업 주일수)
6단계 표적선 설정하기	• 표적선은 기초선 점수 설정 이후 아동의 진전을 점검할 때 근거 가 되는 선
7단계 자료 수집하기	• 일주일에 2회씩 검사를 실시하여 그 결과를 그래프에 표시 • 약 한달을 주기로 약 7회의 검사점수를 표전선에 비교하여 점검 하게 되는데, 검사점수가 표적선에 미치지 못하는 경향을 보이면 교수방법을 수정하고 교수방법이 바뀐 시점에 세로선으로 표시
8단계 자료 해석하기	• 그래프를 근거로 아동의 진전에 대하여 해석

맥 Plus

CR−CBA와 CBM의 비교

CR−CBA	CBM
준거참조검사의 대안	규준참조검사의 대안
비표준화된 방법	표준화된 방법
비공식적 방법	공식적 방법
타당도와 신뢰도의 입증이 어려움	타당도와 신뢰도의 입증이 가능함
프로그램 계획, 형성평가, 총괄평가에서 주로 사용됨	특수아평가의 모든 단계에서 사용할 수 있음
단기목표에 초점을 둠	장기목적에 초점을 둠
다양한 영역에서 사용됨	특정 영역, 즉 기초학습기술(읽기, 철자법, 쓰기, 셈하기)에 주로 사용됨
학령기 아동뿐만 아니라 학령기 전 아동에게도 유용함	학령기 아동들에게는 유용하나 학령기 전 아동에게는 제한이 따름

키워드 Pick

⑤ 수행사정(Performance assessment) 23초, 25중

1. 의미 및 특성

① 수행사정은 행위를 수행하거나 결과를 산출하는 아동의 기술을 관찰하여 판단하는 사정방법이다.

② 과정 혹은 결과에 초점을 두거나 과정과 결과 모두에 초점을 둘 수 있다.

③ 특수아동평가 단계 중 프로그램 계획, 형성평가, 총괄평가에 유익한 정보를 제공한다.

④ 수업과 평가를 통합함으로써 유의미한 학습을 촉진한다.

⑤ 인지적 영역은 물론 정의적 및 심동적 영역 전반에 걸친 총체적 평가를 지향한다. 또 종합력·추리력·문제해결능력·메타인지능력 등과 같은 고차원적인 능력을 측정한다.

2. 단계

(1) 단계 1: 수행성과 구체화하기

① 수행사정에서는 일반적으로 '확인하다', '구성하다', '드러내다'와 같은 행위 동사나 그 유사어들을 사용하여 수행성과를 기술한 뒤, 그 수행의 결정적인 요인을 찾아내어 수행성과를 구체화한다.

② 수행성과 구체화의 예시

> • 수행성과: 고장난 전동기를 수리한다.
> • 수행성과 구체화
> − 고장의 특징을 파악한다.
> − 고장을 유발한 시스템을 확인한다.
> − 실시할 검사를 선택한다.
> − 적합한 순서로 검사를 실시한다.

(2) 단계 2: 사정의 초점 선택하기

① 수행의 과정 혹은 결과에 초점을 두거나 또는 과정과 결과 모두에 초점을 둘 수 있다.

② 앞 단계에서 구체화된 수행성과의 특성에 따라 사정의 초점을 선택한다.

(3) 단계 3: 적정 수준의 현실성 선택하기

① 수행사정을 준비할 때 가능한 한 실제상황에 근접한 상황을 고려하게 되는데, 어느 수준까지 사정상황에 현실성을 반영할 것인가를 선택해야 한다.

② 실제성의 정도를 결정해야 한다.

(4) 단계 4 : 수행상황 선택하기

① **지필수행** : 모의상황에서의 지식과 기술의 적용을 더 강조한다는 점에서 전통적 지필검사와 구별된다.

② **확인검사** : 다양한 정도의 현실성을 보이는 상황에서 실시될 수 있다.

③ **구조화수행검사** : 조건이 통제된 상황에서 실시하며, 수행판단을 위해서 만족스러운 수행의 최소수준을 가리키는 준거를 설정하는 것이 바람직하다.

○ **수행판단을 위한 준거의 예**

준거의 종류	예
속도	2분 이내에 덧셈문제 10개를 푼다.
오류	1페이지당 오타가 2개 이하이다.
시간	5분 이내에 실험장비를 설치한다.
정확성	0.3cm 오차 내에서 선의 길이를 측정한다.
정답률	수학문제의 85%를 정확하게 푼다.
재료 사용	목재의 10% 이상을 버리지 않고 책꽂이를 만든다.
안전성	기계를 작동시키기 전에 모든 안전장치를 점검한다.

④ **모의수행** : 전체 또는 부분적으로 실제상황에서의 수행에 필적하려는 시도로 실시된다.

⑤ **작업표본** : 측정하고자 하는 전체수행을 대표할 수 있는 실제의 과제를 수행하도록 요구하며, 표본과제는 전형적으로 전체수행의 가장 필수적인 요소들을 포함하여 통제된 조건하에서 수행된다.

(5) 채점방법 선택하기 23초, 25중

① **채점방법의 유형**

검목표 방법	• 검목표(체크리스트)를 활용하여 채점기준표를 만들어 채점하는 방법 • 검목표란 일련의 행동이나 특성들의 목록으로 그러한 행동이나 특성들의 유무를 +/−, 1/0, 혹은 예/아니오 등으로 표시하여 기록
평정척도 방법	• 평정척도를 활용하여 채점기준표를 만들어 채점하는 방법 • 단순히 행동이나 특성의 유무를 판단하는 대신에 행동이나 특성의 정도를 판단한다는 점에서 검목표 방법과 구별됨 • 주로 3~5점 척도가 사용됨 • 총체적 채점방법과 대비하여 분석적 채점방법이라고도 함 • 분석적 채점방법은 아동의 강점과 약점을 파악할 수 있는 장점이 있음 • 반면 구성요소별로 채점해야 하기 때문에 준비와 실시에서 시간과 노력이 많이 필요하다는 단점도 있음
총체적 채점방법	• 수행의 과정이나 결과를 채점할 때 개별적인 요소를 고려하기보다는 전체적으로 판단하여 단일점수를 부여하는 방법 • 준비와 실시에서 시간과 노력을 절약할 수 있는 장점이 있음 • 전반적인 인상에 의한 단일점수를 부여하기 때문에 일관성이 낮아질 수 있으며, 구체적인 정보를 제공하지 못하는 단점이 있음

✧ 키워드 Pick

Plus

벤치마크(benchmark)

수행사정이나 포트폴리오사정에서 아동의 수행을 총체적 채점방법으로 채점할 때 각 수준별로 표본을 제공함으로써 채점을 일관성을 높일 수도 있는데, 이와 같은 수준별 표본을 벤치마크라고 한다. 즉, 벤치마크란 사정척도의 각 수준을 예증하는 실례라고 할 수 있다. 벤치마크를 모범답안 또는 가교답안이라고 부르기도 한다. 벤치마크는 아동으로 하여금 교사가 그들의 수행이나 작품을 어떻게 채점하는지를 이해하게 하는 데 도움이 될 수 있다. 그러나 벤치마크를 아동들과 공유할 때는 그들이 벤치마크를 따라 해야만 한다는 생각으로 그들의 수행이나 작품의 개별성을 잃어버리는 일이 없도록 주의를 기울여야 한다.

② 채점방법의 비교
　㉠ 채점방법 비교의 준거

준거	내용
제작의 용이성	제작의 용이성은 성공적이거나 비성공적인 수행의 특성 또는 요소들을 선정하여 기술하는 데에 걸리는 시간과 관련된다.
채점의 효율성	채점의 효율성은 수행의 다양한 요소들을 채점한 후 총합하여 단일한 종합점수를 산출하는 데에 걸리는 시간과 관련이 있다.
신뢰도	신뢰도는 두 채점자가 독립적으로 채점한 점수가 얼마나 유사한가를 말한다.
방어성	방어성은 점수에 대해 이의를 제기하는 아동이나 부모에게 해명을 할 수 있는 용이성과 관련이 있다.
피드백의 질	피드백의 질은 수행의 강점과 약점에 관심이 있는 학습자나 부모에게 줄 수 있는 정보의 양과 관련된다.

　㉡ 세 가지 채점방법의 비교

채점방법	제작의 용이성	채점의 효율성	신뢰도	방어성	피드백의 질
검목표 방법	낮음	보통	높음	높음	높음
평정척도방법	보통	보통	보통	보통	보통
총체적 채점방법	높음	높음	낮음	낮음	낮음

3. 장단점

장점	• 복잡한 학습 결과나 기술을 평가할 수 있다. • 좀 더 자연스럽고 직접적이며 완전한 평가를 제공한다. • 목적을 명료화하고 학습을 더 의미 있게 함으로써 아동에게 동기를 부여할 수 있다. • 실제 상황에 대한 학습의 응용을 조장한다.
단점	• 상당한 시간과 노력을 요구한다. • 판단과 채점이 주관적이며 전형적으로 낮은 신뢰도를 보인다. • 집단적으로 실시되기보다는 개별적으로 실시되어야 한다. • 수행사정은 전형적으로 낮은 신뢰도를 보인다. 수행사정은 평가 과제가 복잡하고 채점 절차가 주관적이기 때문에 사정 결과에 측정오차가 포함될 가능성이 높고 그 결과, 측정의 신뢰도가 낮아질 가능성이 높다.

⑥ 포트폴리오 09·14유, 11중

1. 의미 및 특성

① 포트폴리오 평가방법은 아동과 교사가 선택한 아동의 작업이나 작품의 수집에 의존하는 방법이다.

② 특수아동을 대상으로 한 포트폴리오 평가의 긍정적인 사항

　㉠ 포트폴리오 내용의 융통성은 특수아동이 다양한 창조적인 방법으로 학업성취를 나타낼 수 있는 기회를 제공한다.

　㉡ 학습활동의 개별화에 도움이 된다.

　㉢ 본인의 관심영역에 노력을 집중하게 하여 아동의 동기를 높인다.

　㉣ 특정 기술에 능숙해지는 데 필요한 시간과 연습을 허용함으로써 학습 숙달을 촉진한다.

　㉤ 읽기나 쓰기 기술을 익히고 새로운 기술을 배우는 데 필요한 자신감을 발달시키는 이상적인 방법을 제공한다.

2. 단계

(1) 단계 1 : 포트폴리오의 구조 결정하기

① 포트폴리오의 물리적 구조와 개념적 구조에 대한 구상이 필요하다.

② 물리적 구조 : 포트폴리오에 포함된 품목들의 실제적 배열

③ 개념적 구조 : 아동의 학습목적과 그 목적을 잘 반영하는 품목

기출 LINE

14유) 활동에서 산출된 모든 작업 샘플들(사진, 일화기록 등)을 분석한 후 나리의 발달영역과 IEP 목적 및 목표에 따라 분류하여 각각의 서류파일 안에 넣어 저장하였다. 수집한 자료는 정기적인 회의에서 유아의 진도를 점검하는 자료로 사용하였다.

✍ 키워드 Pick

(2) **단계 2 : 포트폴리오의 유형 결정하기**

① **과정 포트폴리오** : 목적에 따라 학습과정을 보여주기 위한 포트폴리오

② **결과 포트폴리오** : 최상의 작업이나 작업을 보여주기 위한 포트폴리오

③ 두 가지 유형 중 어느 유형을 사용할 것인가 또는 두 가지 유형을 병행할 것인가에 대한 결정이 필요하다.

(3) **단계 3 : 품목의 선정과정 결정하기**

아동의 모든 작업이나 작품이 포트폴리오에 포함되는 것은 아니므로, 설정된 학습목적과 관련하여 포트폴리오에 포함될 작업이나 작품의 선정과정을 결정해야 한다.

(4) **단계 4 : 포트폴리오의 채점방법 결정하기**

① 수행사정과 마찬가지로 검목표 방법, 평정척도방법, 총체적 채점방법의 세 가지 유형이 주로 사용된다.

② 포트폴리오 사정에서 채점은 다음과 같은 내용으로 채점한다.

　　㉠ 포트폴리오 구조채점

　　㉡ 포트폴리오 선정품목 채점

　　㉢ 아동의 수행진전 채점

(5) **단계 5 : 포트폴리오 사정 결과의 활용방법 결정하기**

마지막으로 결정할 사항은 포트폴리오 사정 결과의 활용방법을 구체화하는 것이다. 한 학기 또는 한 학년이 끝나더라도 포트폴리오는 종결되어서는 안 되기 때문이다.

3. 장단점

장점	• 시간의 경과에 따른 학습의 진전을 보여 준다. • 아동의 최상의 작업이나 작품에 초점을 두어 학습에 긍정적인 영향을 미친다. • 다른 아동들과 비교하기보다는 아동 자신의 과거 작업이나 작품과 비교함으로써 동기를 더 부여한다. • 스스로 최상의 작업이나 작품을 선정하게 함으로써 자기 성찰 기술을 높인다. • 반영학습(reflective learning)을 조장한다. • 개인적 차이에 따른 조절이 가능하다. • 학습의 진전에 대해 아동, 부모, 그리고 다른 사람들과 의사소통을 원활하게 할 수 있다. • 교사와 아동 간의 협력을 강화한다. • 아동의 다양한 측면을 평가할 수 있다.
단점	• 많은 시간이 소요된다. • 주관적인 판단과 채점이 사용되어 신뢰도의 확보가 어렵다. • 정기적으로 교사와 아동 간의 포트폴리오 협의를 실시하는 데에 어려움이 따를 수 있다.

MEMO

06 선행요인의 조절

- 동기화조작
- 비수반적 강화
- 고확률 요구연속

07 바람직한 행동의 증가

- 강화
  - 강화의 개념
  - 강화의 종류
  - 강화제
  - 강화계획
- 토큰제도
- 행동계약
- 집단강화

08 새로운 행동의 습득

- 변별훈련과 자극통제
- 촉구와 용암
- 행동연쇄
- 행동형성
- 모방하기

09 바람직하지 않은 행동의 감소

- 차별강화
- 소거
- 부적벌
  - 반응대가
  - 타임아웃
- 정적벌
  - 과잉교정

10 행동의 일반화와 유지

- 일반화의 종류
- 일반화를 위한 전략
- 유지를 위한 전략
- 일반사례교수법

CHAPTER 03 행동지원

기출 LINE

09유) 행동에 대한 조작적 정의 여부는 관찰자 간 신뢰도에 영향을 미친다.

18유) 먼저 태희의 공격적 행동을 관찰 가능한 구체적인 형태로 명확히 정하셔야 하겠군요.

01 행동의 정의와 목표

1 표적행동과 조작적 정의

1. 표적행동

① 표적행동이란 행동지원을 통해 향상되도록 변화시키기 위해 관찰하고 측정할 행동을 의미한다.

② 따라서 표적행동은 바람직한 행동일 수도 있고 바람직하지 않은 행동일 수도 있다.

2. 조작적 정의 23유

① 관찰할 행동은 관찰 가능하고 구체적이어야 한다.

행동의 관찰이 가능하다는 것	행동의 시작과 끝이 분명다는 것
행동이 구체적이라는 것	행동의 측정이 가능하다는 것

② 똑같은 행동이라도 정의가 다르면 서로 다른 평가를 하게 된다. 따라서 서로 다른 관찰자가 하나의 행동을 보고 행동이 발생했는지에 대해 서로 동의할 수 있으려면 행동의 조작적 정의가 필요하다.

③ 이뿐만 아니라 같은 관찰자가 행동을 관찰할 때에도 관찰할 행동이 발생했을 때 다른 행동들과 변별할 수 있으려면 행동의 조작적 정의가 필요하다.

④ 객관적 관찰과 측정을 용이하게 하는 행동의 조작적 정의가 있으면, 행동에 대한 구체적 교수목표를 세울 수 있고, 목표의 달성 여부를 객관적으로 측정할 수 있으며, 중재 효과를 평가하여 행동과 중재 프로그램 사이의 기능적 관계를 입증할 수 있게 된다.

매 Plus

IBSO(Is the Behavior Specific Objective?) 검사

① 행동발생의 빈도나 행동을 하는 시간의 길이를 잴 수 있는가? ('그렇다'라는 답이 나와야 함)

② 발생하는 행동을 실제로 볼 수 있는가? ('그렇다'라는 답이 나와야 함)

③ 표적행동을 더 구체적이고 관찰 가능한 작은 요소로 나눌 수 있는가? ('아니다'라는 답이 나와야 함)

3. 행동의 6가지 차원

빈도	행동의 발생 수
지속시간	행동이 지속되는 시간 길이
지연시간	선행자극과 반응 행동의 시작 사이에 걸리는 시간 길이
위치	행동이 일어난 장소
형태	반응 행동의 모양
강도	행동의 힘 또는 세기

② 행동목표 세우기 13 · 18유, 13 · 15초, 24중

1. 행동목표의 구성요소

① 학습자(학생)
② 학생의 행동
③ 행동이 일어나는 상황의 조건
④ 목표가 되는 기준(수락기준)

2. 행동목표의 양식 24중

> "[아동, 학습자]가 [조건]에서/할 때, [기준]수준으로 [행동]할 것이다."

3. 행동목표 진술의 예

(1) 행동목표 진술에 적절한 동사와 부적절한 동사의 예

적절한 동사	부적절한 동사
말하다, 쓰다, 구두로 읽다, 가리키다, 주다, 보다, 자르다, 접는다, 잡아 올린다, 색칠한다, 손을 든다, 던진다 등	이해하다, 인식하다, 안다, 인지하다, 깨닫다, 발견하다, 찾아내다, 읽다, 증진하다, 향상된 다, 연습한다, 참는다 등

(2) 행동목표의 '행동' 부분에 대한 동사 사용의 예

적절한 동사 사용의 예	부적절한 동사 사용의 예
• 제시한 여러 물건 중에 가장 큰 것을 가리 킨다. • 동전의 값을 말로 한다. • '아기 돼지 삼형제' 이야기를 받아쓴다. • 책상 위의 책을 본다.	• '크다'와 '작다'의 차이를 인식한다. • 동전의 값을 이해한다. • 편지문을 발전시킨다. • 수업시간에 학습행동을 한다.

✏ 키워드 Pick

(3) 행동목표의 '조건' 부분 표현의 예

환경적 상황	• 급식시간에 … • 수학시간에 …
사용될 자료	• 10개의 덧셈 문제가 있는 문제지가 주어지면 … • 식기가 주어질 때 …
도움의 정도	• 보조교사의 도움이 없이 … • 교사의 신체적 촉구가 있으면 …
구어적/문어적 지시	• 스웨터 입으라는 구어적 지시를 주면 … • 급식실로 가라는 교사의 지시가 주어지면 …

(4) 행동목표의 '기준' 부분 표현의 예

빈도	10개의 사물 명칭을 정확히 발음한다.
지속시간	30분 동안 수행한다.
지연시간	지시가 주어진 후 1분 내에 시행할 것이다.
비율(%)	주어진 기회의 80%에 정확히 반응할 것이다.

02 행동의 직접 관찰과 측정

① 행동의 측정단위와 자료요약 방법

1. 행동의 측정단위

횟수/빈도	• 행동이나 사건이 일어난 횟수를 계수하는 방법이다. • 빈도로 행동을 측정하는 경우에는 관찰할 행동이 시작과 끝이 분명하게 각 행동의 발생 여부를 구별할 수 있어야 한다. • 관찰시간이 매번 일정하거나 반응할 기회의 수가 일정하게 정해진 경우에는 행동을 빈도로 측정하는 것이 좋다.
시간의 길이	• 행동이 시작되는 시간부터 마치는 시간까지 걸리는 지속시간을 나타내는 경우이다. • 선행사건(또는 변별자극이 주어진 시간)으로부터 그에 따르는 행동(또는 반응)이 시작되는 시간까지 걸리는 지연시간을 나타내는 경우이다.
기타	• 행동의 강도 등

2. 측정된 행동의 요약

행동의 직접적 측정단위로 요약	• 횟수, 시간의 길이, 거리의 단위, 무게의 단위, 강도의 단위 등은 그 자체로 행동의 요약을 나타낼 수 있다. • 측정단위의 합으로 표현하거나 평균값으로 표현될 수 있다.
비율	• 정해진 시간 안에 발생한 행동의 수를 시간으로 나누어 단위 시간당 나타나는 행동의 빈도율을 의미한다. • 비율은 전체 회기에 걸쳐 매 회기마다 관찰한 시간이 다를 때 행동의 양을 일정한 척도로 바꾸어 줄 수 있는 장점이 있다. • 비율은 반응의 정확도뿐만 아니라 숙련도에 대한 정보도 제공해 준다. • 얼마나 자주 발생하는지 알고 싶을 때는 시간당 또는 분당 반응 수로 나타낼 수 있다. • 비율은 아동이 자유롭게 반응하는 행동을 측정하여 요약하는 데 사용하기 적절하다.
백분율	• 전체를 100으로 하여 관찰된 행동이 차지하는 비율을 나타내는 것이다. • 백분율로 구하는 경우는 매 회기마다 반응기회의 수나 관찰시간이 동일하지 않아도 같은 기준으로 볼 수 있도록 해 주기 때문에 누구나 이해하기 쉽다는 장점이 있다. • 그러나 행동의 발생 기회가 적거나 관찰시간이 짧을 경우에는 한 번의 행동발생이 백분율에 미치는 영향이 커서 행동의 변화를 민감하게 나타내주지 못하므로 주의해야 한다.

기출 LINE

09유) 행동 발생률은 행동발생 간격 수를 전체 간격 수로 나누고 100을 곱하여 구한다.

⚡키워드 Pick

기출의 맥

직접관찰기록법은 유형별로 출제빈도가 높습니다. 각 기록법의 기록방법, 자료요약방식, 유형, 특징 등을 정확하게 정리해 두세요.

② 행동의 직접 관찰 방법

관찰 방법	특성	종류
행동 묘사 관찰기록 (서술기록)	• 행동을 객관적으로 묘사하여 서술함 • 수량화할 수 없음	• 일화 관찰기록 • A-B-C 관찰기록
행동 결과물 중심 관찰기록	• 반영구적으로 남는 행동의 결과물을 관찰하고 기록함 • 수량화할 수 있음 • 타인에 의해 행동 결과물이 치워질 수 있음	• 행동 결과물 중심 관찰기록
행동 특성 중심 관찰기록 (사건기록)	• 발생한 행동 자체의 특성(예 빈도, 강도, 지속시간, 지연시간)을 관찰하고 측정하여 기록함 • 수량화할 수 있음 • 행동발생의 정확한 양을 알 수 있음	• 빈도 관찰기록 • 지속시간 관찰기록 • 지연시간 관찰기록 • 반응기회 관찰기록 • 기준치도달 관찰기록
시간 중심 관찰기록 (간격기록)	• 시간을 중심으로 행동이 발생했는지를 기록함 • 수량화할 수 있음 • 행동발생 양의 대략치를 알 수 있음	• 전체 간격 관찰기록 • 부분 간격 관찰기록 • 순간 관찰기록
평정기록	• 사전에 준비된 평정수단을 사용하여 기록함	• 범주기록 • 척도기록 • 검목표 기록

기출 LINE

14유) 연우의 의사소통 장면을 주의 깊게 관찰하여 그 내용을 간결하고 객관적인 글로 기록

1. 서술기록 11·19·24유, 10·17중

서술기록이란 발생한 행동을 객관적으로 묘사하여 서술하는 방법이다.

일화기록	• 특정한 시간이나 장소의 제한 없이 관찰자가 기록할 만한 가치가 있다고 느꼈던 어떤 짧은 내용의 사건, 즉 일화에 대해 간략하게 서술하는 기록 • 사건이 발생한 후 가능한 한 빠른 시간 내에 기록하는 것이 바람직 • 관찰자의 주관적 해석이 개입되어서는 안 되며 관찰자가 보고 들은 것만 객관적으로 기술해야 함
표본기록	• 일정한 시간 또는 미리 정해진 활동이 끝날 때까지 사건이 발생한 순서대로 상세하게 이야기식으로 서술하는 기록으로서 진행기록이라고도 함
ABC 기록	• 관심을 두는 행동에 대해 관찰하면서 해당 행동이 발생할 때마다 행동, 선행사건, 후속사건을 시간을 흐름에 따라 사실적으로 서술하는 기록

2. 행동 결과물 중심 관찰기록 [17초]

① 행동의 결과가 반영구적으로 남는 것을 관찰할 때 사용할 수 있다.

② 영속적 행동 결과 기록, 수행 결과물 기록, 산물기록이라고도 한다.

③ 관찰행동에 따라 학업산물기록과 비학업산물기록으로 구분하기도 한다.

④ 단점

  ㉠ 즉시 기록하지 않으면 다른 사람들이 행동의 결과를 치워버릴 수 있다는 것이다.

  ㉡ 같은 행동의 결과를 서로 비교하기 어렵다.

   예 훔친 연필은 그 종류나 크기, 질 등이 다를 수 있는데 단순히 훔친 연필의 숫자만 기록하면 서로 비교하기 어렵다.

  ㉢ 학생 행동의 강도나 형태나 시간 등의 양상을 설명해 주지 못한다.

3. 사건기록 [19 · 21유, 15 · 19초, 13추 · 15 · 18 · 22중]

(1) 사건기록의 의미 및 특징

① 행동발생을 기록한다는 점에서는 영속적 행동 결과 기록과 비슷하지만, 행동의 특성을 직접 관찰한다는 점이 다르다.

② 사건기록은 행동의 횟수를 측정하는 빈도기록과 같은 명칭으로 사용되는 경우가 종종 있는데, 이는 잘못된 것이다. 사실 사건기록이란 빈도기록을 포함하는 훨씬 더 넓은 개념으로, 사건 중심의 기록이라는 뜻이다.

③ 사건이 되는 행동, 즉 발생한 행동 자체를 기록하는 것이다.

④ 사건기록방법으로 관찰할 행동은 반드시 시작과 끝이 분명한 행동이어야 한다.

⑤ 장단점

장점	사용하기 쉽고 관찰자가 아동의 행동을 직접 볼 수 있다는 장점이 있다.
단점	한 명의 관찰자가 한 장소에서 동시에 여러 명의 아동이나 여러 행동을 관찰할 때는 사용하기 쉽지 않다. 그리고 한 아동을 관찰하는 경우에도 매우 짧은 시간 간격으로 높은 빈도를 보이는 행동은 사용하기 어렵다.

⑥ 모든 사건기록의 공동 절차

  ㉠ 표적행동을 명확하게 정의한다.

  ㉡ 행동이 발생하는 상황을 정의한다.

  ㉢ 관찰하는 전체 시간을 기록한다.

  ㉣ 행동발생을 기록한다.

  ㉤ 자료를 요약한다.

🖋 키워드 Pick

(2) 사건기록법의 유형

① 빈도 기록

의미 및 특징	• 전체 관찰시간을 짧은 시간 간격으로 구분하여, 아동을 관찰하고 하나의 시간 간격 안에 발생한 행동의 빈도를 기록하는 것이다. • 행동의 1회 발생이란 행동이 한번 시작하여 끝나는 것을 의미한다. • 장점 : 수업을 직접적으로 방해하지 않으며, 비교적 사용하기가 쉽고, 시간 간격마다 행동발생빈도를 기록하였기 때문에 문제행동이 언제 가장 많이 발생하는지 시간 흐름에 따른 행동발생 분포를 알 수 있다. • 단점 : 행동의 빈도만 가지고는 행동 형태가 어떤지를 설명해 주지 못하고, 지나치게 짧은 시간 간격으로 자주 또는 오랜 시간에 걸쳐 일어나는 행동에는 적합하지 않다.
기본절차	⊙ 전체 관찰시간을 짧은 시간 간격으로 나눈다(시간 간격으로 나누지 않고 전체 관찰시간을 그대로 두고 관찰하는 경우도 있다). ⓛ 아동행동을 관찰한다. ⓒ 관찰시간 간격 안에 행동이 발생할 때마다 빈도를 기록한다. ⓔ 자료를 빈도수 또는 비율로 요약한다.

② 지속시간 기록 15초, 13추 · 22 · 24중

의미 및 특징	• 표적행동이 시작할 때의 시간과 그 행동이 끝날 때의 시간을 기록하여 행동이 지속된 시간을 계산하여 기록하는 방법이다. 이때 스톱워치를 사용하면 편리하다. • 행동이 지속되는 시간 길이에 관심이 있을 때에 사용할 수 있다. • 관찰결과는 총 지속시간, 평균지속시간, 지속시간백분율의 세 가지 방법으로 나타낼 수 있다. • 단점 : 지나치게 짧은 시간 간격으로 발생하는 행동에는 적용하기 어렵고, 행동의 강도를 설명해 주지 못한다는 단점이 있다.
기본절차	⊙ 행동이 시작될 때 시간을 기록하거나 스톱워치를 작동한다. ⓛ 행동이 끝날 때 시간을 기록하거나 스톱워치 작동을 멈춘다. ⓒ 행동이 지속된 시간을 계산하여 기록한다. ⓔ 각 행동의 지속시간을 합하여 총 지속시간을 기록한다. ⓜ 총 지속시간을 행동의 총 횟수로 나누어 평균지속시간을 기록한다. ⓗ 총 지속시간을 총 관찰시간으로 나누어 100을 곱하고 관찰한 전체 시간에 대한 행동의 지속시간 퍼센트를 기록한다(이렇게 구한 퍼센트는 매 회기의 관찰시간이 동일하지 않아도 같은 기준으로 볼 수 있도록 해 주기 때문에 누구나 이해하기 쉽다).

③ 지연시간 기록

의미 및 특징	• 선행사건과 표적행동 발생 사이에 지연되는 시간을 계산하여 기록하는 것이다. • 행동이 얼마나 지속되는지가 중요한 정보일 때는 행동의 지속시간을 측정하고, 어떤 자극이 주어진 후 행동이 개시되기까지 시간이 얼마나 걸리는지가 중요한 정보일 때는 행동의 지연시간을 측정한다.
기본절차	㉠ 선행자극 또는 선행사건을 정의한다. ㉡ 관찰시간 동안 주어질 선행자극의 수를 결정한다(선행자극의 수가 일정하지 않은 경우에는 이 단계를 생략할 수 있다). ㉢ 선행자극을 주고, 시간을 기록하거나 스톱워치를 작동한다. ㉣ 학생 행동이 시작될 때 시간을 기록하거나 스톱워치 작동을 멈춘다. ㉤ 행동이 시작될 때까지 지연된 시간을 계산하여 해당 칸에 기록한다. ㉥ 각 행동의 지연시간을 합하여 행동의 횟수로 나누어 표적행동의 평균 지연시간을 기록한다.

④ 반응기회 기록(통제제시 기록)

의미 및 특징	• 행동의 기회가 주어졌을 때 표적행동의 발생 유무를 기록하는 것이다. • 교사나 치료자에 의해 학생이 반응할 기회가 통제된다는 특징을 제외하면 빈도기록과 같은 방법이다.
기본절차	㉠ 학생에게 주어지는 기회가 무엇인지 명확하게 정의한다. ㉡ 학생 행동을 관찰할 시간 길이나 그 시간 동안 학생에게 주어질 기회의 수를 미리 설정한다. ㉢ 주어진 시간 동안에 학생에게 기회를 제공한다. ㉣ 표적행동이 발생했는지의 여부를 관찰하고 기록한다. ㉤ 발생한 표적행동의 수를 주어진 기회의 수로 나누고 100을 곱하여, 주어진 기회 수에 대한 표적행동의 발생 횟수의 퍼센트를 기록한다.

⑤ 기준치도달 기록 24유

의미 및 특징	• 도달해야 하는 기준이 설정되어 있는 경우에 그 기준치에 도달했는지의 여부를 기록하는 것이다. • 이는 준거제시 시도기록이라고도 불린다.
기본절차	㉠ 학생에게 제시할 기회가 무엇인지 명확하게 정의한다. ㉡ 한 번의 행동 시도에 대한 인정할 만한 기준을 설정한다(a). ㉢ (a)가 몇 번 이루어져야 하는지에 대한 도달 기준치를 정한다. ㉣ 학생에게 반응기회를 제시한다. ㉤ (a)의 기준에 도달한 행동의 발생(정반응, 무반응, 오반응)을 기록한다. ㉥ 학생 행동이 (b)의 기준치에 도달하면 종료하거나 새 기준치로 다시 시작한다. ㉦ 기준치에 도달하기까지의 행동 시도 수를 기록한다.

기출 LINE

19중) 수업 차시마다 주방 전열기 사진 5장을 3번씩 무작위 순서로 제시하여 총 15번의 질문에 학생이 바르게 답하는 빈도를 기록

⚘ 키워드 Pick

4. 간격기록 09 · 11 · 18유, 12 · 19 · 25초, 23 · 25중

(1) 간격기록의 의미 및 특징

① 사건기록이 행동 자체의 특성을 중심으로 관찰하고 측정하는 방법이라면, 시간 간격별 기록은 시간을 중심으로 행동이 발생하고 있느냐를 기록하고 측정하는 방법이다.

② 동간기록법이라고도 하며, 사건 중심의 기록이 어려운 경우에 사용될 수 있다.

③ 사건 중심의 기록이 어려운 경우란 많은 아동을 관찰하거나, 한 학생의 여러 행동을 관찰할 경우, 또는 행동의 빈도가 매우 높거나 지속시간의 변화가 심한 경우 등이다.

④ 장점: 수업이나 치료 활동을 방해하지 않고 사용할 수 있다(그러나 직접적인 양이 아닌 행동발생률의 대략치를 측정하는 방법임을 기억해야 한다).

⑤ 관찰시간 간격을 결정할 때, 시간 간격을 길게 하면 관찰자는 편하지만 빈도가 높은 행동의 수는 놓치기 쉽고, 시간 간격이 너무 짧으면 자료를 놓칠 염려는 없지만 관찰자가 힘들다.

⑥ 시간 간격을 결정할 때 유의할 점: 관찰자 간 신뢰도를 높이기 위하여 관찰하는 시간 간격 사이에 기록할 수 있는 시간 간격을 넣는 것이 바람직하다.

(2) 간격기록법의 유형

① 전체 간격기록법

의미 및 특징	• 관찰시간을 짧은 시간 간격으로 나누어 행동이 각각의 시간 간격 동안 지속적으로 발생했는지를 관찰하여 기록하는 방법이다. • 관찰한 시간 간격 동안 행동이 계속 지속된 경우만 그 시간 간격에 행동이 발생한 것으로 인정한다. • 어느 정도 지속성을 보이는 행동에 적절하며, 만약 틱과 같이 순간적으로 나타나는 대상으로 하게 되면 행동발생이 과소추정될 수도 있다. • 관찰결과는 전체 간격 수에 대한 행동이 발생한 것으로 기록된 간격 수의 백분율을 계산하여 나타낸다.
기본절차	○ 시간 간격 크기를 결정한다. ○ 하나의 시간 간격 동안 행동을 관찰한다. ○ 그 시간 간격 전체에 걸쳐 행동이 지속되었으면 (+)를 기록하고, 행동이 발생하지 않았거나 그 시간 간격 전체 동안 행동이 지속된 것이 아니라면 (−)를 기록한다(a). ○ 다음 시간 간격 동안 행동을 관찰하고 (a)를 반복한다. ○ 시간 간격 전체에 걸쳐 행동이 발생한 시간 간격의 수를 관찰한 전체 시간 간격의 수로 나누어 100을 곱하여, 행동이 관찰된 시간 간격의 백분율을 기록한다.

② **부분 간격기록법**

의미 및 특징	• 관찰시간을 짧은 시간 간격으로 나누어 각각의 시간 간격 동안에 행동이 발생했는지를 관찰하여, 관찰한 시간 간격 동안에 행동이 최소 1회 이상 발생하며 그 시간 간격에 행동이 발생한 것으로 기록하는 방법이다. • 부분 간격기록에서는 한 간격에서 행동이 몇 번 발생하는가 또는 얼마나 오래 지속되는가에 상관없이 발생의 유무만 기록하면 된다. • 일단 한 간격에서 행동이 발생했다고 기록하고 나면 해당 간격의 나머지 시간 동안에는 행동을 관찰하지 않아도 된다. • 미소짓기와 같이 순간적으로 지나가는 행동에 적절하지만, 행동발생을 과대추정하는 경향을 보일 수 있다.
기본절차	⊙ 시간 간격 크기를 결정한다. ⓛ 행동이 발생했다고 기록할 만한 행동 양의 기준치를 정의한다. ⓒ 하나의 시간 간격 동안 행동을 관찰한다. ⓔ 그 시간 간격 동안에 기준치만큼의 행동이 발생했으면 (+)를 기록하고, 행동이 기준치 이하로 발생했으면 (−)를 기록한다(a). ⓜ 다음 시간 간격 동안 행동을 관찰하고 (a)를 반복한다. ⓗ 행동이 기준치만큼 발생한 것으로 기록된 시간 간격의 수를 관찰한 전체 시간 간격의 수로 나누어 100을 곱하여, 행동이 관찰된 시간 간격의 백분율을 기록한다.

③ **순간표집법**

의미 및 특징	• 관찰시간을 짧은 시간 간격으로 나누고, 각각의 시간 간격이 끝나는 순간에 학생을 관찰하여 표적행동의 발생 여부를 기록하는 방법이다. • 즉, 시간 간격의 끝에 관찰하여 행동이 발생한다면 그 시간 간격 동안에 행동이 발생한 것으로 계산한다. • 이 방법이 시간 간격별 전체 기록법이나 시간 간격별 부분 기록법과 다른 점은 시간 간격 끝에 한 번 관찰하면 다음 시간 간격이 끝날 때까지는 관찰하지 않아도 된다는 점이다. • 이러한 특성으로 인해 여러 명의 아동을 관찰할 때 유용하다. • 빈번하면서도 다소 안정된 비율로 나타나는 행동에 적절하지만, 지속시간이 너무 짧은 행동에는 부적절하다. • 시간 간격이 끝나는 순간의 행동만 관찰하기 때문에 '순간 표집법' 또는 '시간 표집법'이라고도 한다. • **장점**: 다른 시간 간격기록에 비해 교사의 관찰시간을 절약해 준다.
기본절차	⊙ 시간 간격의 크기를 정의한다. ⓛ 하나의 시간 간격 동안 행동을 관찰한다. ⓒ 그 시간 간격 끝에 표적행동이 발생했으면 (+)를 기록하고, 발생하지 않았으면 (−)를 기록한다(a). ⓔ 다음 시간 간격의 끝에 행동을 관찰하고 (a)를 반복한다. ⓜ 시간 간격 끝에 행동이 발생한 시간 간격의 수를 관찰한 전체 시간 간격의 수로 나누어 100을 곱하여, 행동이 관찰된 시간 간격의 퍼센트를 기록한다.

기출 LINE

09유) 여러 유아의 상호작용 행동을 관찰할 수 있다.

09초) 어느 정도 지속되는 안정된 행동을 측정할 때 사용된다.

키워드 Pick

(3) 간격기록법 유형별 행동발생으로 인정하는 경우

관찰기록 종류	행동발생으로 인정되는 경우
전체 간격 관찰기록	하나의 시간 간격 동안 행동이 지속적으로 발생한 경우
부분 간격 관찰기록	하나의 시간 간격 동안 행동이 어느 순간에라도 발생한 경우
순간 관찰기록	하나의 시간 간격의 끝에 행동이 발생한 경우

맥 Plus

간격기록과 빈도기록의 차이점

비교항목	간격기록	빈도 기록
기록단위	• 시간	• 행동
기록내용	• 행동의 발생 유무	• 행동의 발생 횟수
기록방식	• ○와 X 또는 1과 0 등으로 행동의 발생 유무 부호화	• 빗줄표(/)로 행동의 발생 횟수 표시
자료요약	• 행동발생 백분율	• 횟수 또는 비율
제공정보	• 행동이 얼마나 자주 발생하는지에 대한 정보 • 행동과 시간의 관계	• 행동이 얼마나 여러 번 발생하는지에 대한 정보 • 행동의 횟수

5. 평정기록

평정기록은 관찰행동을 관찰한 후 사전에 준비된 평정수단(범주, 척도, 검목표)을 사용하여 행동의 양상, 정도, 유무를 판단해 기록하는 방법이다.

범주기록	• 연속적으로 기술된 몇 개의 질적 차이가 있는 범주 중 관찰행동을 가장 잘 나타내는 범주를 선택하여 기록하는 것
척도기록	• 행동의 정도를 몇 개의 숫자로 표시해 놓은 척도, 즉 숫자척도에 관찰행동을 가장 잘 나타내는 숫자를 선택하여 기록하는 것
검목표 기록	• 일련의 행동이나 특성들의 목록, 즉 검목표에 해당 행동이나 특성의 유무를 기록하는 것 • 행동의 정도를 나타내는 척도기록과는 달리 검목표 기록은 행동의 유무만 나타냄

Plus

다양한 관찰기록방법

구분		관찰의 기록방법
기본유형	서술기록	일화기록
		표본기록
		ABC기록
	간격기록	전체 간격기록
		부분 간격기록
		순간 간격기록
	사건기록	빈도기록
		강도기록
		지속시간 기록
		지연시간 기록
	산물기록	학업산물기록
		비학업산물기록
	평정기록	범주기록
		척도기록
		검목표 기록
특수유형	수정유형	통제된 제시 기록(빈도기록 수정)
		준거도달 시행 기록(빈도기록 수정)
	결합유형	ABC-검목표 기록
		간격-빈도 기록

Plus

다양한 차원(분류기준)에 따른 관찰의 유형

차원	관찰 유형	
관찰도구의 표준화 여부에 따른 분류	① 공식적 관찰	② 비공식적 관찰
관찰절차의 구조화 여부에 따른 분류	① 구조적 관찰	② 비구조적 관찰
관찰준비의 체계성 여부에 따른 분류	① 체계적 관찰	② 비체계적 관찰
관찰조건의 통제 여부에 따른 분류	① 통제적 관찰	② 비통제적 관찰
관찰장소의 고안 여부에 따른 분류	① 자연적 관찰	② 인위적 관찰
관찰자의 참여 여부에 따른 분류	① 참여적 관찰	② 비참여적 관찰
관찰실시의 직접성 여부에 따른 분류	① 직접적 관찰	② 간접적 관찰
관찰자료의 형태에 따른 분류	① 양적 관찰	② 질적 관찰
관찰기록의 기계의존 여부에 따른 분류	① 인적 관찰	② 기계적 관찰

✧ 키워드 Pick

③ 행동관찰과 측정의 일치도 12·18유, 11·18·21·23중

1. 관찰과 측정의 일치도의 개념

① 관찰과 측정의 일치도란 같은 것을 측정할 때 일관되게 같은 결과를 산출할 수 있는 정도를 의미한다.

② 관찰 일치도가 높은 관찰이란 자료가 관찰자에 따라 달라지지 않고, 같은 관찰자가 동일한 방법으로 다시 관찰해도 같은 결과를 얻을 수 있는 것을 말한다.

③ 같은 행동에 대해서는 누가 관찰하든지 언제나 같은 해석을 할 수 있을 때 관찰자 간 일치도가 높다고 한다.

2. 높은 관찰자 간 일치도를 위한 사항

① 관찰하고자 하는 행동을 관찰 가능하고 측정 가능한 용어로 조작적 정의를 내린다.

② 행동을 관찰하는 장소와 시간이 일관성 있고 규칙적이어야 한다.

③ 행동 변화 양상을 보여 줄 수 있는 직접적이고 형성적인 관찰을 해야 한다.

④ 관찰, 측정, 기록의 절차를 명확하게 명시한다.

⑤ 실제 상황에서 관찰하기 전에 충분히 연습을 한다.

⑥ 관찰 즉시 자료를 기록한다.

⑦ 행동관찰의 정확도를 높이기 위해, 필요하다면 스톱워치, 비디오테이프, 녹음기, 신호 발신장치 등의 기구를 사용한다.

⑧ 관찰자가 중재 목적을 모르는 것이 좋다. 중재 목적을 알고 있을 경우, 중재 효과를 의식하여 관찰에 영향을 미칠 수 있기 때문이다.

⑨ 관찰 장소에서 관찰을 시작하기 전에 관찰자 훈련을 하는 기간에 높은 신뢰도 기준을 설정하여 관찰 훈련을 하는 것이 좋다.

⑩ 훈련이 끝나고 관찰을 시작한 후에도 관찰자 간의 일치도를 정기적으로 조사해야 한다.

⑪ **관찰자 표류**: 관찰자의 관찰 기준이 점진적으로 바뀌는 현상

⑫ 관찰자가 두 명 이상이라면 관찰 도중에는 두 관찰자가 서로 영향을 받지 않도록 관찰자 간의 접촉을 최소화하는 것이 좋다.

⑬ 일반적으로 관찰자 간 신뢰도는 85% 또는 그 이상을 요구한다.

⑭ **반동**: 학생은 다른 사람이 자신의 행동을 관찰한다는 것을 의식하여 행동을 더 잘하게 되거나 긴장하여 더 못하게 될 수가 있다. 이러한 현상을 반동이라고 하는데, 반동의 영향을 감소시키기 위해서는 비디오카메라를 설치하여 학생의 행동을 녹화한 후 비디오테이프를 통하여 관찰할 수 있다.

3. 관찰자 간 일치도에 영향을 주는 관찰의 오류 [25초]

구분	관찰의 오류
관찰자 관련	• 관찰기록 시 오류 : 누락오류, 첨가오류, 전달오류 • 평정자 오류 : 평정을 할 때에는 행동에 대한 관찰자의 판단과 해석이 요구되기 때문에 관찰자의 편향성으로 인해 객관성의 결여가 나타날 수 있음 　－ 관용의 오류 : 친분이 있는 피관찰자에 대한 오류 　－ 중심경향성 오류 : 극단적으로 높거나 낮은 평정을 피하는 오류 　－ 후광효과 : 피관찰자에 대한 다른 정보의 영향을 받는 경향 　－ 논리성의 오류 : 논리적으로 관련되어 보이는 2개의 문항에 대해 유사하게 평정하는 경향 　－ 대비의 오류 : 피관찰자를 어떻게 지각하는지에 따라 자신과 정반대로 평정하거나 유사하게 평정하는 경향 　　[예] 실제보다 더 긍정적으로 또는 더 부정적으로 평정 　－ 근접성의 오류 : 시간적 또는 공간적으로 가까이 있는 문항들을 더 유사하게 평정하는 경향 • 일반적 오류 　－ 관찰자 표류 : 시간이 흐르면서 관찰준거가 바뀌는 것 　－ 관찰자 기대 : 관찰자가 피관찰자의 행동을 기대하는 방향으로 기록하는 것
피관찰자 관련	• 반응성에 따른 오류 : 관찰되고 있다는 것을 알게 되면서 행동의 변화가 나타나는 것 • 행동표류에 따른 오류 : 피관찰자의 행동이 지속되지만 관찰에서 사용되는 행동의 정의를 벗어나 표류하는 형태를 보이는 것
관찰체계	• 복잡성에 따른 오류 • 기계장치 오작동에 따른 오류

4. 일치도 측정 방법

빈도기록방법의 일치도	(작은 수)/(큰 수) × 100
지속시간 기록방법의 일치도	(짧은 시간)/(긴 시간) × 100
지연시간 기록방법의 일치도	(작은 수)/(큰 수) × 100
반응기회 기록방법의 일치도	(일치한 반응의 수)/(전체 반응의 수) × 100
기준치도달 기록방법의 일치도	(작은 수)/(큰 수) × 100

✧ 키워드 Pick

시간 중심 관찰기록방법의 일치도	전체 일치도	두 관찰자 중에서 더 작은 수의 시간 간격에서 행동이 발생한 것으로 보고한 시간 간격의 수를 더 많은 시간 간격에서 행동이 발생한 것으로 보고한 시간 간격의 수로 나누어 100을 곱하여 백분율로 나타낸다.
	시간 간격 일치도	두 관찰자가 행동의 발생 유무에 대해 서로 일치하는 시간 간격의 수를 두 관찰자가 서로 일치한 시간 간격의 수와 일치하지 않은 시간 간격의 수를 합한 수로 나누어 100을 곱한다.
	발생 일치도	두 관찰자가 행동의 발생에 대해 서로 일치하는 시간 간격의 수를 행동발생에 대한 일치하는 시간 간격의 수와 일치하지 않는 시간 간격의 수를 합한 수로 나누어 100을 곱하여 계산한다.
	비발생 일치도	두 관찰자가 행동의 비발생에 대해 일치한 시간 간격의 수를 행동의 비발생에 대해 일치한 시간 간격의 수와 일치하지 않은 시간 간격의 수를 합한 수로 나누어 100을 곱하여 계산한다.

03 자료의 시각적 분석 16초, 19중

① 그래프의 구조

1. 그래프의 구성요소

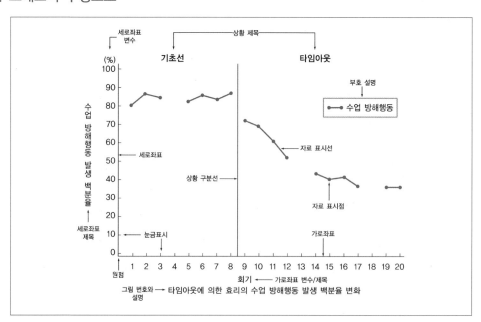

타임아웃에 의한 효리의 수업 방해행동 발생 백분율 변화

2. 선 그래프의 다양한 응용

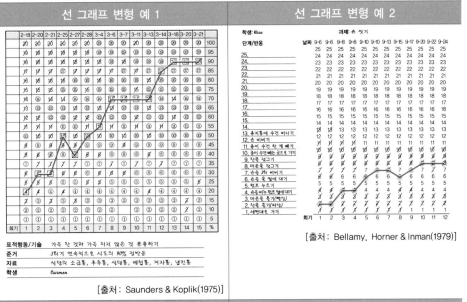

선 그래프 변형 예 1

표적행동/기술: 가득 찬 것과 가득 차지 않은 것 분류하기
준거: 3회기 연속적으로 시도의 90% 정반응
자료: 식당의 소금통, 후추통, 설탕통, 케첩통, 겨자통, 냅킨통
학생: Carmen

[출처: Saunders & Koplik(1975)]

선 그래프 변형 예 2

학생: Nisa
과제: 손 씻기

[출처: Bellamy, Horner & Inman(1979)]

선 그래프 변형 예 3

학생: Nisa   장소: Ms. Ebenezer   장소: 1층 복도 화장실
목표: 1주일 동안 손 씻기 단계의 100%를 독립적으로 완수함

촉구 코드 I(독립적) v(언어적 단서) g(몸짓) p(신체적 도움)

비고:

선 그래프 변형 예 4

[출처: 이형복, 양명희(2005)]

키워드 Pick

기출 LINE

19중) 행동 발생량을 시각화한 그래프를 이용하여 기초선과 중재선 (긍정적 행동지원 적용) 간 문제행동 발생 수준의 변화, 경향의 변화, 변동성의 변화, 변화의 즉각성 정도를 분석한다.

기출의 맥

그래프 해석의 기초가 되는 개념들입니다. 정확히 이해하지 않으면 해석을 잘못할 수 있어요. 각 개념이 무엇을 나타내는지 이해하고 정리하세요!

② 자료의 시각적 분석 방법

1. 자료의 수준

① 그래프의 세로좌표에 나타난 자료의 크기이다.

② 평균선 값 = 모든 자료의 Y축 값의 합 / 전체 자료점의 수

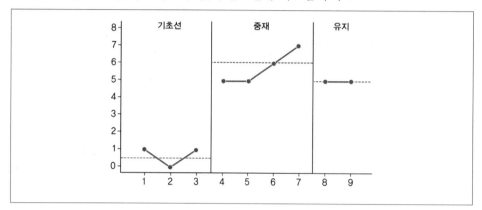

2. 자료의 경향

① 한 상황 내에 있는 자료의 방향과 변환 정도를 의미한다.

② 경향선: 자료의 방향과 변화의 정도를 가장 잘 나타내 줄 수 있는 직선의 기울기

③ 경향선을 그리는 순서(중앙 이분 경향선)

자료점이 몇 개인지 세어 자료점의 총 개수를 절반으로 나누어 수직선으로 구분한다.

ⓐ 반으로 나눈 자료점들에서 X축을 중심으로 한가운데 날짜나 회기에 해당하는 자료점을 찾아 표시하고 그 자료점을 지나도록 세로좌표와 평행이 되는 수직선을 긋는다.

ⓑ 반으로 나뉜 자료를 가지고 Y축을 중심으로 자료의 중간값을 찾아 각각 표시하고 그 자료점을 지나 가로좌표와 평행이 되도록 수평선을 긋는다. 이때 자료점의 수가 짝수이면 자료점과 자료점의 중간부분에 표시하고 수평선을 긋는다.

ⓒ 반분된 자료의 양쪽에서 각각 수직선과 수평선이 교차하여 만든 두 점을 통과하는 직선을 그린다.

ⓓ 두 교차점을 잇는 선을 중심으로 자료점이 동등한 수로 이분되도록 수평 이동하여 선을 긋는다.

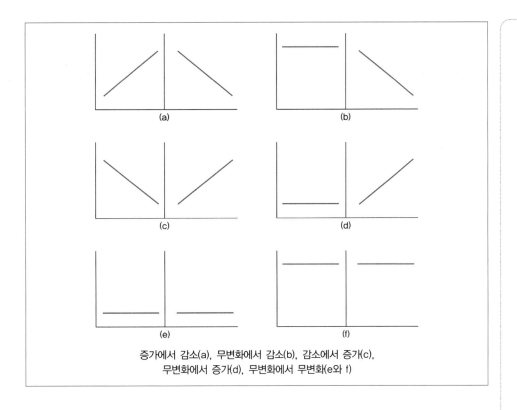

증가에서 감소(a), 무변화에서 감소(b), 감소에서 증가(c),
무변화에서 증가(d), 무변화에서 무변화(e와 f)

3. 자료의 변화율

① 자료 수준의 안정도를 의미한다.

② 경향선을 중심으로 자료가 퍼져 있는 범위를 의미한다.

③ 주로 자료의 Y축 값의 하한선과 상한선 값으로 그 범위를 나타낸다.

④ 자료분석에서 변화율이 심한 경우에는 자료가 안정될 때까지 좀 더 많은 자료를 구해 보아야 한다.

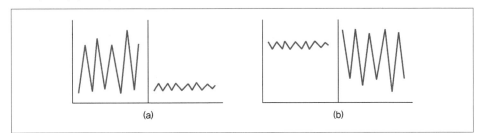

4. 상황 간 자료의 중첩정도

① 두 상황 간의 자료가 세로좌푯값의 같은 범위 안에 들어와 있는 정도이다.

② 두 상황 간 자료의 세로좌푯값이 서로 중첩되지 않을수록 자료의 변화를 잘 나타내주는 것이다.

③ 자룟값의 중첩정도는 상황 간 자료의 비교에서만 사용하는 것이다.

④ **방법**: 먼저 첫 번째 상황의 자료 범위를 계산하고, 두 번째 상황의 자료가 그 범위 안에 포함되는 자료점 수를 세어, 두 번째 상황의 자료점 총수로 나누고 100을 곱하는 것이다.

⑤ 자료의 중첩정도가 클 경우에는 경향의 변화 없이 중첩정도만 가지고 두 상황 간의 자료의 변화를 설명하기 어렵다.

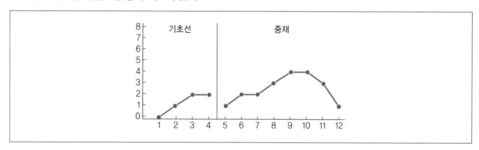

5. 효과의 즉각성 정도

① 중재 효과가 얼마나 빠르게 나타났는지를 평가하는 것이다.

② 한 상황의 마지막 자료와 다음 상황의 첫 자료 사이의 차이 정도를 의미한다.

③ 중재 효과의 즉각성이 떨어질수록 중재와 행동 간의 기능적 관계도 약해진다.

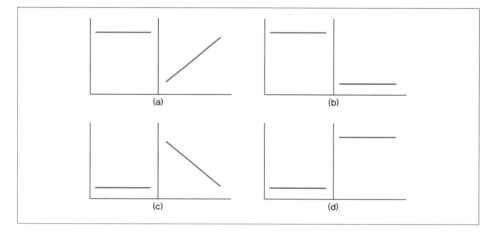

04 개별대상연구

① 개별대상연구의 기초

1. 연구의 핵심개념

변수	독립변수	• 다른 변수에 영향을 주는 변수 • 실험연구에서 독립변수는 연구자가 직접 중재하는 것을 뜻하기 때문에 중재변수라고도 함 • 중재변수는 연구 결과를 유도하기 위해 연구자가 임의로 조작할 수 있는 조건 • 중재, 처치, 치료 등이 독립변수 또는 중재변수
	종속변수	• 다른 변수에 의해 영향을 받는 변수 • 독립변수에 따라 종속적으로 변화하는 변수 • 개별대상연구의 대부분의 종속변수는 독립변수(중재나 교수방법)를 통해 변화되어야 할 연구 대상의 표적행동의 측정치를 의미 • 개별대상연구에서 행동 변화를 기록하기 위해 측정하는 내용이 종속변수를 의미
	외생변수	• 연구자가 조작한 독립변수가 아닌데도 종속변수에 영향을 주는 변수들 • 실험연구에서는 외생변수가 발생하지 않도록 얼마나 잘 통제하느냐가 실험연구의 성패를 좌우한다고 할 수 있음
기능적 관계		• 독립변수의 변화에 따라 종속변수가 체계적으로 변화하는 관계 • 독립변수의 변화로 종속변수의 변화를 예측할 수 있는 관계
통제		• 통제란 독립변수에 대해서는 조절한다는 의미를 갖고, 외생변수에 대해서는 규제하거나 고정시킨다는 의미를 가짐 • 그런데 한 단어가 두 가지 의미를 갖기 때문에 독립변수의 통제에 대해서는 주로 '조작'이라는 단어를 사용하고, 외생변수의 통제에 대해서만 '통제'라는 용어를 사용하는 경우가 흔함
타당도	내적 타당도	• 실험연구의 내적 타당도란 실험 후 나타난 변화가 실험에서 실시한 중재 때문인지 아니면 다른 것 때문인지를 나타내는 것 • 즉, 독립변수를 적용한 후 나타난 종속변수의 변화가 독립변수 때문인지 아니면 다른 것 때문인지를 나타내는 것이 내적 타당도 • 그러므로 내적 타당도가 높다는 것은 종속변수의 변화가 실제로 독립변수의 조작 때문임을 입증하는 것이고, 동시에 외생변수가 잘 통제되었음을 의미하는 것 • 내적 타당도를 위협하는 외생변수 : 사건/역사, 성숙, 도구사용, 탈락, 통계적 회귀, 차별적 선택, 검사효과, 중재 효과의 전파, 보상 경쟁, 중재의 보상적 동등화

🖋 키워드 Pick

	외적 타당도	• 실험연구의 외적 타당도는 내적 타당도가 확립되었다는 전제 아래에 연구 결과를 일반화할 수 있는 정도를 뜻하는 것 • 외적 타당도를 '실험 결과가 적용될 수 있는 상황의 범위'라고 정의하기도 함 • 실험에서 얻은 결과를 실험 장면을 넘어서 다른 상황에도 적용할 수 있다면 이는 외적 타당도가 높다고 할 수 있음 • **외적 타당도를 위협하는 외생변수**: 중재에 대한 명백한 설명, 복수 중재 간섭, 호돈 효과, 반동 효과, 신기성과 일탈효과, 실험자 효과, 사전검사 효과, 선택과 중재의 상호작용, 중재 충실도
	사회적 타당도 _{24중}	• 사회적 타당도를 사회적 중요성의 입장에서 보아도 실험 결과가 일반화할 만한 가치가 있는가를 묻는 것 • **사회적 타당도를 보는 3가지 수준(Wolf)** 　① **연구 목표의 중요성**: 연구 목표가 연구 대상에게 정말로 유익하고 중요한 것인지 그 중요성을 물어야 함 　② **실험 절차의 적절성**: 연구에서 사용된 중재가 사용하기 쉬운지, 강압적이지는 않은지, 내용이 긍정적인지 등의 적절성을 알아보아야 함 　③ **실험 효과의 실용성**: 연구 대상의 연구 결과 자료를 연구 대상이 아닌 또래나 동료의 수준과 객관성으로 비교하여 효과의 실용성을 평가할 수 있어야 함
신뢰도	독립변수 신뢰도	• 독립변수 신뢰도란 연구자가 연구에서 실행한 중재를 얼마나 일관성 있게 실시했는지를 묻는 것 • 중재가 충실하게 적용되지 않아서 효과가 없는 것으로 결과가 나타날 수도 있으므로, 연구에서 독립변수 신뢰도를 측정하는 것은 중요 • 독립변수 신뢰도는 중재 충실도, 처치 성실도, 중재 수행 신뢰도라고도 함
	종속변수 신뢰도	• 측정한 자료의 객관성을 의미하는 종속변수 신뢰도는 수집된 자료가 정확한지, 믿을 만한지를 알아보는 것 • **검사의 신뢰도**: 동일한 검사를 동일한 연구 대상에게 열 번 실시하였을 경우 검사점수들 간의 일치 정도가 높으면 그 검사의 신뢰도는 높다고 할 수 있음 • **관찰자 내 신뢰도(관찰자 내 일치도)**: 한 명의 관찰자가 연구 전체 기간 동안 얼마나 일관성 있게 측정했는지를 나타내는 것 • **관찰자 간 신뢰도(관찰자 간 일치도)**: 두 명 이상의 관찰자들이 관찰을 얼마나 일치되게 했는지, 즉 한 관찰자가 다른 관찰자와 얼마나 유사하게 측정했는지 나타내는 것

2. 개별대상연구의 특성

연구 대상 행동의 일관성 있는 반복 측정	• 연구 대상의 변화시키고자 하는 표적행동을 체계적 방법을 이용하여 지속적으로 반복하여 관찰하고 측정하여야 함 • 계속적인 반복 측정은 표적행동의 변화가 중재에 의한 것인지 여부를 밝혀 줄 뿐 아니라, 중재 이외의 다른 변수들이 개입되었는지 여부에 대한 정보도 제공해 줌
중재 효과의 반복 입증	• 개별대상연구는 중재 효과가 동일 연구 안에서 반복하여 나타나는 특징이 있음 • 개별대상연구에서는 중재 효과가 시간의 경과에 따라 동일한 대상자에게서 또는 동일 대상자가 아니더라도 동일 연구설계 내에서 반복적으로 입증할 수 있음 • 중재 효과의 입증을 위해서 연구자는 연구 기간 동안 중재 이외의 다른 변수들을 가능한 범위 내에서 최대한 통제하는 것이 필요
기초선 설정	• 중재를 실시하기 전의 자료를 보여 줄 수 있는 기초선의 설정은 개별대상연구에서 중재 효과를 입증할 수 있는 중요한 비교 기준이 됨 • 중재 기간 동안 행동 변화의 자료를 중재 적용 전인 기초선 기간의 자료와 비교하여 중재의 효과를 평가하는 것 • 기초선 자료가 안정적이지 못할수록 중재 시작 시기에 대한 결정도 어렵고, 중재 효과에 대한 결정도 어려워짐 • 기초선 자료가 안정적인 경향을 보여 주려면 중재가 시작되기 전에 최소한 3~5회의 연속된 자료가 필요
시각적 분석	• 개별대상의 행동을 지속적으로 반복 관찰하여 측정한 자료를 통계적 방법보다는 주로 그래프에 옮겨 시각적으로 분석하고 평가

② AB 설계와 기초선 논리

1. 기초선 논리(AB 설계)

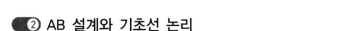

① 기초선 논리란 기초선(A)과 중재(B)라는 두 개의 인접한 상황에서 종속변수(표적행동)를 반복하여 측정하는 것과 관계가 있다. 이는 계속하여 반복적으로 측정된 기초선(A) 자료와 비교하여 중재(B)를 적용한 후에 종속변수의 자료에 변화가 있다면, 아마도 중재의 적용이 종속변수의 변화를 가져왔을 것으로 가정할 수 있다는 것이다.

② 이때 기초선(A)의 자료는 기초선(A) 이후의 자료에 대한 예측을 확신할 수 있을 만큼 안정적일 필요가 있다. 그래야 중재(B)를 적용한 후에 종속변수의 자료에 변화가 있을 때 확인하기 쉽다. 여기까지는 A–B 설계이다.

🖋 키워드 Pick

2. 기초선 수준으로의 반전과 중재의 반복 적용

① 그런데 연구자는 중재 적용이 종속변수의 변화를 가져왔을 것이라는 가정을 증명하려면 중재를 제거해서 자료가 기초선 수준으로 되돌아오는지 보는 것이 필요하다.

② 즉, 두 번째 A상황이 필요한 것이다. 그러면 여기까지는 A-B-A 설계가 된다. 이때 두 번째 A상황에서 종속변수가 처음 기초선 수준으로 되돌아온다면 종속변수의 변화는 중재 때문일 가능성이 높아지는 것이다.

③ 그런 다음에 중재를 다시 한번 더 적용하는 것으로 실험 통제를 더욱 확실히 보여 줄 수 있다. 이제 설계는 A-B-A-B가 된다.

④ 이렇게 중재 효과를 반복해서 보여 줄수록 중재가 종속변수의 변화를 가져왔다고 더욱 확신할 수 있게 되는 것이다.

3. 기초선 논리는 모든 연구의 기본

이러한 기초선 논리는 모든 개별대상연구의 기본이 된다. 따라서 모든 개별대상연구의 설계는 기본적인 A-B 구조를 확장하거나 발전시킨 것이라고 할 수 있다.

③ 중재제거설계(ABAB 설계) 10·23유, 12·13추·21·22·23·25중

1. 기본개념 및 특징

① 실험 상황 중 두 개의 상황에서 중재를 제거하여 종속변수에 미치는 영향을 알아보고자 하는 연구설계이다.

② 연구자는 중재제거설계를 이용하여 중재(독립변수)를 실시하거나 제거하여 표적행동(종속변수)이 일관성 있게 증가 또는 감소되는 것을 보여 줌으로써 실험적 통제를 입증할 수 있다.

③ 종속변수가 중재를 실시하자 향상되다가, 중재를 제거하자 중재 이전 상태로 되돌아가고, 다시 중재를 실시하자 향상된다면, 중재가 종속변수의 향상을 일으켰다고 할 수 있는 것이다.

④ 즉, 중재제거설계에서 제1과 제2의 중재 기간에만 중재 효과가 나타나고, 제2기초선 기간에 행동이 제1기초선 자료의 수준으로 되돌아가는 경우에 독립변수(중재)와 종속변수(표적행동)의 기능적 관계가 성립된다고 할 수 있다(기능적 관계란 독립변수에 의한 종속변수의 예측이 가능한 관계를 의미한다).

⑤ 기초선을 재측정하는 이유

ㄱ 기초선 측정 후 중재가 시작되면서 자료가 기초선 자료와 반대 수준이 되거나 반대 경향을 나타내면 중재 때문에 행동이 변했다고 생각할 수 있다.

ㄴ 그러나 중재 외의 외생변수가 작용했을 수 있으므로 의도적으로 다시 한번 기초선 기간을 넣어보는 것이다.

ⓒ 그렇게 했을 때 자료가 처음 기초선 수준으로 돌아가고 두 번째로 중재를 도입했을 때도 동일한 중재 효과를 반복해서 나타내면, 행동의 변화는 외생변수가 아닌 중재 때문인 것이다. 이럴 때 독립변수와 종속변수는 기능적 관계가 있고, 연구의 내적 타당도가 있다고 할 수 있다.

⑥ 이 설계를 사용할 때 표적행동과 기능적으로 비슷한 다른 행동들을 동시에 관찰해 본다면 반응 일반화가 일어나는 것을 발견할 수 있다. 예를 들면, 한 가지 사회성 기술에 대해 중재제거설계를 적용하면서 다른 사회성 기술도 관찰했더니 그 행동도 긍정적으로 변화했다면 반응 일반화가 일어났을 가능성을 시사해 주는 것이다.

⑦ 그뿐만 아니라 기능적으로 비슷하지 않은 행동에서 변화가 일어날 수도 있다. 예를 들면, 수업 시간의 충동적 행동에 대해 중재를 실시했더니 충동적 행동이 감소할 뿐만 아니라 학업 성적도 향상되는 뜻하지 않은 부수적 효과를 얻게 되는 경우도 있다. 이처럼 긍정적인 경우도 있지만, 반대로 친구를 때리는 공격적 행동에 대해 중재를 실시했더니 공격적 행동은 감소했으나 자해행동이 증가되는 경우처럼 부정적인 경우도 있을 수 있다.

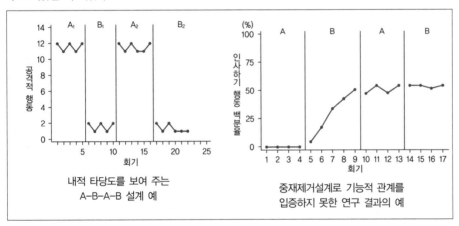

내적 타당도를 보여 주는
A-B-A-B 설계 예

중재제거설계로 기능적 관계를
입증하지 못한 연구 결과의 예

2. ABAB 설계의 내적 타당도와 외적 타당도

내적 타당도	중재제거설계에서는 상황이 바뀔 때 종속변수의 변화가 즉각적으로 크게 나타날수록, 그리고 두 번째 기초선 자료가 첫 번째 기초선 자료의 수준으로 완전히 되돌아갈수록 내적 타당도가 높다고 할 수 있다.
외적 타당도	외적 타당도를 입증하기 위해서는 같은 종속변수를 지닌 여러 명의 연구 대상자나 여러 개의 비슷한 표적행동들을 확보하여 동일한 독립변수를 적용한 중재제거설계의 반복 연구를 실시하면 된다.

🖊️ 키워드 Pick

3. 핵심논리

한 상황의 자료는 그 상황에 대한 기술, 뒷 상황에 대한 예측, 앞 상황에 대한 시험의 역할을 한다.

기술	중재제거설계에서 한 상황(phase)의 자료는 그 상황에서 표적행동이 어떤 수준인지를 기술하여 설명해 주는 역할을 한다.
예측	한 상황의 자료는 조건이 달라지지 않는 한, 다음 상황에서 어떻게 될지를 예측해 주는 역할을 한다.
시험	한 상황의 자료는 바로 그 앞의 상황의 자료를 가지고 예측했던 것과 차이가 나는지를 시험하여 확인해 주는 역할을 한다.

┌─ 기출의맥 ─

ABAB 설계의 특징들은 다른 설계유형과 자주 비교됩니다. 그러나 항상 동일한 의미로 비교되는 것이 아닙니다. 항상 주어진 그래프와 상황을 잘 보고 개념을 적용해야 해요!

4. 장단점

장점	• 기초선의 자료의 패턴과 중재 효과의 반복 입증을 뚜렷이 구별되게 보여 줄 수 있는 설계이다. • 연구 대상에게 효과적인 중재를 적용하는 상태에서 연구를 마치기 때문에 현장에서 사용하기에 윤리적인 설계이다. • 개별대상연구의 다른 설계들과 마찬가지로 설계가 융통적이다.
단점 (적절하지 않은 경우) 25중	• 표적행동이 위험한 행동인 경우는 사용이 적절하지 않다(윤리적으로 바람직하지 않다). • 중재 후에 기초선 수준으로 되돌리기 어려운 표적행동의 경우에도 중재제거설계를 사용하는 것은 적절하지 않다. 중재 적용 후에 A_2에서 종속변수가 A_1 수준으로 돌아가지 않는 경우는 다음 네 가지로 생각할 수 있다. 　- 처음에는 중재 때문에 표적행동의 변화가 시작되었지만 그러한 변화 자체가 계속적인 변화를 불러일으키는 경우(예 인사하기) 　- 학습이나 기술 습득과 관련된 표적행동의 경우(예 구구단 암기) 　- 중재자 외의 다른 사람들(예 교사, 부모)이 A_2 상황인줄 모르고 실수로 중재를 적용한 경우 　- 표적행동의 변화가 극적이고 영속적인 경우(예 함묵증 아동이 중재를 통해 즉각적으로 말을 잘하게 된 경우) • 여러 가지 중재의 효과를 비교해야 할 경우에도 사용하는 것이 적절하지 않다.

5. 중재제거설계의 변형 [12중]

(1) 변형요소

중재제거설계는 다음 네 가지 요소에 따라 설계가 무한정으로 다양하게 변형될 수 있다.

제2기초선의 구성조건	• 표적행동을 반전시키기 위한 A_2의 조건을 어떻게 구성하느냐에 따라 중재 제거설계의 변형이 만들어질 수 있다. • A2의 조건을 변형하여 적용할 수 있는 세 가지 종류 – A_2의 조건을 A_1의 조건과 동일한 조건으로 되돌리는 경우 – A_2의 조건을 중재를 약화시키거나 덜 효과적이 되도록 하는 것으로 만드 는 경우 – A_2의 조건을 중재를 직접 적용받고 있는 표적행동에 대해서만 중재를 제 거하도록 만드는 경우
상황도입의 순서	• 중재제거설계를 적용하고 싶지만 현장의 여러 사정이나 표적행동의 위험성 등 때문에 바로 중재를 적용해야 하는 경우는 상황 도입 순서가 바뀌게 된 다(예 B–A–B–A). • 표적행동이 한 번도 발생한 적이 없고 발생할 가능성조차 없는 경우에도 처 음에 A_1자료를 수집하는 순서를 고집하는 것은 무의미할 것이다.
상황의 수	• 중재제거설계는 A–B 설계를 기초로 한다고 했다. 그러나 A–B 설계는 타 당도 위협에 대해 무방비이기 때문에 진정한 실험이라고 할 수 없다. A–B–A 설계는 '기술, 예측, 시험'의 논리를 설명할 수 있는 최소한의 상황 수를 확보하고 있는 설계이다. 하지만 한 연구 내에서 중재 효과를 반복해 야 한다는 개별대상연구의 요구를 따르자면 A–B–A–B 설계가 적절한 상 황 수를 포함하는 설계이다. • 물론 A–B–A–B–A–B 설계도 가능하다. 이렇게 A–B가 추가될수록 그리고 '기술, 예측, 시험' 논리가 반복해서 입증될수록 중재의 효과를 더욱 확신할 수 있게 된다.
중재의 수	• 중재제거설계를 적용하는 현장에서는 중재(B) 효과가 없거나 미미할 때, 중 재를 변형(예 B')하거나 중재에 다른 것을 추가(예 BC)하는 경우가 있다. 이 러한 융통성이 개별대상연구의 장점이기도 하다. • 또한 처음부터 연구자가 중재 B와 중재 C를 비교하고자 계획하는 경우도 있다. 이런 경우는 복수중재설계에 해당한다.

🔆 키워드 Pick

(2) B-A-B

① 처음 기초선 기간이 없는 설계이다.

② BAB 설계가 유용한 경우

   ⊙ 종속변수(표적행동)가 자해행동이나 신체적 공격 행동처럼 연구 대상자 본인이나 다른 사람들에게 해가 되는 경우이다. 해가 되는 표적행동에 대해 어떤 중재도 실시하지 않고 기초선 자료를 수집하는 것은 윤리적이지 못하다. 이런 경우에 연구를 실행하고자 한다면 B-A-B 설계를 사용하되, 이때에도 기초선 기간은 실험 통제를 보여 줄 수 있을 만큼만 매우 짧게 설정해야 한다.

   ⓛ B-A-B 설계가 유용한 경우는 연구 대상이 표적행동을 전혀 수행해 본 적이 없는 경우이다. 예를 들어, 기초선 자료를 수집하기 위해 전혀 글을 읽을 수 없는 아동에게 반복해서 읽기를 측정하는 것은 불필요하다.

   ⓒ 현장에서 사전에 연구에 대한 계획 없이 중재를 이미 사용하고 있는데 이것은 연구로 발전시키고자 하는 경우이다. 이때, 사용하고 있는 중재의 유무에 대해 종속변수가 민감하다면 그 효과를 확실히 입증할 수 있다. 또한 기초선 기간을 한 번 더 넣어주면(B-A-B-A), 더욱 분명하게 실험 통제를 보여 줄 수 있게 된다.

(3) A-B-A'-B

① 제1기초선과 제2기초선의 절차를 다르게 적용하는 경우이다.

② A-B-A'-B 설계를 A-B-C-B 설계로 오해하는 일은 없어야 할 것이다. A-B-C-B 설계는 앞에서 중재제거설계의 융통성을 설명하면서 중재 B의 효과가 없을 때 다른 중재 C를 적용하여 설계를 바꿀 수 있는 복수중재설계의 기본 형태라고 할 수 있다.

❹ 중다기초선설계(복수기초선설계) 10 · 22유, 21초, 09 · 15 · 20 · 25중

1. 기본개념 및 특징

① 여러 개의 기초선을 측정하고 순차적으로 중재를 적용하며 그 이외의 조건을 동일하게 함으로써 표적행동의 변화가 오직 중재 때문임을 입증하는 설계이다.

② 기초선이 여러 개이므로 한 개 이상의 종속변수를 동시에 분석할 수 있는 설계이다.

③ 복수기초선설계는 여러 개의 A-B 설계에서, 각각의 행동(또는 연구 대상, 장소 · 상황)에 대해 중재(B)가 시작될 때까지 기초선(A)이 조금씩 더 연장되도록 하는 것이 기본이다.

④ 여러 기초선을 여러 층으로 쌓아 놓은 모습 때문에 복수기초선설계에서 하나의 A-B 설계를 '층(tier)'이라는 용어를 사용하여 부르기도 한다.

기출 LINE

(09중) 다수의 기초선을 동시에 측정해야 한다. 교사가 실제 교육 현장에서 사용하기 용이하다.

기출의 맥

중다기초선설계 그래프의 해석에서 중요한 것 중 하나는 중재투입시기가 적절하였는지를 판단하는 것입니다. 각 층의 중재투입시기의 적절성 여부를 항상 체크하세요!

⑤ 복수기초선설계에서는 여러 개의 A–B 설계에서, 동시에 기초선(A) 자료를 측정하다가 기초선 자료가 안정적인 '층'의 행동·대상·상황에 대해 중재(B)를 실시한다. 그리고 행동·대상·상황에서 자료의 수준이나 방향의 변화를 통해 중재의 효과가 나타날 때 또 다른 층의 행동·대상·상황에 중재를 실시하는 방법을 나머지 층에 대해서도 동일하게 반복 적용한다.

⑥ 내적 타당도의 입증: 중재의 변화가 나타나고, 중재의 적용이 없으면 변화가 없는 것을 보여주는 것으로 내적 타당도를 입증한다.

⑦ 내적 타당도의 위협
　　㉠ 이 설계에서는 '층'별로 중재 적용을 지연시키는 것을 통해 사건·역사, 성숙, 검사 효과 등 때문에 나타날 수 있는 내적 타당도에 대한 위협을 평가할 수 있다.
　　㉡ 따라서 복수기초선설계에서는 적절한 시점에 중재를 순차적으로 도입하는 것이 매우 중요하다.

⑧ 적용: 연구 대상의 반응에 따라 중재 시점을 유연하게 결정할 수 있으며, 중재를 제거하지 않기 때문에 현장의 상황을 가장 방해하지 않는다는 실용성이 있고, 중재의 순차적 도입을 통해 내적 타당도를 비교적 정확하게 입증할 수 있다.

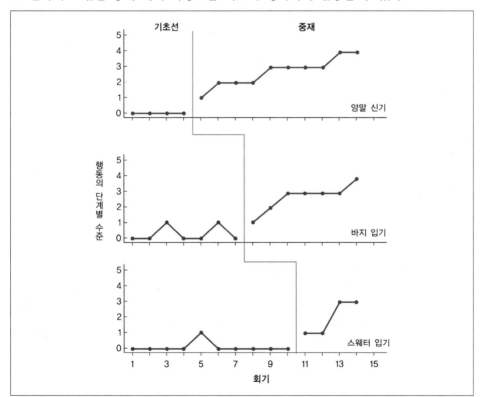

| 행동 간 다중기초선설계의 예 |

키워드 Pick

2. 종류

(I) 행동 간 ^{22유, 24초}

연구 질문의 예	• 기능적 의사소통기술은 아동의 우는 행동, 자해행동, 공격적 행동을 감소시키는가? • 과제분석을 통한 행동연쇄법은 아동의 전자레인지 사용하기, 진공청소기 사용하기, 세탁기 사용하기 행동에 효과적인가?
의미	• 한 아동의 여러 행동에 대해 중재를 순차적으로 실시하여 중재가 적용되지 않은 행동은 안정적이고, 중재가 적용된 행동에만 변화가 나타나는 것을 통해 행동의 변화가 중재 때문임을 입증하는 것을 행동 간 복수기초선설계라고 한다.
주의할 점	• 이월 효과를 주의해야 한다. 행동 간 복수기초선설계는 한 연구 대상의 여러 행동에 실시하는 설계이기 때문에, 중재를 받은 것은 한 행동뿐일지라도 중재가 적용되지 않은 다른 행동도 영향을 받을 가능성이 높아진다. 그렇게 되는 경우에는 실험적 통제가 나타나지 않는다. • 행동 간 복수기초선설계를 적용할 때는 어떤 행동의 감소가 다른 부적절한 행동의 증가를 가져올 수 있으므로 주의해야 한다. 예를 들어, 중재 적용 후 침 뱉기는 감소하고 때리기와 던지기는 증가하는 경우이다. • 표적행동이 사회적 행동인 경우에는 한 연구 대상에게서 기능적으로 독립적인 행동들을 찾기 어렵다는 점도 주의해야 한다. 예를 들어, 몸치장하는 행동, 옷을 단정히 입기, 입안 청결히 하기 등은 서로 밀접한 관련이 있어서, 한 가지 행동에 중재를 받을 때 서로 영향을 받을 가능성이 매우 높다.

(2) 상황 간

연구 질문의 예	• 자기기록방법은 아동의 수학시간, 음악시간, 사회시간의 자리이탈행동을 감소시키는가? • 칭찬기법은 교실, 운동장, 식당에서 아동의 인사하기 행동을 증가시키는가?
의미	• 상황 간 복수기초선설계는 한 연구 대상의 한 가지 표적행동에 대해 중재를 여러 상황에서 순차적으로 실시하여 중재가 적용되지 않은 상황에서 표적행동은 안정적이고, 중재가 적용된 상황에서만 변화가 나타나는 것을 보여 주는 것으로 행동의 변화가 중재 때문임을 입증하는 설계이다. • 상황 간 복수기초선설계는 자연스러운 많은 상황에서 일반화된 중재 효과를 이끌어 낼 중재 프로그램을 찾아 입증하는 데 도움을 줄 수 있다.

(3) 대상자 간 [25중]

연구 질문의 예	• 사회성 기술훈련이 다희, 재현, 예린이의 공격적 행동을 감소시키는가? • 계산기 사용이 진철, 애라, 지아의 계산 정확도를 증가시키는가?
의미	• 대상자 간 복수기초선설계는 여러 연구 대상들의 비슷한 표적행동에 대해 중재를 순차적으로 실시하여 중재가 적용되지 않은 연구 대상의 표적행동은 안정적이고, 중재가 적용된 연구 대상에게서만 변화가 나타나는 것을 통해 행동의 변화가 중재 때문임을 입증하는 설계이다.
주의할 점	• 어떤 연구 대상에게 중재를 적용할 때 다른 연구 대상이 같은 장소에 있다면 중재의 부수적 효과, 모델링 효과, 대리적 강화 효과 등이 발생할 수 있다. • 즉, 기초선 단계에 있는 연구 대상자가 중재를 받고 있는 연구 대상의 행동 변화 또는 그 연구 대상에게 주어지는 특전이나 나타나는 어떤 변화 등에 영향을 받을 수 있다는 것이다. • 이런 문제를 피하기 위해서는 비슷한 행동을 나타내지만 다른 상황의 가운데 있는 연구 대상자를 찾을 필요가 있다.

3. 기본전제 사항

기능적으로 독립적	• 각각의 표적행동·대상·상황은 기능적으로 독립적이어야 한다는 것이다. 그래서 중재가 적용될 때까지 종속변수의 자료가 안정된 상태로 남아 있어야 한다는 것이다. • 기초선들이 기능적으로 독립적이라는 예측이 맞지 않았을 때는 중재가 적용되지 않은 층들에서 공변(covariation)현상이 나타난 것을 볼 수 있다. 공변현상이 나타난다면, 중재 효과가 다른 층에까지 일반화된 것인지 아니면 통제되지 못한 어떤 다른 변수들(역사·사건, 성숙, 검사 효과) 때문인지 밝힐 필요가 있다.	
	행동 간 복수기초선	하나의 표적행동에 중재가 적용되었을 때 중재가 적용되지 않은 다른 표적행동들이 따라서 자동적으로 영향을 받지 않아야 한다는 뜻
	상황 간 복수기초선	상황에서 중재를 적용하여 종속변수에 변화가 있을 때 다른 상황에서는 종속변수에서 변화가 나타나지 않아야 한다는 뜻
	대상 간 복수기초선	한 연구 대상에게 중재를 적용하여 변화가 있을 때 다른 연구 대상에게는 변화가 나타나지 않아야 한다는 뜻

✧ 키워드 Pick

기능적으로 유사	• 각각의 표적행동·대상·상황은 기능적으로 유사해야 한다는 것이다. 그래서 동일한 중재에 대해서는 비슷하게 반응해야 한다는 것이다. 이는 각각의 표적행동·대상·상황이 같은 기능을 갖고 있어서 한 가지 중재를 적용했을 때 같은 반응을 기대할 수 있음을 뜻한다. • 예를 들어, 머리 빗기, 세수하기, 양치하기 행동이 모두 과제분석이라는 중재를 적용하여 변화를 가져온다면 세 가지 행동은 기능적으로 유사하다고 할 수 있다. • 기능적으로 유사한 표적행동·대상·상황을 찾아야 하는 이유는 일관성 없는 중재 효과를 피하기 위한 것이다.

4. 내적 타당도와 외적 타당도

내적 타당도	• 복수기초선설계에서 내적 타당도를 위협하는 요인으로 제일 먼저 생각할 수 있는 것은 시간의 흐름(역사)이다. 시간의 흐름(역사)에 대한 실험적 통제를 보여 주려면 독립변수의 적용과 함께 종속변수의 극적인 변화를 보여 주어야 한다. 이런 변화를 보여 주기 위해서, 여러 기초선 층 중에서 하나의 기초선 층에 대해 중재제거설계를 적용하여 제2기초선 상황에서 자료가 제1기초선 수준으로 되돌아가는 것을 보여 주면 된다. • 그 외에도 복수기초선설계를 연구 대상자 간과 행동 간을 함께 통합하여 실시하는 방법을 적용하는 것도 내적 타당도를 보여 줄 수 있는 좋은 방법이다. 이런 통합설계에서는 행동 간에 공변현상이 발생하더라도 연구 대상 간에서 중재 효과를 입증할 수 있다.
외적 타당도	• 복수기초선설계에서 외적 타당도를 위협하는 요인으로는 연구 대상 내의 일반화 문제를 생각할 수 있다. • 연구 대상 내의 일반화란 종속변수의 변화가 시간이 지나도 유지되는지, 장소나 사람이 달라져도 유지되는지, 그리고 종속변수와 밀접한 관련이 있는 다른 행동들도 변화하는지에 대한 것이다. • 즉, 연구 대상 내에서 일어나는 시간에 대한 일반화(유지), 자극 일반화, 반응 일반화를 의미한다. 그런데 많은 연구에서 일반화 조사를 체계적으로 실시한 경우는 흔하지 않으므로 이에 대한 조사가 필요하다.

5. 장단점

장점	• 기능적 관계를 입증하기 위해서 기초선 조건으로 되돌아갈 필요가 없다(이러한 점 때문에 중재제거설계보다 복수기초선설계가 현장의 실정에 더 적합한 설계라고 할 수 있다. 따라서 중재제거설계를 적용하기 어려운 경우에 복수기초선설계의 적용을 고려해 볼 수 있다).
단점	• 다수의 기초선을 동시에 측정해야 한다. 관찰자가 한 명인 경우에 동시에 여러 명 또는 여러 종류의 행동을 계속적으로 관찰하고 측정하는 것은 시간이 많이 소요될 뿐 아니라 까다롭고 비실용적이다. 관찰자가 여러 명이라 할지라도 비용이 많이 든다는 문제가 발생한다. • 기초선 기간이 길어질 수 있다는 단점도 있다. 첫 번째 중재 기간에서 효과가 나타날 때까지 두 번째 또는 세 번째 기초선에는 중재를 실시할 수 없기 때문에 기초선 기간이 길어질 수밖에 없다. 기초선이 길어지는 것은 연구 대상을 지치게 할 수도 있고, 치료적 중재의 적용을 지연한다는 점에서 윤리적 지적을 받을 수도 있다. 이렇게 두 번째와 그다음의 종속변수에 대해서는 중재의 적용이 지연되어야 하기 때문에 즉각적인 변화를 요구하는 종속변수의 경우에는 복수기초선설계가 적절하지 않다.

6. 중다기초선설계를 적용하기 적절한 경우

① 종속변수를 이전 수준으로 되돌리는 것에 대한 윤리적 문제로 중재제거설계를 적용하기 어려운 경우
② 중재가 필요한 표적행동, 상황, 연구 대상이 여럿인 경우
③ 독립변수의 영향이 철회되거나 반전될 수 없는 경우

✒ 키워드 Pick

7. 중다기초선설계의 변형

(1) 복수간헐기초선설계 24초

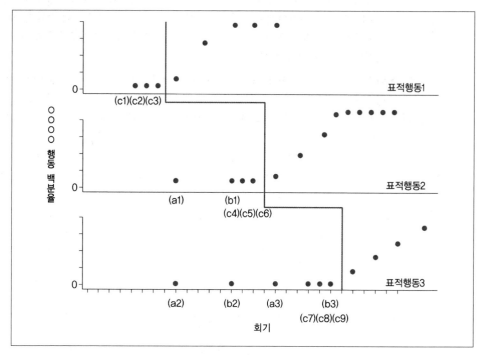

| 복수간헐기초선설계의 예 |

① 복수기초선설계와 간헐적조사설계를 합해 놓은 것이다.

② 중재가 아직 적용되지 않은 여러 기초선에서 매 회기 자료를 수집하는 것이 아니라 간헐적으로 자료를 수집(조사)하여 자료 수집의 빈도를 줄이도록 한 것이다.

③ 복수간헐기초선설계가 복수기초선설계와 다른 점은 중재 전 자료를 수집하는 빈도의 차이이다. 그런데 복수간헐기초선설계에서 중재 전 자료 수집의 빈도는 미리 계획된 것이어야 한다. 연구 대상의 건강 문제 등으로 자료를 수집하지 못하는 경우는 여기에 해당하지 않는다는 뜻이다.

④ 복수간헐기초선설계는 모든 표적행동·상황·대상에 대해 매 회기마다 관찰과 측정을 하기 어려운 경우에 사용하기 적절한 설계이다.

⑤ 기초선 측정을 간헐적으로 해도 되는 이유

　㉠ 중재를 적용하지 않는 기초선의 자료를 측정하는 것은 합리적이거나 실질적이지 않다. 기초선 자료를 간헐적으로 조사함으로써 관찰자의 시간을 좀 더 많은 연구 대상자, 좀 더 많은 행동, 또는 좀 더 많은 장소 등에 활용할 수 있다.

　㉡ 중재가 실시되지 않은 기초선 기간이 길어지면 자료를 반동적으로 측정하는 일이 생길 수 있다. 이런 경우에 관찰자는 긴 기간 동안에 기초선 자료를 측정할 때 나타날 수 있는 소거, 지루함, 피로 등을 극복할 수 있어야 한다.

　㉢ 기초선에서 안정적인 자료를 보장할 수 있는 경우에는 기초선 자료의 측정이 불필요하다.

⑥ 장단점

장점	• 불필요한 계속적 기초선 자료를 측정할 필요가 없다. • 연장되는 기초선 때문에 발생할 수 있는 부적절한 행동을 피할 수 있다. • 계속해서 기초선 자료를 측정하는 시간을 절약할 수 있다.
단점	• 자료의 변화율이 심한 경우는 간헐적으로 측정하는 기초선 기간을 연장할 수밖에 없다. 그렇지 않으면 다른 변수(역사, 성숙, 연습)의 통제 여부를 알기 어렵다. • 첫 행동에 대한 통제 효과가 두 번째 행동에서도 중재 없이 나타날 때, 복수기초선설계는 계속적인 기초선 자료가 그것을 설명해 주지만 복수간헐기초선설계에서는 그런 부분을 찾아내기 어렵다. 즉, 반응 일반화를 발견하기 어렵다는 뜻이다. 따라서 공변현상을 대처하기 어렵게 된다.

(2) 지연된 복수기초선설계

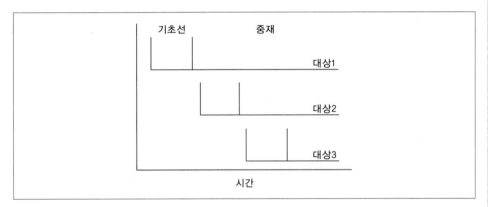

| 지연된 복수기초선설계의 모형 |

① 특징
  ㉠ 모든 기초선에서 자료를 수집하는 것이 아니라 각각의 연구 대상, 상황, 표적행동에 대한 중재를 적용하기 직전에만 기초선 자료를 수집하는 설계이다.
  ㉡ 지연된 복수기초선설계는 여러 A-B 설계를 동시에 실시하는 것이 아니라 각 A-B 설계를 다른 시간대에 실시할 수 있다는 것이 특징이다. 따라서 다른 A-B 설계의 시간차는 클 수도 있고 작을 수도 있다. 이러한 시간적 특성 때문에 이 설계를 '비동시 발생 복수기초선설계'라고도 한다.
  ㉢ 현실적으로 실천 현장에서는 대상·행동·상황에 대한 자료 측정을 동시에 하는 경우는 그리 많지 않다.
② 적용이 적절한 경우
  ㉠ 연구자가 처음에는 중재제거설계를 사용하려 했으나 예기치 못한 사건으로 말미암아 중재제거설계를 사용하지 못하게 된 경우에 지연된 복수기초선설계를 적용할 수 있다. 연구자가 지금까지 수집한 자료를 살려서 계속 중재를 적용하면서, 다른 사람, 다른 상황 또는 다른 행동에 대한 기초선 자료를 수집하고 중재를 적용하면 된다.

키워드 Pick

ⓒ 연구 도중에 중재를 필요로 하는 새로운 행동 및 상황과 연구 대상이 나타나게 되는 경우이다. 예를 들어, 연구 대상이 연구 도중에 표적행동과 기능적으로 비슷하면서도 독립적인 새로운 행동을 보이는 경우이다. 또는 이전에는 그런 상황에서 보이지 않았던 표적행동을 하는 경우나, 이전에는 표적행동을 보이지 않던 사람이 표적행동을 나타내는 경우도 마찬가지로 지연된 복수기초선설계를 적용할 수 있다. 이처럼 지연된 복수기초선설계는 미리 계획되지 않았다 할지라도 연구가 가능한 설계이다.

③ 장단점

장점	• 가장 큰 장점은 연구자가 계획하지 않았던 표적행동, 상황, 연구 대상에게 연구를 확장하여 체계적 연구를 할 수 있게 해 준다는 것이다.
단점	• 전형적인 복수기초선설계에서와 마찬가지로 다른 연구 대상, 상황, 또는 표적행동에 대한 중재가 지연된다는 것이다. • 기초선 자료가 적어서 기초선마다 길이가 다르다는 점이다. • 새로 출현한 행동, 상황, 연구 대상에게 중재를 적용할 때 종속변수에 대한 독립변수의 영향이 가려질 수 있다는 점이다. 즉, 연구자가 중재가 적용되었을 때 다른 기초선 자료가 안정적인 것을 덜 입증하려 할 수도 있다는 것이다.

⑤ **준거변경설계**(기준변동설계) 15유, 18초, 10 · 17 · 22중

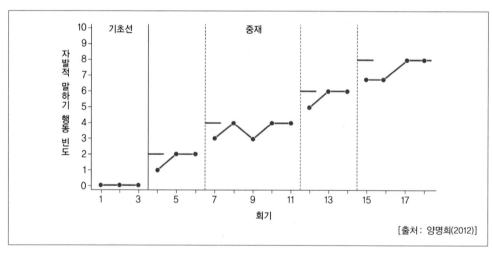

[출처: 양명희(2012)]

| 기준변경설계의 예 |

1. 기본개념 및 특징

① 기준변경설계는 먼저 자연스러운 상태에서 종속변수(표적행동)에 대한 계속적 관찰을 하는 기초선 상황으로 시작한다.

② 기초선 상황(A)에 이어서 중재 상황(B)을 시작한다. 그런데 중재 상황은 종속변수의 변화 기준을 달리 설정한 여러 하위 중재 상황(B₁, B₂, B₃ 등)으로 구성한다.

③ 종속변수의 변화 기준이란 종속변수가 중재 적용 동안 얼마만큼 변화해야 한다고 미리 정해 놓은 달성 수준을 의미한다.

④ A–B 설계와 다른 점

　㉠ 중재 상황에서 종속변수의 변화 기준이 계획적으로 지정된다는 것이다.

　㉡ 따라서 이 설계를 영어 알파벳으로 표기할 때, 하위 중재 상황들은 모두 동일한 중재를 적용하는 것이기 때문에 알파벳 B는 그대로 사용하고 아래 첨자를 이용한 숫자로 각 하위 중재 상황을 구분하여 표기한다.

2. 적용 방법

① 첫 번째 중재 상황에서는 먼저 종속변수의 수행에 대한 첫 번째 기준을 설정하고 적용한다.

② 종속변수의 수행이 첫 번째 변화 기준을 만족하여 그 수준을 안정되게 유지하면 좀 더 높은 두 번째 변화 기준을 설정하고 적용한다.

③ 이런 방법을 반복하여 최종 기준이 만족되고 안정된 자료를 보일 때까지 시행한다.

④ 이렇게 종속변수의 수행수준이 미리 설정한 변화 기준을 따라 변경되는 것을 보여 줄 때 독립변수와 종속변수의 기능적 관계를 입증하게 되는 것이다.

⑤ 이를 그래프로 옮기면 종속변수의 수행수준의 변화가 마치 계단 모양으로 나타나는 것을 볼 수 있을 것이다.

⑥ 중재시작 조건

　㉠ 기초선 자료가 바람직하지 않은 경향을 보이거나 목표와 반대되는 수준에서 안정적이어야 중재를 시작할 수 있다.

　㉡ 중재를 통해 증가 또는 감소를 이루어야 할 필요가 있음을 보여 주어야 한다는 것이다.

　㉢ 또한 종속변수의 변화 기준을 변경하기 위해서는 바로 앞 중재 상황에서 자료가 안정적인 수준을 보여 주어야 한다.

　㉣ 이 설계에서는 기준 변화에 따른 중재 효과를 최소한 4번 정도 보여 주는 것이 바람직하다.

기출 LINE

22중) 표적행동이 지나치게 낮은 비율이나 짧은 지속시간을 보이는 경우에는 최종 목표를 정하고, 이에 도달하기 위한 중간 목표들을 세우고 단계적으로 성취하도록 하여 중재 효과를 극대화하는 방법을 사용할 수 있어요.

☆ 키워드 Pick

⑦ 하위 상황들의 기능 및 분석

   ㉠ 기준변경설계의 하위 상황들은 예측하고 시험하는 기능이 있다.

   ㉡ 각 하위 중재 상황은 각기 다른 종속변수의 변화 기준을 갖게 된다. 이렇게 나뉜 하위 중재 상황에서 하나의 하위 중재 상황은 뒤이은 하위 중재 상황에 대해서는 기초선 역할을 하게 되고 앞에 있는 하위 중재 상황에 대해서는 예측을 시험하는 역할을 하게 된다.

   ㉢ 중재 효과는 종속변수 수행수준이 주어진 변화 기준에 도달하는 변화를 나타냈는지에 의해 결정된다. 기준의 단계적 변화에 맞추어 종속변수가 일관성 있게 변화한다면 그 변화는 중재 때문임을 입증하게 되는 것이다. 반대로 설정된 기준을 따라 변하지 않고 다른 양상을 보인다면 이는 중재가 아닌 외생변수가 작용했음을 의미하는 것이다.

   ㉣ 따라서 기준변경설계에서는 종속변수의 수행수준이 설정된 변화 기준에 따라 변화하는 것을 보여 주어야 그 변화가 중재 때문이라고 할 수 있고 내적 타당도를 보여 주는 것이다.

3. 내적 타당도와 외적 타당도

내적 타당도	• 실험 통제를 입증하기 위해서는 기준을 변동할 때마다 종속변수의 변화가 확실히 증명되어야 한다.
	• 정해진 기준에 근거하여 행동이 예측한 대로 변화할 때마다 중재 효과의 반복적 입증을 보여주게 된다.
	• 내적 타당도를 강화하기 위한 방법
	  − 이전 기준 정도르 반전하는 조건을 하나 혹은 그 이상 삽입할 수 있다.
	  − 기초선 조건으로의 반전을 삽입할 수 있다.

외적 타당도	• 다른 대상자나 환경, 실험자에게 시행하여 같은 결과를 얻을 수 있다면 외적 타당도를 높일 수 있다.

4. 고려사항

하위 중재 상황의 수	• 중재 전에 변화 기준을 설정하고 중재가 시작되면서 자료가 정해진 기준 만큼에서 안정성을 보이면, 기준을 바꾸어 적용한다. • A–B_1–B_2 설계에서 기준 변경에 따른 종속변수의 수준 변화를 보여준다면 A–B_1–B_2 설계로도 충분히 실험의 통제를 보여 줄 수 있다. 하지만 중재 효과를 최소한 4번 정도 보여 주는 것이 바람직하다.
하위 중재 상황의 길이	• 하위 중재 상황의 길이란 종속변수의 변화 기준이 바뀌기 전에 하나의 중 재 상황에서 자료를 수집하는 기간을 의미한다. • 한 중재 상황이 시작되고 나서 다음 중재 상황으로 넘어가기 전까지 자료 의 안정성을 보여 주어야 한다. • 독립변수와 종속변수의 기능적 관계를 입증하기 위해서 의도적으로 각 중 재 상황의 기간을 서로 다르게 해 볼 수도 있다. 즉, 기간이 길어져도 자료 가 안정성을 유지하는 것을 보여 줌으로써 실험 통제를 입증할 수 있는 것이다.
종속변수 기준 변화의 크기	• 종속변수 기준 변화의 크기란 한 중재 상황에서 다음 중재 상황으로 넘어 갈 수 있는 종속변수 기준 변화의 정도를 의미한다. • 종속변수 기준 변화가 크고 종속변수 수준도 그에 따라 즉각적으로 변화 한다면 중재 효과를 확실하게 입증하는 것이다. • 종속변수 자료의 변화율이 크지 않고 안정적이어도, 실험 통제를 입증하 기 위해서 의도적으로 종속변수 기준의 변경 정도를 동일한 크기가 아니 라 다양하게 해 볼 수 있다.
종속변수 수행수준 변화의 방향	• 기준변경설계를 적용하여 중재를 실행할 때 기대되는 중재 효과는 시간이 지나면서 하위 중재 상황이 바뀔 때마다 종속변수의 수행수준이 한쪽 방 향으로 증가하거나 감소하는 것을 의미한다. • 실험 통제를 더욱 명확히 보여 주기 위해서 기준을 한쪽 방향만이 아닌 양방향으로 설정해 보는 것이 필요하다. 즉, 하위 중재 상황 중에서 하나는 치료적 방향과 반대되는 쪽으로 변화 기준을 설정하는 것이다. • 종속변수 변화 기준을 단계적으로 증가시키는 중간에 더 낮은 기준을 제 시하여, 그렇게 해도 주어진 기준만큼의 변화를 보이면 독립변수의 효과 임을 강력히 보여 주는 것이다.

5. 장점

① 중재제거설계에서 요구하는 반치료적 행동 변화를 요구하지 않는다.
② 복수기초선설계에서 요구하는 기능적으로 독립적인 여러 표적행동을 필요로 하지 않고 하나의 표적행동을 요구한다.
③ 복수기초선설계처럼 중재를 보류하고 오랫동안 기초선 자료를 수집할 필요가 없다.

☀ 키워드 Pick

6. 적용하기 적절한 경우와 적용이 어려운 경우

적절한 경우	• 표적행동을 단계별로 변화시킬 수 있는 경우나 기준이 바뀔 때 새롭게 안정적인 수준의 행동을 기대할 수 있는 경우에 적용해야 한다. • 기준변경설계는 행동을 할 줄은 알지만 행동의 정확성, 빈도, 길이, 지연시간, 정도에서 단계별로 증가시킬 필요가 있는 경우에 유용한 설계이다. • 반대로 표적행동이 지나치게 많아서 단계별로 감소시켜야 할 경우에도 유용하다.
적절하지 않은 경우	• 종속변수의 수행수준이 계속 사선의 모양을 나타내면서 점진적으로 바람직하게 변한다면, 그런 변화가 중재 때문인지 외생변수(예 성숙, 시간, 중재의 신기성 등) 때문인지 확인하기 어려울 수 있다. 이런 경우에는 하위 중재 상황을 좀 더 길게 한다거나 종속변수 기준의 변화를 크게 한다면 실험 통제를 좀 더 잘 보여 줄 수 있을 것이다. • 종속변수의 수준 변화가 아주 빠른 속도로 설정된 기준을 넘어설 때는 실험 통제를 보여 주기 어렵다. • 종속변수의 수준 변화가 설정된 기준과 일치하지 않을 때(안정성이 없을 때)도 실험 통제를 보여 주는 것에 어려움이 있다. 즉, 자료가 기준 변화에 따라 계단식으로 변화하지 않고 들쑥날쑥하게 기준보다 높거나 낮게 나타날 때 중재 효과를 입증하기 어렵다는 것이다. • 종속변수 변화 기준의 크기에 따라서 중재 효과를 입증하기 어려운 경우가 있다. 예를 들면, 종속변수 변화 기준은 점진적으로 조금씩 커지는데 종속변수의 자료의 변화율이 크다면 종속변수 자료의 변화가 기준 변화에 따른 것인지 확신하기 어렵다는 것이다. 즉, 종속변수 자료의 변화율이 안정적이면 종속변수 기준의 변화 폭이 작아도 중재 효과를 보여 줄 수 있지만, 종속변수 자료가 심하게 위아래로 변화를 보이면서 기준 변화의 폭을 크게 하지 않으면 종속변수 기준별로 구별이 쉽게 나타나지 않을 것이다. ⇨ 이를 해결하는 일반적 방법 　－ 처음 한두 개의 하위 중재 상황에서는 변화 기준을 만족시키기 쉽도록 기준 변화를 작게 하고, 점점 기준 변화의 크기를 키워 가는 것이다. 　－ 기준 변화의 크기를 결정하는 규칙을 정하여 적용할 수도 있다.

7. 준거변경설계의 변형

(1) 기준범위 변경설계

① 종속변수 기준을 범위로 설정하면, 종속변수의 자료가 설정된 변화 기준의 범위 안으로만 들어오면 기준을 만족하는 것으로 인정하는 것이다.

② 주로 연구 대상이 설정된 변화 기준보다 월등히 향상된 수준을 보이는 것보다는 서서히 향상을 보이는 것이 더욱 바람직한 표적행동의 경우에 이 설계를 사용하는 것이 좋다.

(2) 분산된 기준변경설계

① 여러 가지 표적행동이나, 여러 장소에서 발생하는 한 가지 표적행동에 대해서 기준변경설계를 적용하고 싶을 때는 '분산된 기준변경설계'를 적용할 수 있다.

② 변화 기준을 여러 종속변수에 분산하는 것이다. 이 설계는 시간과 노력을 모든 표적행동에 동시에 적용할 수 없고, 하나의 표적행동에 들이는 시간과 노력이 다른 표적행동에 들이는 시간과 노력에 영향을 주게 되는 경우에 사용할 수 있다.

③ 즉, 시간과 노력을 여러 표적행동에 분산시키도록 하는 것이다.

④ 종속변수들이 상호의존적이고 동시에 모든 종속변수를 향상시킬 수 없는 경우에 분산된 기준변경설계를 적용하는 것이 적절하다.

⑤ 기준변경설계, 복수기초선설계, 중재제거설계를 모두 통합한 것이라고 할 수 있다.

 Plus

중재비교설계의 주요 고려사항

1. 복수중재간섭

순서영향	• 중재의 순서에 의해서 앞선 중재가 뒤이어 실시된 중재 효과에 영향을 미친다는 뜻이다. • 중재 C가 중재 B를 뒤따를 때에 그 효과는 먼저 실시된 중재 B에 의해 간섭받을 수 있다는 것이다.
이월영향	• 중재를 제시하는 순서와는 상관없이, 한 중재가 인접한 다른 중재에 영향을 미치는 것을 의미한다.
교대영향	• 빠르게 중재 상황을 교대하는 것이 종속변수에 미치는 영향을 의미한다. • 이는 두 개의 서로 다른 중재가 상당 기간 동안 비교적 빠른 속도로 교대하며 실시될 때 한 중재의 효과가 다른 중재를 적용하고 있는 상황에서도 계속해서 영향을 미칠 수 있다는 것이다.

2. 중재 효과의 비반전성 문제

① 중재비교설계에서는 여러 중재를 비교하는 것이 목적이다. 그런데 만약에 표적행동이 쉽게 반전되지 않아서 기초선 수준으로 되돌아갈 수 없는 경우에는 처음에 적용한 중재가 최대치로 효과를 발휘할 수 있다.

② 이렇게 표적행동의 반전 가능성이 낮을 때는 연속해서 제시되는 다른 중재의 효과를 비교하는 것이 방해받는다. 이를 중재 효과의 비반전성 문제라고 한다.

③ 중재 효과의 비반전성 문제는 복수중재간섭의 이월영향과도 비슷하다.

3. 중재의 분리성 문제

① 중재비교설계는 대부분 중재 효과를 서로 비교하여 더 우세한 중재를 찾으려는 데 사용된다. 그러나 두 개 이상의 중재가 한 가지 표적행동에 적용될 때 표적행동의 최종적인 수준은 오직 어떤 한 가지 중재 때문이라고 말할 수는 없다. 즉, 어느 한 가지 중재 때문이 아니라 비교하려는 다른 중재들을 모두 적용했기 때문에 결과적으로 최종적 수준에 도달할 수 있었다고 보는 것이다. 다시 말하면, 각각의 중재 효과를 분리할 수 없다는 것이다.

② 이렇게 종속변수의 최종 수준의 원인을 오직 한 가지 중재로 귀속시킬 수 없는 것을 중재의 분리성 문제라고 한다.

③ 중재비교설계에서는 각 중재의 효과를 독립적으로 해석하기 어렵다는 것이다. 그러므로 연구자는 연구 결과 해석에서 이 점을 주의하여야 한다.

키워드 Pick

⑥ 교대중재설계 11유, 17·20초, 10·16중

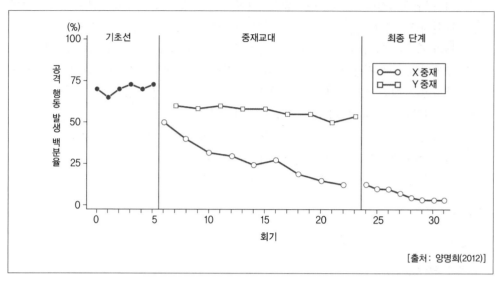

| 중재교대설계의 예 |

1. 기본개념

① 중재교대설계는 한 대상자에게 여러 중재를 비교적 빠른 속도로 교대하면서 실시하여 그 중재들 간의 효과를 비교하는 연구 방법이다.

② 이 설계에 대한 명칭은 중재교대설계, 교체처치설계, 엇갈림중재설계 등으로 다양하다.

③ 설계의 분석 및 입증

　㉠ 중재교대설계는 한 중재가 다른 중재보다 꾸준히 다른 반응 수준을 나타낼 때, 중재 효과의 차이를 입증하게 된다.

　㉡ 중재 결과를 그래프에 옮길 때는 서로 다른 중재에 대한 종속변수의 값은 함께 선으로 연결하지 않고, 각 중재에 대한 자료선이 구별되게 긋도록 한다. 그렇게 해서 두 중재 효과의 강도 차이는 각각의 자료선 간의 수직적 거리의 차이로 나타나게 한다.

　㉢ 즉, 수직적 거리가 크면 두 중재의 효과 차이도 큰 것을 의미하며, 자료선이 중복되는 구간이 많으면 중재 효과가 차이를 보이지 못하는 것을 의미한다.

④ 중재의 4가지 상황(phase)

기초선 상황	• 중재교대설계는 기본적으로 두 가지 이상의 중재를 한 대상에게 교대로 실시하여 그 효과를 비교하는 것에 있기 때문에, 기초선 상황이 반드시 필요한 것은 아니다. • 기초선 자료가 꼭 안정적이어야 하는 것도 아니다. 왜냐하면 실험 통제는 두 중재의 교대 상황에서 보여 줄 수 있기 때문이다. • 따라서 기초선 상황 없이도 중재교대설계를 적용하는 것이 가능하다. • 하지만 두 중재가 서로 차이를 보여 주지 못할 때는 어떤 중재도 효과를 입증하기 어려울 수 있기 때문에 가능하다면 짧게라도 기초선 상황을 실시하는 것이 바람직할 것이다.

중재를 교대하는 상황	• 중재교대상황에서는 서로 다른 중재에서 각각 안정된 자료 수준을 보일 때까지 중재를 계속 적용한다.
	• 그리고 한 중재가 다른 중재보다 꾸준히 더 치료적인 수준이나 경향의 자료를 나타내면 더 효과가 있다고 할 수 있다.
	• 중재 효과는 반복 입증되는 것이 바람직한데, 다른 개별대상연구와는 달리 중재교대설계는 한 상황 내에서 두 중재를 반복하여 교대로 적용하기 때문에 구별되는 한 상황과 다른 상황의 자료를 비교하여 중재 효과를 입증하는 것이 아니다.
	• 두 중재의 자료선 간의 수직적 거리의 차이로 두 중재를 비교할 수 있다. 즉, 수직적 거리가 크면 두 중재의 효과 차이도 큰 것을 의미하며, 자료선이 중복되는 구간이 많으면 중재 효과가 차이를 보이지 못하는 것을 의미한다.
	• 균형잡기
	  - 균형잡기란 중재의 순서를 비롯하여 중재와 같이 제시될 수 있는 자극 조건들을(시간대, 중재자, 장소 등) 비교하는 중재끼리 균형을 맞추어 제시하는 것을 의미한다.
	  - 두 가지 중재를 적용하는데 한 가지 중재가 특정 자극과만 짝지어지지 않도록 각 중재마다 자극 조건이 번갈아가며 고르게 짝지어지도록 균형을 잡는 계획을 세워 중재를 교대로 실행해야 한다.

더 효과가 있는 중재의 적용 상황	• 다른 중재보다 더 효과가 있는 것으로 나타난 중재만 적용한다. • 중재교대상황 뒤에 더 효과적인 중재를 적용하는 상황이 있다면 복수중재간섭의 통제를 보여 주는 데 도움이 된다. • 중재교대상황이 끝나고 더 효과적인 중재를 적용하는 상황에서도 자료가 중재교대상황과 변함없이 비슷한 패턴을 보여 주면 중재교대상황에서 보여 준 차이가 복수중재간섭 때문이 아니라 효과 있는 그 중재 때문임을 보여 주는 것이기 때문이다.
추후 상황	• 모든 중재를 철회한 상황을 마지막에 실행할 수 있다. • 이는 중재제거설계의 논리를 따른 것이라고 할 수 있다. • 하지만 중재 효과를 비교입증하는 데 꼭 필요한 상황은 아니다.

기출 LINE

10중) 중재의 임의적 배열과 평형화를 통해 중재 간 상호 영향을 최소화한다. 두 가지 이상의 실험 처치 또는 중재 조건이 표적행동에 미치는 효과를 비교할 때 활용한다.

키워드 Pick

2. 기초원리(기본가정)

① 중재교대설계는 변별학습원리에 기초하고 있다. 이는 같은 행동이 다른 자극이 있는 곳에서 다르게 다루어진다면 다른 반응을 나타낼 것이라는 것이다. 즉, 서로 다른 중재에 대해서 다르게 반응할 것이라고 보는 것이다.

② 그러므로 중재교대설계를 적용할 때는 대상자가 중재에 대한 변별능력이 있음을 전제로 한다.

3. 내적 타당도와 외적 타당도

내적 타당도	• 중재교대설계에서 내적 타당도를 입증하기 위해서는 한 중재가 다른 중재와는 꾸준히 다른 반응 수준을 나타내야 한다. 그럴 때는 복수중재설계에서 문제가 되는 연구 대상자의 역사나 성숙은 문제가 되지 않는다. 왜냐하면 중재교대설계에서 중재의 교대는 한 회기 안에서 또는 바로 인접회기에서 실행하기 때문이다. • 이월영향과 같은 복수중재간섭을 통제하려면 중재를 시작하기 전에 중재를 제시할 균형 잡힌 계획표를 만들고, 중재의 제시 순서, 중재 실시 기간, 중재를 실시하는 교사/치료자와 같은 변수의 균형을 잡아야 한다. • 중재교대설계에서는 한 중재가 계속해서 오랫동안 연구 대상자에게 노출되지 않기 때문에 중재 순서에 따른 영향을 줄일 수 있다. • 중재 B와 C를 교대하는 중재교대설계에서 B가 더 효과 있는 것으로 나타났을 때, 중재 B의 효과가 중재 B를 단독으로 실시했을 때도 같게 나타날 것인지, 또는 중재 B의 효과가 일반 상황에서 일반화될 것인지에 대한 의문이 있을 수 있다. 즉, 중재 B의 효과는 중재 C와 반복적인 교대를 한 것에 영향을 받았을 수 있다는 것이다(교대효과).
외적 타당도	• 중대교대설계에서 중재 효과의 차이가 다른 모집단이나 다른 연구 대상자, 다른 행동, 다른 조건 등에서 반복 입증되면 외적 타당도를 입증할 수 있다.

4. 장단점

장점	• 기초선 자료의 측정을 반드시 하지 않아도 되는 장점이 있다. • 중재 효과를 입증하기 위해 중재를 제거·철회할 필요가 없다. • 복수중재설계는 오랜 시간을 두고 중재를 교체하는 데 비해 중재교대설계는 회기별로 또는 한 회기 안에서 중재를 교대하기 때문에 상대적으로 중재 효과를 빨리 비교할 수 있다는 장점이 있다. • 중재 간의 종속변수 값 차이의 크기로 효과를 입증하기 때문에 중재 기간이 길지 않아도 된다. • 중재제거설계나 복수기초선설계는 중재 시간 전에 기초선 자료의 안정성이 요구되는 반면, 중재교대설계는 기초선 자료의 변화율에 상관없이 중재교대를 할 수 있다. 따라서 기초선 자료의 변화율이 심한 경우에도 적용할 수 있는 좋은 설계라고 할 수 있다.

단점	<ul><li>중재를 적용할 때 연구 대상자별로 중재 절차 적용에 대한 높은 수준의 일관성을 요구한다.</li><li>설계가 상당히 인위적이다. 실제로 일반학급이나 임상 현장에서 그렇게 빠르게 중재를 교대하여 실시하는 경우는 드물기 때문이다.</li><li>중재 횟수뿐 아니라 다른 변수(예 교사/치료자, 시기, 장소, 중재 제시 순서 등)도 균형을 이루어야 하는 어려움이 있다. 따라서 중재 시작 전에 중재를 제시할 균형 잡힌 시간표를 계획해야 한다는 것이다. 중재를 제시할 순서와 시간, 중재를 실시할 교사/치료자와 같은 변수들도 균형을 이루어야 한다.</li><li>복수중재간섭이 쉽게 발견되지 않는다. 왜냐하면 이 설계에서는 중재를 적용한 경우와 중재를 적용하지 않은 경우를 비교하는 경우가 드물기 때문이다.</li><li>효과의 차이가 약한 중재끼리는 중재 기간이 길어지면 뚜렷한 차이를 나타내지 못한다는 것도 단점이다.</li><li>반전이 가능한 행동에만 적용할 수 있다는 제한점이 있다. 중재교대설계에서는 두 가지 이상의 중재 효과를 비교해야 하기 때문에 표적행동은 중재에 따라 증가 또는 감소될 수 있는 반전 가능한 행동이어야 한다.</li></ul>

5. 복수중재설계와 다른 점

① 복수중재설계에서는 오랜 시간을 두고 중재를 교대하고, 중재교대설계는 회기별로 또는 한 회기 안에서 중재를 교대한다는 것이다.

② 복수중재설계에서는 중재 회기 수가 중재별로 달라도 되는데, 중재교대설계에서 각 중재는 서로 같은 수만큼 제시되어야 한다.

③ 중재교대설계가 중재제거설계 또는 복수기초선설계와 다른 점은 자료의 안정성과 상관없이, 또한 표적행동의 변화 정도에 상관없이 중재를 교대할 수 있다는 것이다.

⑦ 복수중재설계

1. 기본개념

① 복수중재설계(multiple treatment design/multi-treatment design)는 중재 간의 효과를 비교하는 대표적인 방법으로 한 중재 기간과 다른 중재 기간 사이에 기초선 기간 또는 또 다른 중재 기간을 집어넣어 중재 간의 효과를 비교하는 방법이다.

② 이 설계는 중다처치설계, 중다중재설계, 다중중재설계, 조건변경설계, 처치교대설계 등의 다양한 이름으로 부르고 있다.

③ 복수중재설계는 얼핏 보면 중재제거설계와 흡사한데, 실제로 이 설계를 중재제거설계의 확장 또는 변형으로 보기도 한다.

기출 LINE

12중) 우리 반 학생이 과제에 집중하도록 '생각 말하기'(think aloud) 중재 전략을 사용했다가 잘 안되어서 '자기 점검하기'로 중재 전략을 바꾸어 시도한 ABC설계

키워드 Pick

④ 중재제거설계와 다른 점

㉠ 복수중재설계는 어떤 중재의 적용, 제거, 재적용이라는 순서를 따르는 것이 중재 제거설계와 비슷하다.

㉡ 그런데 중재제거설계와 다른 점은 첫 번째 중재를 제거하고 기초선 상황으로 돌 아가는 것이 아니라 두 번째 중재를 적용한다는 점이다. 그리고 두 번째 중재를 제거하고 다시 첫 번째 중재를 적용한다. 그러면 A-B-C-B-C 설계가 된다. 이때 중재 상황을 바꾸는 것은 중재제거설계에서처럼 자료의 안정성이 결정한다.

㉢ 즉, 복수중재설계에서는 같은 중재 상황에서 종속변수 자료가 일관성 있는 자료 패턴을 보여 주어야 실험 통제를 입증할 수 있다.

㉣ 또한 복수중재설계는 중재제거설계에서처럼 중재를 철회할 경우 행동이 중재 적용 전의 수준으로 되돌아갈 가능성이 있는 행동, 즉 반전 가능성이 있는 행동에 대해 서만 사용할 수 있다.

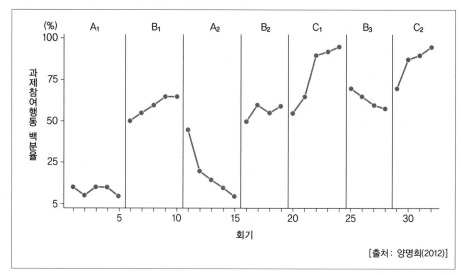

[출처: 양명희(2012)]

| A-B-A-B-C-B-C 복수중재설계를 적용한 예 |

2. 장점 및 주의점

장점	• 가장 큰 장점은 융통성이다. 복수중재설계는 처음부터 여러 중재를 비교하려 는 목적으로 실시할 수도 있지만, 현장에서 어떤 중재를 도입했는데 행동의 변화가 전혀 없거나 미미한 경우에 중재를 바꾸어 사용해 보고 싶을 때도 사 용할 수 있다. 즉, 복수중재설계는 연구 도중에 중재를 변경시킬 수 있다는 장점이 있다. • 복수중재설계는 반전될 수 있는 표적행동이라면 얼마든지 다양한 중재의 비 교가 가능하다. • 복수중재설계는 기초선 없이도 실행할 수 있다. • 각 중재방법의 효과를 개별적으로 검증하는 것보다 시간을 절약할 수 있다. • 적어도 근접한 중재 방법끼리는 그 효과를 비교할 수 있다.

주의점	• 우선 내적 타당도의 문제가 있다. 중재 간에 실시 시기가 다르기 때문에 한 중재에서는 외부변인이나 발달변인이 개입되지 않더라도 다른 중재에서는 개입될 수 있다. • 여러 중재가 순차적으로 실시되기 때문에 한 중재의 효과가 다른 중재 기간 중에 나타남으로써 결과의 해석을 오도할 수 있다. • 이 설계에서 입증된 혼합중재(예 BC)의 효과는 그 혼합된 형태의 중재군으로만 제한하여 해석하여야 한다. 즉, 그 혼합중재 속의 독립된 중재들의 효과로 확대 해석해서는 안 된다. • 복수중재설계는 대부분 기간이 길어지게 되는데, 비교하고 싶은 중재가 여럿이면 기간이 더욱 길어지기 때문에 내적 타당도가 위협받을 수 있다. 즉, 행동의 변화가 자연 성숙이 아닌 중재 때문임을 입증하기가 어려워질 수 있고, 기간이 길어지면서 관찰의 오류가 나타날 수도 있고, 중재를 적용하는 충실성에 문제가 생길 수도 있으며, 대상자를 잃게 되는 일이 발생할 수도 있다.

05 긍정적 행동지원

① 행동지원에 대한 접근의 변화

행동관리를 위한 전통적인 접근의 문제	
제한된 장기효과 및 성과	• 전통적인 행동관리 접근들은 그 특성상 반응적이고 결과중심적이며 단기간에 이루어진다. • 전통적인 행동관리의 주요목표는 문제행동의 미래 발생을 신속하게 중단시키거나 조절하여 가능한 한 빨리 소거를 하는 것이다. • 중재의 성과가 장기적이지 못하며, 그 성과가 일반화될 것이라고 기대할 수 없다.
비기능적 중재	• 전통적인 접근은 주로 비기능적인 방법을 사용한다. • 문제행동의 환경적인 원인을 무시한다면 문제행동이 존재하는 이유는 계속 남아있기 때문에 단기적인 효과는 볼 수 있겠지만 문제행동을 중단시키지 못한다.
도덕적·윤리적 문제	• 고도의 개입적이고 처벌적인 중재에 노출시킴으로써 발생하는 도덕적이고 윤리적인 문제가 있다.

▼

긍정적 행동지원(PBS)이 대체 중재로 사용되고 강조됨

💡 키워드 Pick

🄴 긍정적 행동지원(PBS)의 이해 ¹⁹유

1. 정의

① 긍정적 행동지원은 문제행동의 이유를 이해하고 문제행동이 왜 발생하는지에 대한 가설에 따라 개인의 독특한 사회적, 환경적, 문화적 배경에 적합한 종합적인 중재를 고안하는 문제해결 접근 방법이다.

② 긍정적 행동지원의 가장 중요한 목표는 단기간에 문제행동을 감소시키는 것이 아니라 개인의 전반적인 삶의 질에 영향을 미칠 수 있도록 장기간에 걸쳐 지속되는 변화를 만들어 내는 것이다.

2. PBS에 영향을 미친 주요 요소

응용행동분석	• 응용행동분석은 인간의 행동과 학습을 이해하기 위한 이론적 틀을 제공해 주었다. **응용행동분석의 기본 가정** 1. 아동의 과거 학습과 생물학적 요인은 현재 행동에 영향을 미친다. 2. 모든 행동은 그것이 적절한 행동이든 부적절한 행동이든 같은 행동원리의 지배를 받는다. 3. 행동에는 목적(즉, 기능)이 있다. 4. 행동은 그것을 발생하는 환경과 연계되어 있다.
개인 중심의 계획	• 개인 중심의 계획은 우리의 사고를 프로그램 중심의 지원에서 개인 중심의 지원으로 변화시켰다. • 개인 중심의 가치는 지원계획의 방향을 정하거나 중재의 성과를 평가할 때 '삶의 질'에 중점을 두어야 함을 강조한다. • 개인 중심의 가치는 장애인을 바라보는 견해에 영향을 미쳤다. • 전문가들뿐만 아니라 장애를 지닌 사람들의 가족과 친구들까지 포함한 팀 접근과 협력의 중요성을 강조한다.
자기결정	• 중재나 교육계획에서 학생 참여의 강조는 학생의 선호도와 선택이 교육계획에서 결정적인 요소이며 장애를 지닌 학생은 교육과정에서 적극적인 참여자로 존중되어야 한다는 개인 중심의 가치를 강화하는 것이다. • 교사들로 하여금 기술만을 가르치는 것이 아니라 자기결정에 방해가 되는 환경적인 장해물을 없애고 개인적인 선호도와 조절력을 추구하게 해 주는 자기결정의 특정 기술들을 가르쳐야 할 책임을 지게 하였다.
통합	• 통합에 대한 강조는 문제행동을 지닌 학생들을 비롯하여 모든 장애학생들이 일반교육환경에 포함되어 있으며 학생의 안녕은 특수교육만이 아닌 일반교육 영역의 책임이라는 가치관을 조성하였다.

3. PBS의 주요 요소

생태학적 접근	문제행동은 장애 때문이 아니라 환경적 사건이나 조건 때문에 발생할 수 있으며, 문제행동은 개인에게 자신이 원하는 결과를 주는 역할을 하기도 한다는 전제하에, 문제행동을 이해하기 위해 환경을 살필 것을 요구한다.
진단을 기반으로 하는 접근	환경적 사건들과 그에 대한 반응을 분석하여 문제행동의 기능을 이해하고, 학생의 선호도와 강점을 강조한다.
맞춤형 접근	중재는 학생 개인의 필요와 학생이 처한 환경에 맞추어 실제적·현실적으로 구성한다.
예방 및 교육중심의 접근	학생이 어려워하는 환경에 변화를 주어 문제행동을 예방하고, 학생에게 문제 상황에 대처하거나 그 상황을 바꿀 수 있는 기술을 교육한다.
삶의 방식 및 통합중심의 접근	문제행동의 감소만을 목적으로 하는 것이 아니라, 삶의 방식이 변하는 좀 더 넓은 성과를 목적으로 한다.
종합적 접근	문제행동의 예방, 대체기술의 교수, 문제행동에 대한 반응, 개인 삶의 방식의 개선을 이루기 위해 다양한 중재를 적용한다.
팀 접근	중재의 목표와 가치에 동의하는 팀의 협력이 요구된다.
대상을 존중하는 접근	학생의 입장에서 문제행동을 이해하고 학생의 필요와 선호도에 관심을 갖는다.

4. PBS 관점에 따른 4단계 행동발생 ^{10유}

배경사건 + 선행사건 → 행동 → 유지시키는 후속결과

(1) 선행사건

① 문제행동의 발생에 직접적으로 연결되는 자극이다.
② 맥락적인 사건들과 문제행동 간의 즉각적인 관계는 선행사건을 배경사건과 구분하게 해 주는 주요 요소이다.
③ 문제행동과 관련된 선행사건은 항상 있다.

(2) 배경사건

① 선행사건으로 연결되는 반응의 가치에 영향을 미침으로써 문제행동의 발생 가능성을 증가시키는 사건, 조건 또는 자극을 말한다.
② 배경사건은 특정 상황에서의 특정 반응에 대한 후속결과를 유지(강화)하는 가치를 조정하는 역할을 한다.
③ 배경사건은 문제행동과 동시에 또는 직전에 발생할 수도 있으며, 문제행동이 나타나기 전에 발생할 수도 있다.

기출 LINE

10중) 긍정적 행동지원의 목표는 가정, 학교, 지역사회에서 문제행동을 보이는 개인은 물론 행동을 지원하는 사람들의 삶의 질을 높이는 데 있다.

19유) 지후의 행동을 기능평가 한 후, 유아의 삶의 질 향상을 목적으로 제공하는, 행동 문제에 대한 예방과 대처 그리고 대안 행동교수를 포함하는 장기적이고 생태학적인 행동 중재 및 지원

✿ 키워드 Pick

(3) 유지시키는 후속결과

① 문제행동의 기능적인 이해를 위해 문제행동에 뒤따르는 그 행동의 목적 또는 행동을 강화하고 유지시키는 조건 또한 고려해야 한다.

② 문제행동을 기능적인 관점에서 이해한다는 것은 행동이 왜 발생하는지를 알아냄과 동시에 사회적으로 적절한 대체행동은 무엇인지와 왜 대체행동이 발생하지 않는지를 식별하는 것을 의미한다.

③ 문제행동에 뒤따르는 후속결과가 개인에게 어떠한 유익을 가져다주는지 이해함으로써 상황을 향상시키고, 동등한 대체기술을 가르치고, 문제행동과 적절한 행동의 결과를 좀 더 효과적으로 재구성하기 위한 적절한 방법을 식별해 가는 과정을 시작할 수 있다.

 Plus

3요인 유관과 4요인 유관

1. 3요인 유관분석

① 선행사건, 행동, 후속결과로 구성된 3요인 유관분석은 응용행동분석의 핵심이다.

② 선행사건이 존재할 때 행동이 발생하게 되는데, 행동발생 이후에 제시되는 후속결과는 선행사건-행동의 연계 관계, 즉 선행사건이 존재할 때 행동이 발생하는 상관관계를 더 강력하게 맺어준다.

③ 후속결과는 미래에 그 선행사건이 존재할 때 이어지는 행동의 발생 빈도수를 증가시키거나 감소시키는 데 영향을 주게 된다.

2. 4요인 유관분석

① 4요인 유관분석은 3요인 유관분석의 선행사건 바로 앞에 동기조작이 위치한다.

② 동기설정조작은 허기와 결핍을 유도하여 반응의 동기수준을 높여주는 원리이고, 동기해지조작은 허기와 결핍을 상쇄시켜 반응의 동기 수준을 낮춰 주는 원리이다.

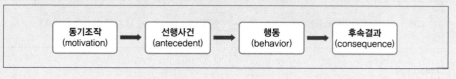

③ PBS의 5단계

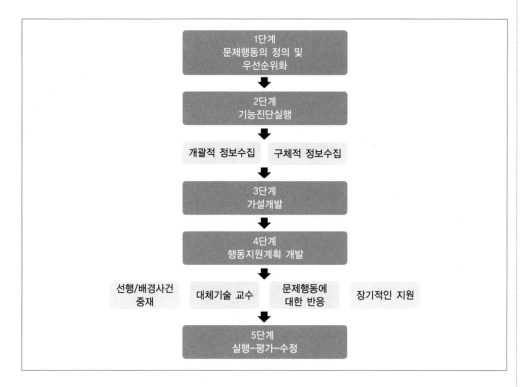

기출의 맥

PBS 5단계의 단계별 내용을 꼼꼼하게 파악하면 PBS 전반에 대한 정리가 될 수 있습니다. 각 단계와 관련된 개념들 모두 매우 중요한 것들이에요. 정확하게 이해하고 정리하세요!

1. 단계 1: 문제행동의 정의 및 우선순위화

(1) 문제행동의 정의

① 문제행동의 분명한 정의는 확실한 의사소통과 기능진단 및 중재 시의 정확한 빈도측정을 위해서 반드시 필요하다.

② 일반적이고 비전문적인 용어를 사용하는 것보다는 분명한 정의를 사용함으로써 학생이 무엇을 하는지 또는 문제행동은 어떤 행동인지를 설명할 수 있어야 한다.

(2) 문제행동의 우선순위화 ^{25유}

기출 LINE

22중) 책상에 머리를 부딪치는 행동은 파괴적 행동에 해당하고요, 교실을 돌아다니는 행동은 방해행동에 해당합니다.

⬦ 키워드 Pick

1순위 파괴적 행동	자신이나 다른 사람에게 해가 되거나 위협이 되는 행동을 의미
2순위 방해하는 행동	직접적으로 또는 즉각적으로 자신이나 다른 사람을 해롭게 하는 것은 아니지만 지속된다면 학습에 부정적 영향을 미치거나 다른 사람과 긍정적 상호작용을 하는 데 방해가 될 뿐 아니라 파괴행동으로 발전할 가능성이 있는 행동을 의미
3순위 가벼운 방해행동	학습이나 사회적 상호작용에 직접 방해가 되지는 않지만 다른 사람으로부터 사회적 수용을 어렵게 하거나 자신의 이미지에 부정적 영향을 주기 때문에 계속된다면 방해행동으로 발전할 수 있는 행동을 의미

2. 단계 2 : 기능진단

(1) 기능진단의 의미 및 목적

① 기능진단(기능평가)은 정보를 수집하고, 문제행동의 이유를 이해하고, 문제행동을 일으키고 유지시키는 환경적 조건을 정확하게 식별하기 위해서 정보를 수집하는 과정이다.

② 기능평가는 특정 행동을 신뢰할 수 있게 예언하고, 그 행동을 지속시키는 환경 내의 사건을 정의하기 위해 이루어지는 일련의 활동 과정이다.

③ 기능진단의 우선적인 목적은 학생을 진단하는 것이 아니라, 행동지원 중재의 목표인 학생의 환경을 변화시키고 대체기술을 가르치고 좀 더 나은 삶을 촉진하는 데 필요한 정확한 관련 정보를 알아내는 것이다.

(2) 기능진단을 통한 유익

① 문제행동과 문제행동을 예측하게 하는 사건, 즉 문제행동을 유지하게 하는 사건에 대한 가정적 진술을 만들 수 있다.

② 행동의 기능평가를 통해 만들어진 가정적 진술을 지지하는 관찰 자료를 얻을 수 있다. 즉, 기능평가 과정에서 수집한 관찰 결과들을 모아서 가설을 개발하기 때문에 가설을 지지하고 입증하는 관찰 자료 수집이 가능하다.

③ 행동의 기능평가 자료를 기반으로 행동지원계획을 세울 수 있다.

④ 행동의 기능평가를 하면, 문제행동에 대한 접근 과정에서 추정을 통한 중재를 적용하는 것 때문에 그 행동을 악화시킬 수도 있는 위험 요인을 찾아내어 그러한 오류를 감소시킬 수도 있다.

(3) 행동의 기능평가방법과 정보

○ 행동의 기능평가방법 3가지

간접평가	학생을 가장 잘 아는 사람이나 당사자인 학생과 직접 면담하거나 그들에게 평가척도, 질문지 등을 작성하게 하는 평가
직접평가	일정 기간 동안 자연스러운 상황에서 학생 행동을 직접 관찰하는 관찰평가
기능분석	자연스러운 상황이나 인위적인 상황에서 문제행동에 영향을 미치는 변수에 대한 가설을 설정하고 그 변수를 체계적으로 조작하여 평가하는 것

○ 기능평가를 위한 정보 수집 내용

개괄적 정보	• 삶의 주요 사건들 • 건강과 관련된 정보 • 문제행동의 개인사 • 지금까지 실행한 중재 노력 • 학업 기술이나 과제수행능력 • 학생의 장점과 약점 • 학생의 선호도 • 전반적인 삶의 질에 관한 정보
구체적 정보	• 문제행동에 대한 선행사건, 후속결과 등 문제행동과 직접 관련이 있는 정보

기출 LINE

10중) 기능평가는 특정 행동을 신뢰할 수 있게 예언하고, 그 행동을 지속시키는 환경 내의 사건을 정의하기 위해 이루어지는 일련의 활동 과정이다.

기출 LINE

16유) 현수가 보이는 행동의 원인과 의도를 파악하기 위한 기능평가를 해 보면 좋겠어요. 이를 위해서 현수의 행동을 관찰해 볼 수 있는 ABC평가, 면접, 질문지 등 다양하고 체계적인 방법을 사용할 수 있어요.

① 기능평가를 위한 간접평가 ^{25유}

기록에 대한 검토	• 생활기록부나 IEP 회의자료 등의 검토 • 학교 기록은 학생의 과거와 현재 의료 상태, 학업성취도, 교우 관계, 이전의 중재 실행 내용 등 많은 정보를 제공 • 정보를 나열하기만 하면 행동지원에 직접적인 도움을 주기 어려우므로 기록의 내용을 체계적으로 요약하여 정리할 필요가 있음 • 학교 문서 기록 검토(SARS) : 학교 문서 중 필요한 정보를 체계적으로 수집할 수 있는 체제를 제공하는 것
면담	• 문제행동을 하는 본인이나 학생을 잘 알고 있는 사람들에게 여러 가지 적절한 질문을 하는 방법 • 주로 피면담자를 대면하여 이루어지며, 구조화된 질문지를 사용할 수도 있고 비구조화된 질문으로 이루어질 수도 있음 • 면담은 학생과 문제행동에 대한 최대한의 정보를 알아내는 것이 목적이므로 개괄적 정보와 구체적 정보를 모두 얻도록 구성할 수 있음 • 학생 행동에 대한 좀 더 객관적이고 명확한 정보를 얻기 위해 성인과 면담할 수 있도록 구조화된 여러 질문지가 개발되어 있음 • 면담지 중에는 학생 본인을 면담에 참여시키기 위해 제작된 것도 있음 • 면담을 할 때 꼭 잊지 말아야 할 것은 학생의 일주일 학교생활을 중심으로 해서 일과에 대한 정보를 수집하는 것
평가척도나 체크리스트	• 행동이 얼마나 자주 일어나는지 또는 얼마나 심각한지를 척도에 따라 주어진 내용목록에 동의하는 정도에 따라 평가자의 기억에 의존하여 작성하는 것 • 면담에 비하여 표준화된 평가척도나 체크리스트를 사용하는 간접평가는 실시하기 용이하고 시간이 적게 소요되어 효율성이 높다는 장점이 있지만, 문제행동을 유발하는 구체적인 선행사건을 파악하지 못하는 경우가 있음 • 간접평가는 피면담자가 질문지 또는 평가척도 작성자의 기억에 기초하기 때문에 그 결과가 객관적이고 정확하지 않을 수 있는 단점이 있음 • 간접평가 외에 객관적이며 정확하고 구체적인 정보 수집을 위해 직접평가가 요구됨

✦ 키워드 Pick

② 기능평가를 위한 직접 관찰평가 18중

  ㉠ 산점도(산포도, 행동분포관찰) 09 · 13 · 13추 · 21 · 25유, 15 · 19초, 18중

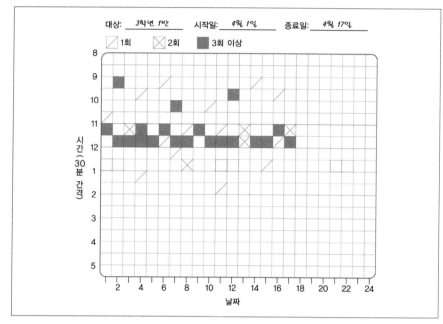

• 문제행동이 가장 빈번하게 발생하는 시간을 찾기 쉽도록 작성되어 있다.

• 행동분포 관찰은 '산점도'라고도 하는데, 문제행동이 자주 발생하는 시간과 자주 발생하지 않는 시간대를 시각적으로 쉽게 알아볼 수 있도록 구성되어 있다.

• 일반적으로 가로에는 날짜를, 세로에는 시간이나 활동명을 나열하여 가로와 세로가 교차하는 빈 사각형에 행동발생 여부를 기록하게 되어 있다.

• 행동관찰을 통해 얻은 정보는 더 자세한 정보를 수집해야 할 시간대를 결정하는 데 도움을 준다.

  ㉡ 일화 관찰기록 20유

• 일화 관찰기록은 학생의 행동을 직접 관찰한 내용을 이야기식으로 기록하는 것으로, 일정한 형식이 없는 비공식적 방법이다.

• 일화 관찰기록은 비공식적인 것이기 때문에 일정한 형식이 있는 것은 아니지만 편리한 양식을 만들 수도 있다.

• 한 학생의 누적된 일화 관찰기록을 검토하면 문제행동의 패턴을 알아낼 수 있다.

• 일화 기록을 하는 절차

ⓐ 학생의 행동을 기록하기 전에 상황에 대한 정보를 기록해야 한다. 학생의 행동이 발생하는 곳은 어떤 장소이며 그곳에서 무엇이 이루어지고 있는 상황인지, 다른 아이들은 몇 명이나 있는지 등을 기록한다.
ⓑ 관찰대상 학생이 누구에게 무슨 말과 행동을 하는지를 놓치지 않고 모두 기록한다.
ⓒ 관찰대상 학생에게 누가 무슨 말과 행동을 했는지 놓치지 않고 모두 기록한다.
ⓓ 관찰대상 학생의 행동에 대한 관찰자의 느낌이나 해석, 실제 일어난 사실을 구별하여 기록한다.
ⓔ 관찰대상 학생의 시간 길이나 시기를 알 수 있게 시간대를 기록한다.

ⓒ ABC 관찰
- 자연스러운 상황에서 문제행동의 선행사건(A), 문제행동(B), 후속결과(C)를 시간의 흐름에 따라 직접 관찰하여 기록하는 방법이다.
- A–B–C 관찰지의 양식은 네 칸으로 나뉜다. 첫째 칸에는 '시간'을, 둘째 칸에는 아동의 행동 직전에 일어난 '선행사건'을, 셋째 칸에는 관찰대상 아동의 관찰된 (보거나 들은) '행동'을, 넷째 칸에는 행동 직후에 발생한 사건인 '후속결과'를 기록한다.

ⓔ ABC 관찰 검목표

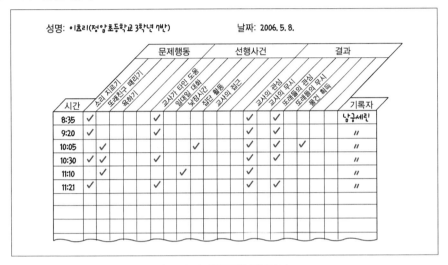

| A-B-C 행동관찰 검목표 |

- A–B–C 관찰지를 발전시킨 것이다.
- 이것은 관찰자가 면담 등을 통해 이미 확인한 것으로 있을 수 있는 선행사건이나 문제행동, 후속결과 등을 관찰 검목표에 미리 기록해 놓고 관련 사건이 나타날 때마다 해당 칸에 체크하여 기록하는 것이다.
- 즉, 직접 관찰 방법을 적용하는 체크리스트라고 할 수 있다.
- 따라서 검목표에 기록된 선행사건, 문제행동, 후속결과의 내용은 각 학생에 맞게 작성해야 한다.
- 이 방법은 관찰자가 학생의 계속되는 행동에 크게 방해받지 않고 빨리 기재할 수 있다는 장점이 있지만 행동에 대한 자세한 정보를 제공하지 못한다는 단점도 있다.

🖋 키워드 Pick

ⓜ 행동의 기능평가 관찰지

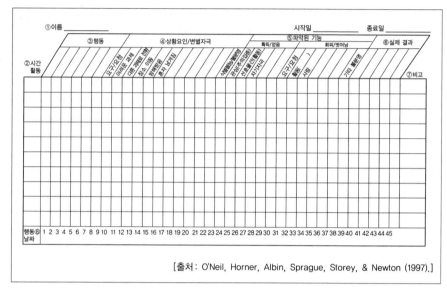

[출처 : O'Neil, Horner, Albin, Sprague, Storey, & Newton (1997).]

| 행동의 기능평가 관찰지 |

- A-B-C 행동관찰 검목표를 더욱 발전시킨 것이다.
- 타당도와 신뢰도를 갖춘 관찰 자료 수집 방법으로 입증된 것이다.
- 이 관찰지를 사용하여 관찰자는 아동의 행동과 교수환경 사이의 기능적 관계를 알아내기 위해, 행동을 변화시키는 환경적 요인을 찾아내야 한다.
- 행동은 그냥 혹은 저절로 일어나는 법이 없으므로, 관찰을 통해 어떤 행동의 전후에 반드시 그 행동이 일어나도록 작용하는 선행사건이나 후속결과를 찾기 쉽도록 제작된 것이 행동 기능평가 관찰지이다.
- 관찰자는 '이 아동의 행동에 작용하는 것이 무엇인가?'라는 질문을 하면서 행동을 관찰해야 한다.

○ **기능평가를 위한 간접평가와 직접평가의 장단점**

평가 종류	장점	단점
간접평가	• 개괄적 정보를 알려준다. • 자세한 진단이 필요할 것인지 신속히 알려준다. • 다양한 시간대와 환경에 대한 정보를 수집할 수 있다. • 학생 본인의 관점을 알려 준다.	• 정보 제공자가 학생을 아는 정도에 따라 정보의 수준이 달라질 수 있다. • 구체적 정보를 구하기 어려울 수 있다. • 상업적으로 제작되었기 때문에 모든 학생에게 적용 가능한 것은 아니다.
직접 관찰 평가	• 행동발생 당시의 정보를 직접 수집한다. • 자연스러운 환경에서 실시할 수 있다. • 환경, 선행사건, 행동, 후속결과에 대한 구체적 정보를 제공한다.	• 시간이 많이 걸린다. • 행동의 직접 관찰이 다른 일과에 방해가 된다. • 문제행동 발생을 놓칠 수 있다. • 자주 발생할수록 관찰과 기록은 어려워진다. • 발생빈도가 낮은 행동은 수집된 정보가 충분치 않을 수 있다.

③ **기능분석** 20 · 24초

개념	• 기능분석 과정은 행동의 변인들을 체계적으로 조작하면서 행동을 관찰하는 기능평가의 일부로서 기능평가의 최종단계가 된다. • 문제행동과 연관되거나 관련이 없는 특정 행동 변인들을 체계적으로 조작하는 방법이다. • 기능분석을 실시할 때 환경을 조작하면서 행동을 체계적으로 점검하게 된다. • 흔히 사용되는 방법은 문제행동이 일어났을 때 그 행동에 뒤따라 주어지는 결과를 조작하는 것이다. • 과제의 난이도, 과제의 길이, 활동할 동안 교사의 주의를 끄는 수준, 활동의 선택 유무 등 구조적인 변인들을 조작하는 것이다. • 기능평가를 실시하는 과정에서 가장 정확하고 정밀하며 통제된 방법으로서 또한 환경적 사건들과 문제행동들 간의 기능적 관계를 명확히 밝혀 주는 방법이다. • 시간과 에너지를 많이 투입해야 하지만 어떤 경우에는 문제행동을 적절히 진단평가할 수 있는 유일한 방법이 될 수도 있다. • 문제행동을 일으키는 창의적 상황을 만들어야 한다. • 과정이 성공하기 위해서는 연구 수준의 기술이 필요하기 때문에 행동분석 연구에 관한 훈련을 받지 않은 사람이 실시하기는 어렵다.

기출 LINE

10중) 기능분석은 문제행동의 기능을 검증하기 위해 선행사건과 후속결과를 실험·조작하는 활동이다.

24초) 과제 난이도를 조작하거나 관심을 적게 두는 조건 등을 설정하여 (㉢)을/를 실시한 결과, 영지가 과제를 회피하고자 할 때 문제행동을 나타낸다는 것을 알 수 있었어요.

기출의맥

기능분석의 개념이 핵심입니다. 기능분석은 특정 단계에서만 사용하는 것이 아니라, 무언가를 입증 또는 검증하고자 할 때, 관련 변인들을 조작하는 방법이라는 점이 기능분석의 키워드!

✒ **키워드 Pick**

실시시기	• 기능평가를 위해 면담이나 척도지 평가 또는 관찰평가 등을 통해 정보를 수집해도 명확한 가설을 세우기 어렵거나 기능평가에 근거한 중재가 효과적이지 않다면 행동과 환경변수 간의 관계를 검토하는 기능분석을 실시할 수 있다. • 기능분석을 통해서 행동의 기능을 정확히 판단할 수 있다. • 실시 과정에서는 기능분석에 필요한 시간, 기능분석 기술, 아동 및 평가자들의 안전 등에 대해 신중히 고려해야 한다. • 행동의 기능을 효과적으로 분석하고, 그 결과의 타당성을 확보하기 위해서는 높은 수준의 기술을 필요로 한다. • 기능분석용 면담과 기능분석용 관찰을 통해 수집된 자료가 명확하지 않을 때만 기능분석을 실시하게 된다.
장점	• 아동행동과 행동 사이의 기능적 관계를 명확히 밝혀주기 때문에, 기능분석을 통해 행동의 변화를 가져올 변수를 찾을 수도 있고 좀 더 효과적인 중재 방법을 개발할 수도 있다.
단점	• 기능분석은 빈번하게 나타나는 행동에만 주로 사용되고, 행동의 원인에 대한 타당한 결론을 찾기 위해 많은 자료와 시간을 요하는 문제행동에는 사용하기 어렵다. • 기능분석은 심한 자해행동이나 자살과 같이 위험한 행동에는 적용할 수 없다. • 기능분석은 체계적인 여러 단계의 실행 과정을 거쳐야 하기 때문에 많은 시간과 경비와 인력이 요구된다.

맥 Plus

기능평가와 기능분석

기능평가는 행동의 선행사건과 후속결과를 찾아내는 다양한 접근과정을 의미하고, 기능분석은 어떤 행동과 관련 있는 환경을 체계적이고 계획적인 방법으로 조작하여 그 행동을 통제하는 선행조건의 역할이나 그 행동을 유지하게 하는 결과를 검증하는 방법을 뜻한다.

(4) 문제행동 기능의 분류 19·21·23유, 22·25초, 21·25중

① 문제행동 기능의 분류 및 의미

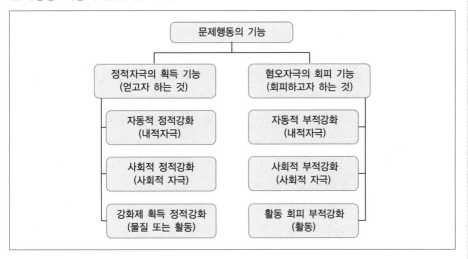

기출의 맥

문제행동의 기능별 예시를 생각해보고 만들어 보세요. 문제행동의 기능을 답안으로 써야 하는 문제는 모두 예시를 제시합니다. 다양한 예시를 정리해 보세요!

㉠ **자동적 정적강화**
- 문제행동을 통해 얻으려는 것이 엔돌핀과 같은 생물학적인 내적 자극이거나 감각적 자극이면 문제행동의 기능은 자동적 정적강화이다.
- 자동적 정적강화에 의해 유지되는 행동은 그 행동이 다른 사람이나 외부 환경에 미치는 영향, 또는 사회적 결과가 없는데도 감소되지 않고 꾸준히 지속되는 특성이 있다. 환경 변화에 관계없이 비교적 일정한 비율로 문제행동이 나타나는 것이다.
- 상동행동이나 자해행동이 자동적 정적강화에 의해 유지될 수 있다.

㉡ **사회적 정적강화**
- 문제행동을 통해 얻으려는 것이 관심과 같은 사회적 자극이면 문제행동의 기능은 사회적 정적강화이다.
- 사회적 정적강화에 의해 나타나고 유지되는 행동의 예는 교사의 관심을 끌기 위해 수업을 방해하는 행동을 하는 경우 또는 부모의 관심을 끌기 위해 부모와 손님의 대화에 끼어들어 질문을 하거나 문제행동을 일으키는 경우 등이다.

키워드 Pick

㉢ **강화제 획득 정적강화**
- 문제행동을 통해 얻으려는 것이 음식이나 장난감, 게임 같은 구체적 물건이나 활동이면 강화제 획득 정적강화로 분류할 수 있다.

ⓔ 자동적 부적강화
  • 문제행동을 통해 회피하려는 것이 고통, 가려움과 같은 내적 자극이면 자동적 부적강화로 분류할 수 있다.
  • 아동이 주변의 특정 소음이 듣기 싫어서 머리를 심하게 흔들거나 귀를 틀어막는 행동이나, 자폐 아동이 누군가가 껴안아 줄 때 안아 주는 압력의 정도를 피하기 위해 안아 주는 사람을 밀쳐 내는 행동 등을 예로 들 수 있다.
  • 자동적 부적강화의 기능을 지닌 행동은 외현상으로는 자동적 정적강화의 기능을 지닌 행동과 같을 수 있다. 예를 들어, 한 아이가 두 눈을 꼭 감고 머리를 빙글빙글 돌리는 상동행동을 하는 경우, 그렇게 하면 전정감각이 자극되고 기분이 좋아지기 때문에 할 수도 있지만 주변의 소음과 너무 많은 시각적 자극을 피하고 싶어 그렇게 할 수도 있다.
  • 자동적 부적강화의 기능을 하는 행동은 자동적 정적강화와 마찬가지로 문제행동 뒤에 외부적인 후속결과가 관찰되지 않는 경우가 많기 때문에 그 기능을 파악하고 효과적인 강화제를 찾기까지는 많은 시간과 노력이 요구된다.

ⓜ 사회적 부적강화
  • 문제행동을 통해 피하고자 하는 것이 모든 사람이 자기를 바라보는 것과 같이 자신에게 주어지는 사회적 관심이나, 찡그린 얼굴 표정이나 꾸중 같은 부정적 사회적 자극이면 그러한 문제행동의 기능은 사회적 부적강화이다.

ⓗ 활동 회피 부적강화
  • 문제행동을 통해 피하려는 것이 어려운 과제나 싫은 요구와 같이 구체적 활동이면 활동 회피 부적강화로 분류할 수 있다.

② 문제행동이 유지되는 변인

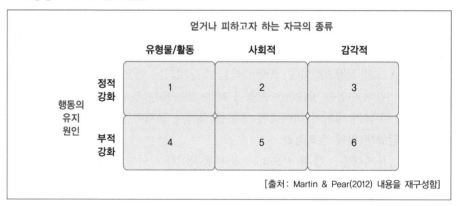

		얻거나 피하고자 하는 자극의 종류		
		유형물/활동	사회적	감각적
행동의 유지 원인	정적 강화	1	2	3
	부적 강화	4	5	6

[출처: Martin & Pear(2012) 내용을 재구성함]

3. 단계 3 : 가설개발

(1) 가설의 의미와 중요성

① 기능진단 또는 정보 수집 과정의 최종 결과물이다.

② 환경적 사건과 개인의 행동 간 관계를 서술함으로써 진단 정보와 행동지원계획 간의 연계성을 확보하는 중요한 역할을 한다.

③ 문제행동을 유발할 가능성이 가장 큰 선행사건과 배경사건을 묘사하고, 관찰된 후속 결과와 논리적 추론에 근거하여 문제행동의 기능을 추정한다.

④ 문제행동과 관련된 사건을 명확하게 기술함으로써 행동 감소에 효과가 있을 만한 중재들을 시사해 준다.

(2) 가설문의 요소 및 형식 23유, 19초

① 반드시 포함되어야 할 정보 : 아동의 이름, 선행사건, 문제행동, 추정되는 문제행동의 기능

② 가설문의 형식

    ㉠ 가설 문장 형식 1 : [선행사건 또는 배경사건] 상황에서 [아동이름]은/는 [추정된 행동의 기능]을 위해 [문제행동]을 한다.

    ㉡ 가설 문장 형식 2 : [아동이름]은/는 [선행사건 또는 배경사건]이 발생했을 때 [추정되는 행동의 기능]을 위해 [문제행동]을 나타낸다.

(3) 가설검증

① 개념

    ㉠ 가설은 진단 정보에서 나온다. 그러나 진단 정보는 자연스럽게 발생하는 상황에서 수집된 것이므로 문제행동에 관련된 사건들간의 상관관계 자료만을 제시한다.

    ㉡ 가설검증은 상관관계를 입증하여 가설의 정확성을 확인하거나 가설을 반증하는 데 사용된다.

② 방법

    ㉠ 가설은 진단단계에서 문제행동과 관련이 있을 것 같다고 추정된 변인이 존재할 때와 존재하지 않을 때의 문제행동 빈도를 조사함으로써 검증할 수 있다.

    ㉡ 변인은 문제행동의 선행사건(📖 수학 학습지 제시)일 수도 있고 문제행동의 후속반응(📖 타임아웃)일 수도 있다.

    ㉢ 일상적인 교실 상황에서와 문제행동에 영향을 줄 것으로 예상되는 변인을 없애거나 조정한 상황에서의 문제행동 발생을 비교하는 것이다.

    ㉣ 문제행동이 환경 조건의 변화에 따라 규칙성을 가지고 변화한다면(📖 과제 난이도가 감소됨에 따라 문제행동이 감소함), 이는 가설이 정확하다는 증거가 된다.

💡 키워드 Pick

(4) 유사기능분석

① 문제행동의 기능을 알아보기 위한 절차의 대안으로 제시된 방법이다.

② 빈 교실이나 치료실 등의 유사 상황 또는 인위적 상황에서 문제행동의 강화제로 추정되는 것들을 추정한다.

③ 일반적으로 5~15분 정도의 회기 동안 관심조건, 회피조건, 구체물조건, 놀이 또는 통제조건의 4가지 다른 조건을 검증하게 된다.

④ 중다요소 실험설계를 이용하여 조건 내에서와 조건 간에 패턴이 나타날 때까지 각회기가 무작위 순서로 반복되어야 한다.

⑤ 장단점

장점	• 비교적 단기간에 실시가 가능하다. • 신속하고 편리하며 표준화되어 있고 모호하지 않다. • 방대한 자료분석과 해석 없이도 명백한 기능을 쉽게 찾아낼 수 있다.
단점	• 자연스러운 상황에서 행한 절차가 아니므로 실험환경에 실제로 존재하는 변인들과 동일할 것이라고 확신할 수 없다. • 문제행동을 강화해야 한다. • 즉각적인 환경변인에만 초점을 둔다. • 학교환경에서 구하기 어려운 자원을 필요로 한다. • 문제행동의 일반적 상황과 기능을 판별해 주기는 하지만, 특정 선행사건이나 효과적일 만한 중재를 정확하게 알아내는 데는 그다지 유용하지 않다.

4. 단계 4 : 행동지원계획 개발 ²³유

(1) 선행사건 및 배경사건 중재 09·14유, 11·14·15초

① 선행사건 및 배경사건 중재의 의미

㉠ 선행사건과 배경사건 중재는 문제행동이 발생한 후에 후속결과를 조절하여 문제행동을 감소시키기보다 처음부터 문제행동의 발생을 예방할 수 있게끔 환경을 재구성하도록 구성된 것이다.

㉠ 선행사건과 배경사건 중재에서는 문제행동을 일으키는 요인으로 알려진 특정한 사건들을 없애거나 수정하는 것은 물론 바람직한 행동과 관련된 사건들을 수정하거나 증가시키거나 도입하기도 한다.

기출 LINE

15초) 민수의 수준에 맞게 과제의 난이도와 분량을 조절해 주거나 민수가 선호하는 활동과 연계된 과제를 제시

22중) 기능평가 결과, 수학 학습지가 어려워서 과제를 회피하기 위하여 그런 문제행동이 나타나는 것으로 보입니다. 우선, 문제행동을 촉발하는 요인을 변화시키거나 제거하는 선행사건 중재를 계획할 필요가 있습니다.

② 선행사건 중재의 유형

기능	중재전략	예
관심	성인의 관심 시간 계획	• 성인과 함께 작업한다. • 성인이 주기적으로 관심을 제공한다.
	또래의 관심 시간 계획	• 또래와 짝을 지어 준다. • 또래교수를 한다.
	학생에 대한 근접성 증진	• 좌석 배치를 바꿔 준다. • 주기적으로 교실을 돌아다닌다.
	좋아하는 활동 제공	• 교사가 다른 일을 해야 할 때는 더 좋아하는 과제를 하게 한다.
회피	과제의 난이도 조절	• 쉬운 과제를 제시한다.
	선택의 기회 제공	• 학생에게 선택의 기회를 제공한다. 　－ 수행할 과제 　－ 수행할 과제의 순서 　－ 사용할 재료 　－ 과제수행 장소 　－ 과제수행 시기 　－ 함께 수행할 사람
	학생의 선호도와 관심사를 활동에 추가	• 학생의 취미나 관심사를 활동에 포함시킨다.
	활동을 통하여 의미 있고 기능적인 성과를 얻게 함	• 가치로운 성과가 이루어질 수 있는 활동을 제시한다.
	과제의 길이 조절	• 짧은 활동을 제공한다. • 쉬는 시간을 자주 제공한다.
	과제수행 양식의 수정	• 자료/매체를 변경한다. • 필기도구 대신 컴퓨터를 사용하도록 한다.
	행동 모멘텀과 과제 분산의 사용	• 어려운 과제를 제시하기 전에 쉬운 과제를 제시한다.
	예측 가능성 향상	• 앞으로 할 일이나 활동의 변화에 대한 단서를 제공한다(교수적, 시각적, 청각적).
	교수 전달 방법의 변화	• 즐거운 톤의 목소리를 사용한다.
구체물	미리 알려 줌	• 활동을 마칠 시간이 다 되어감을 알려 준다.
	전이 활동 계획	• 아주 좋아하는 활동과 좋아하지 않는 활동 사이에 보통으로 좋아하는 활동을 계획한다.
	근접성 증진	• 매우 선호하는 물건을 학생의 손 닿는 범위에 둔다.

🔶 키워드 Pick

| 감각
자극 | 대안적 감각 강화 제공 | • 청각적 자극을 강화하기 위하여 라디오를 제공하거나 시각적 강화를 제공하기 위하여 시각적 자극을 제공한다. |
| | 풍부한 환경 제공 | • 흥미롭고 자극이 많은 활동으로 환경을 구성한다. |

③ 배경사건의 분류 및 중재

분류	내용
근접 배경사건	• 주로 이러한 사건은 학급 내부에 존재하는 경우가 많다. • 일과 중의 어떤 시간, 일주일의 어떤 날, 학급 활동 중의 하나이거나 혹은 그러한 활동의 취소, 교실 앞에 있는 성인(예 보결 수업 교사) 등이 근접 배경사건에 해당되는 사례 등이다.
원격 배경사건	• 보통 가정에서 발생하는 경우가 많은데, 학교를 시작하기 전이나 학교로 이동하는 과정에서 발생하기도 한다. • 원격 배경사건은 학교에 도착하기 전에, 학생을 흥분시키는 일이나 행동에 영향을 주는 신체적 혹은 정신적 갈등과 관련되어 있는 경우가 많다. • 부모가 학교 관계자에게 미리 통보를 해 주면, 학생이 학교에 도착해서 동요하려 할 때에도 적절한 대처가 가능해진다. • 질병, 형제자매나 부모와의 말다툼, 예상치 않았던 일상에서의 변화 등이 이러한 관련 사항에 포함된다.
행동이 가장 적게 나타나는 장소	• 학생의 바람직하지 못한 행동의 무대가 되는 것으로 보이는 근접 및 원격 사건을 확인함과 동시에, 그보다 더 중요하다고 볼 수는 없지만 반드시 확인해야 할 부가적인 사항들이 있다. • 바람직하지 않은 행동이 관찰되었을 때, 가능하면 바람직하지 않은 행동을 가장 적게 보이는 곳은 어디인지도 확인해 볼 필요가 있다.

(2) 대체기술 교수 13·15·19·20·23유, 14초, 19중

기출 LINE

19중) 학생 S의 문제행동을 대신할 수 있는 교체기술, 대처 및 인내기술, 일반적 적응기술을 지도한다.

유형	고려할 질문	목적	제한점
교체기술	• 문제행동과 동일한 기능으로 작용할 수 있는 기술은 무엇인가?	• 문제행동과 동일한 결과를 가져올 수 있는 효과적인 방법을 학생에게 제공한다.	• 문제행동의 기능을 언제나 존중해 줄 수 있는 것은 아니다. • 하나의 대체기술만으로는 문제 상황을 예방하거나 변경시키기가 매우 어렵다.
대처 및 인내기술	• 어떤 기술을 가르치는 것이 어렵고 즐겁지 않은 상황에 적응하거나 대처할 수 있도록 학생을 도울 수 있을 것인가?	• 변경이 어렵거나 변화될 수 없는 상황에서 사회적으로 수용 가능한 대처 방법을 교수한다.	• 대개는 이것 하나만으로는 효과적이지 않다. 원하는 성과를 얻을 수 있는 대체 방법을 습득하거나 문제 상황을 변화시킬 수 있을 때 더 잘 적용될 수 있다. • 주의사항: 대체기술이나 일반적인 적응기술을 가르치지 않거나 선행/배경사건을 변화시키지 않고 학생에게 불편한 상황을 견디도록 하는 것은 비윤리적이다.
일반적인 적응기술	• 문제행동의 발생 가능성을 예방할 수 있는 관련 기술은 무엇인가? • 학생에게 의미 있는 생활을 향상시킬 수 있는 기술은 무엇인가?	• 문제 상황을 예방하고 학생이 자신의 선호도와 흥미를 추구할 수 있도록 사회적, 의사소통적, 학업적 능력을 향상시킨다.	• 대체기술을 가르치는 것보다 많은 노력을 필요로 하는 교수이다. • 즉각적인 필요에 의하여 먼저 대체기술의 학습이 필요할 수도 있다.

① 교체기술 중재 23유

㉠ 어떤 기술을 가르쳐야 하는가

• 대체기술은 문제행동과 동일한 기능(의사소통)을 지녀야 한다.

• 가설 문장을 통하여 파악된 행동의 기능은 성취해야 하는 새로운 기술이 무엇인지를 제시해 준다.

• 교체기술을 파악할 때는 문제행동을 교체하기 위한 기술로 선정되었거나 선정될 수 있는 행동을 학생이 수행할 수 있는지를 결정하기 위하여 학생의 현행 기술 목록을 고려해야 한다.

• 학생에게 전혀 새로운 기술을 가르치기보다는 현재 할 수 있는 행동을 하게 하는 것이 더 용이하다.

⚗ 키워드 Pick

ⓒ 어떻게 가르쳐야 하는가
- 문제행동을 일으키는 상황과 동일한 상황에서 가르쳐라.
- 선행사건 중재와 연계해서 가르쳐라.
- 문제행동이 발생하기 전에 대체기술을 가르치거나 촉진하라.

ⓒ 교체기술 선택 시 고려할 반응 효율성(선택 시 고려할 5가지 기준)

노력	• 육체적 움직임이나 반응에 필요한 인지적 노력으로 설명될 수 있다. 모든 다른 요인들이 같다면 학생들은 가장 노력이 적게 드는, 즉 가장 효율적인 반응을 선택하게 될 것이다.
결과의 질 (결과의 강도)	• 행동의 결과로 제시되는 사건이나 물건에 대한 선호도 또는 강화 정도를 의미한다. 교수는 교체행동의 결과나 강화자가 문제행동을 통하여 얻을 수 있는 결과에 비하여 질적으로 동일하거나 더 낫다는 것을 명확히 해야 한다.
결과의 즉각성	• 교수하게 될 교체기술은 문제행동에 비하여 더 신속하게 원하는 결과를 가져올 수 있어야 한다.
결과의 일관성	• 후속결과를 얻는 데 필요한 학생의 반응 횟수를 의미한다. • 학생이 교체기술을 사용할 때마다, 즉 첫 번째 사용부터 매번 반응해 주어야 한다. 이것은 교수의 초기단계에서 매우 중요하다. • 특히 교체기술이 원하는 결과를 얻는 데 더욱 효과적인 방법이라는 것을 알게 하는 단계에서는 매우 중요하다.
처벌 개연성	• 반응에 뒤따라서 혐오적이거나 불쾌한 후속결과가 나타날 가능성을 의미한다. • 반응 후에 항상 불쾌한 사건이 뒤따른다는 사실을 학습하게 되면 반응의 빈도가 감소된다는 것은 잘 알려진 학습 원리이다. • 따라서 교체행동 후에 불쾌한 사건이 뒤따르지 않도록 확인하는 것이 교수의 기본적인 원칙이다.

② 대처 및 인내기술과 일반적인 적응기술 교수를 위한 대안적 기술 중재
  ㉠ 분노조절 훈련
  ㉡ 긴장완화 훈련
  ㉢ 사회적 문제해결 훈련
  ㉣ 자기관리 전략을 이용한 대처하기 교수
  ㉤ 자기단서

(3) 문제행동에 대한 반응(반응적 중재) 23유

① 반응 중재의 목표

　㉠ 문제행동과 관련된 긍정적인 결과를 감소시킨다.

　㉡ 문제행동의 증가를 예방한다.

　㉢ 자연스럽고 합리적인 후속결과를 제공한다.

　㉣ 대안적인 적절한 행동을 가르친다.

② 반응적 전략

전략	어떻게 작용하는가	예	주의사항
교수적 절차	• 대체기술을 가르침	• 또래 칭찬 • 촉진 • 토론 • 문제해결 • 복원	• 문제행동에 관심 기울이기 • 대체기술은 학생의 행동 목록 내에 있는 것이어야 함
소거	• 부적절한 행동을 더 이상 강화하지 않음	• 계획된 문서	• 행동의 빈도 증가 • 행동의 강도 증가
차별 강화	• 적절한 행동에 대한 강화를 제공	• 일정에 따른 관심 제공	• 학생이 원할 때 강화가 제공되지 못할 수도 있음
부적 처벌	• 선호하는 활동이나 물건을 없앰	• 시간 차감 　(time owed) • 타임아웃 • 특권 또는 선호하는 활동 제거하기	• 행동의 강도 상승
정적 처벌	• 싫어하는 것을 제공	• 피드백 • 꾸짖음 • 집으로 전화하기	• 역공격 • 행동의 강도 상승

 Plus

위기관리계획 14유, 24초

1. 학생의 행동은 때로 자신과 다른 사람에게 심각하게 해를 입히거나 재산에 손해를 입힐 수 있는 위험한 상황을 초래할 수 있다. 이러한 상황에서는 여러 가지 위험이 있기 때문에 앞서 제시한 반응적 중재와는 다른 방법을 적용해야 하는데, 이러한 경우에는 위기관리계획을 세워야 한다.

2. 위기관리계획의 주요 목적은 사람들과 중요한 재산을 보호하는 것이라는 점을 염두에 두어야 한다. 따라서 위기관리는 행동지원계획의 중요한 요소이다.

3. 반응적 중재와는 달리 위기관리계획은 문제행동의 미래 발생률의 감소를 예상하지 않는다. 이에 따라 위기관리 반응들은 바람직하지 않은 행동이 강화되는지에 대하여 관심을 기울이기보다는 학생과 다른 사람의 보호 가능성에 더욱 관심을 기울인다.

⚡ 키워드 Pick

4. 위기관리계획이 필요한지의 여부를 결정할 때는 많은 요소들이 고려되어야 한다.
   ① 실제로 심각한 상해나 손상이 일어날 가능성을 점검해야 한다. 팀 구성원들은 학생의 행동을 위기로 정의할 수 있는 수준이고 보호 절차가 필요하다는 점에 대하여 합의해야 한다.
   ② 안전한 환경을 유지하는 데 필요한 절차 선정에 관한 것이다. 중재 절차는 학생의 행동을 증가시키는 것이 아니라 감소시킬 수 있도록 선정하는 것이 중요하다. 구속과 같은 신체적 중재는 학생의 문제행동을 증가시킬 가능성도 있다. 이러한 경우 다른 방법들을 찾아보아야 한다.
   ③ 또 다른 사항은 이 절차로 인하여 발생하게 될 방해의 정도에 관한 것이다. 비록 교실 청소를 하게 하는 것이 신체적 중재의 필요성을 없앨 수는 있지만 이로 인하여 교실 전체를 방해할 수도 있다.
   ④ 학생에게 어떤 절차를 사용할 것인지를 결정한 후에는 언제 중재 계획을 실행할 것인지를 결정해야 한다. 심한 문제행동의 전조에 대해서는 반응적 중재를 실행함으로써 많은 위기들을 피할 수 있다. 언제 중재를 시작할 것인지를 결정하기 위해서는 학생의 문제행동의 유형을 이해해야만 한다.
   ⑤ 문제행동 중재를 위해서는 먼저 얼마나 많은 사람들이 중재에 참여해야 하는지를 결정해야 한다.
   ⑥ 마지막으로 결정해야 할 사항은 위기가 언제 끝나는지를 명확히 하는 것이다. 일반적으로 위기는 많은 팀원들을 필요로 하고 교실에서 진행 중인 활동을 방해하는 경우가 많기 때문에 가능한 한 빨리 일상적인 활동이 실행될 수 있게 해야 한다. 즉, 학생을 일상으로 다시 돌아올 수 있도록 하는 부분까지 계획해야 한다.
   ⑦ 위기관리계획이 시작되는 경우, 위기관리절차의 사용을 잘 기록해야 할 뿐만 아니라 위기가 발생하게 된 환경적 사건들도 잘 기록해야 한다. 이와 같은 기록은 발생할 위기들을 예방하는 데 많은 도움이 될 것이다.
   ⑧ 위기관리절차의 사용에서 주의해야 할 점은 이 절차는 아주 가끔 사용되어야 한다는 점이다. 중재가 실행되고 있는 상황에서도 위기관리절차가 계속 필요하다면 지원계획이 적절하지 않다는 것을 의미한다. 위기관리절차를 자주 사용하게 되는 경우에는 팀 구성원들이 지원계획을 수정하거나 강화하기 위하여 다시 모여야 한다.

⑷ **장기적인 지원**
   ① 장기적 지원은 삶의 방식 변화와 지원을 유지하기 위한 전략이라는 두 가지 접근으로 구성되어 있다.
   ② 과정에 참여하는 모든 사람들에게 긍정적이고 의미 있는 성과를 얻고 유지하기 위해서 필수적이다.

5. **단계 5 : 실행-평가-수정**
   ① 계획을 실행하고 평가하고 수정한다.
   ② 행동지원계획이 효과가 있는지, 진보가 있는지, 그렇지 않다면 좀 더 효과적이기 위해서 어떤 수정이 필요한지 등을 고려한다.

④ 학교 차원의 긍정적 행동지원(SW-PBS)

1. 개념 및 목적

① 학교 차원의 긍정적 행동지원이란 문제행동을 하는 학생을 포함하여 모든 학생을 대상으로 공동의 가치나 기대행동을 지원하는 가운데, 자연스러운 환경 속에서 문제행동을 하는 학생에 대해 연속적이고 체계적인 지원이 이루어지고, 또한 직접적인 행동지원이 필요하지 않은 학생들에게도 긍정적인 영향을 줄 수 있도록 하는 시스템을 의미한다.

② 학교 안에서 모든 학생들이 사회적 또는 학업적 성취를 달성하기 위해 필요한 행동을 지원하고 긍정적 사회문화를 정착시키기 위한 체계적 접근 방식이다.

③ 학교 차원의 긍정적 행동지원의 목적은 학교의 시스템과 절차를 개선하는 것을 통해 교사들의 긍정적인 행동 변화를 촉진하고 학생의 행동을 변화시켜 학교환경을 변화시키는 것에 있다.

④ 학교 차원의 긍정적 행동지원은 학교의 모든 구성원, 즉 학생과 교직원의 행동에 바람직한 변화를 가져오려는 체계적이고, 긍정적이며, 예방적인 접근이라고 할 수 있다.

⑤ 따라서 학교 차원의 긍정적 행동지원은 학생들이 사회적으로나 학업적인 면에서 성공할 수 있도록 학생이 속한 교육환경에 효율적이고 우호적인 문화를 형성하는 데 초점을 둔 전략이다.

2. SW-PBS의 연속적 행동지원 체계 13·20유, 13·17·19초

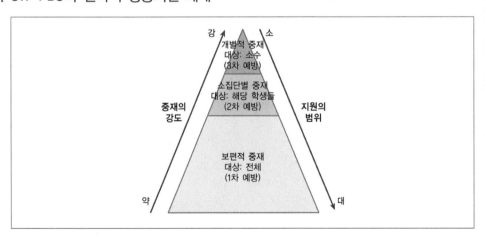

(1) 개념

① 연속적 행동지원 체계는 아동과 청소년의 반사회적 행동 패턴을 예방하기 위한 개념으로, 행동지원을 세 단계 수준으로 하도록 구성한 것이다.

② 중재에 대한 학생의 반응에 기초하여 학생들이 적절한 지원을 받을 수 있도록 시스템을 구성하고 지원의 강도를 결정하도록 되어 있음을 볼 수 있다.

③ 중재가 적절한 시간 동안 충실하게 실행되었는데도 불구하고 학생이 긍정적으로 반응하지 않는다면 좀 더 강도 높은 다른 중재가 실행되어야 한다는 뜻이다.

🖋 키워드 Pick

(2) 연속적 행동지원 체계의 예방 목표

구분	내용
1차	학교의 모든 환경에서 교직원과 학생을 위한 질 높은 학습환경을 제공하는 것으로 문제행동의 새로운 발생을 예방하고자 함
2차	1차 예방에 적절히 반응하지 않거나 고위험 문제행동으로 발전할 가능성이 있는 문제행동에 대해 소집단 중재를 자주 제공하여 그 출현율을 감소시키고자 함
3차	1차와 2차의 예방적 노력에도 불구하고 여전히 존재하는 문제행동에 대해 개별화된 중재를 제공하여 문제행동의 강도나 복잡성을 감소시키고자 함

(3) 연속적 행동지원 체계의 내용 비교

구분	목표	중재			
		대상범위	강도	성격	적용방법
1차 예방	새로운 문제행동의 발생을 예방하기	학교 전체 학생	하	보편적	범단체적
2차 예방	기존 문제행동의 수를 감소하기	고위험 학생과 위험 가능 학생	중	목표 내용 중심적	소집단적
3차 예방	기존 문제행동의 강도와 복잡성을 경감하기	고위험 학생	강	집중적	개별적

맥 Plus

연속적 행동지원 체계의 개념과 중재반응모형(RTI)의 공통적 특징
① 학생을 지원하기 위한 다층체계의 모델을 적용
② 중재 수준의 적절성을 결정하기 위해 증거기반 중재를 사용
③ 학생의 중재반응과 관련한 의사결정을 할 때 자료를 수집하고 사용
④ 학생 선별 및 진단과 진보 점검을 위한 평가 과정이 있음

3. SW-PBS의 4가지 핵심 요소

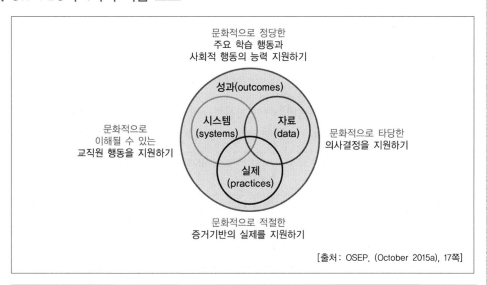

문화적으로 정당한
주요 학습 행동과
사회적 행동의 능력 지원하기

성과(outcomes)

시스템 (systems) **자료 (data)**

문화적으로
이해될 수 있는
교직원 행동을 지원하기

문화적으로 타당한
의사결정을 지원하기

실제 (practices)

문화적으로 적절한
증거기반의 실제를 지원하기

[출처: OSEP. (October 2015a), 17쪽]

요소	설명
시스템	• 정확하고 지속가능한 실제의 실행과 자료의 효율적인 사용, 성과의 성취를 위해 필요한 지원이다. • 시스템이란 긍정적 행동지원의 실제를 정확하게 지속적으로 적용하기 위해 스텝들에게 필요한 교수적 또는 제도적 지원을 할 수 있는 조직기반을 의미한다.
자료	• 성과와 실제 및 시스템을 선택, 점검하고 평가하기 위해 사용되는 정보를 의미한다. • 자료란 증거기반의 실제들을 적용하면서 상태를 확인하고, 변화가 필요한지 진단하며, 중재의 효과를 결정하기 위해 수집되어야 할 정보를 의미한다. • 학교는 효과적인 의사결정을 지원하기 위한 자료를 기록하며 수집하고 분석해야 한다. • 정기적인 자료 수집을 통해 중재가 계획대로 정확하게 실행되고 있는지, 학생과 교사에게 기대한 만큼의 성과가 얼마나 나타났는지를 평가할 수 있다. • 수집된 자료는 증거기반의 실제나 학교 정책과 같은 것을 결정할 때 중요한 근거가 된다.
실제	• 제안된 성과를 성취하는 증거기반의 중재와 전략을 의미한다. • 실제란 학교가 지향하는 성과를 이루기 위한 증거기반의 중재와 전략을 의미한다. • 학생들의 행동을 지원하기 위해 매일 사용되는 모든 중재와 전략들은 연구를 통해 반복적으로 그 효과가 입증된 것이어야 한다는 뜻이다. • 증거기반의 실제를 적용해야 하는 것은 제한된 자원으로 최대의 성과를 이루기 위해서이다. • 이때 주의해야 할 것은 그러한 증거기반의 실제를 충실하게 적용해야 한다는 것이다.
성과	• 학업과 사회성에서 그 중요성 때문에 지적되고, 승인되고, 강조되고, 검토된 학업과 사회성의 목표 또는 지표이다. • 성과는 학생과 가정 그리고 교육자가 모두 인정하고 강조하는 학생의 사회적 능력 향상과 학업성취를 의미한다.

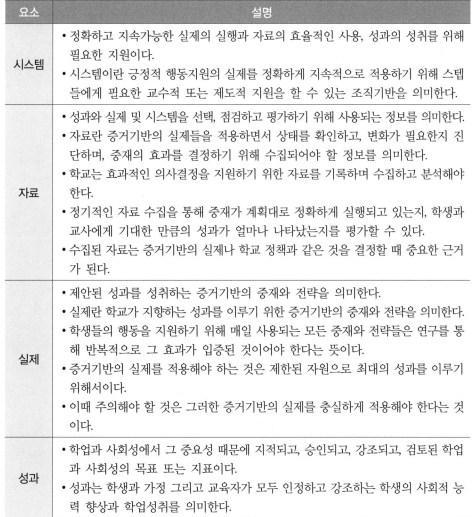

☞ **키워드 Pick**

06 선행요인의 조절

① 동기화조작

1. 개념과 특성

동기화조작의 핵심은 생태환경변수를 조작함으로써, 예를 들어 음식을 박탈하거나 포화시키는 방법으로 음식의 강화가치와 행동 변화에 미치는 효과를 조절할 수 있다는 것이다.

동기설정조작	• 강화가치를 높이고 행동의 발생빈도를 증가시킬 수 있는 환경의 조작을 의미	
동기해지조작	• 강화가치를 낮추고 행동의 발생빈도를 감소시키는 효과를 나타내는 것	
동기화조작에서 가치 변화의 효과	• 강화자극으로 사용되어 온 어떤 후속자극(사건 또는 물건 등)의 강화 효과를 일시적으로 증가시킬 수 있는 생태환경변수의 조작 • 강화 효과를 일시적으로 감소시킬 수 있는 생태환경변수의 조작을 동기해지조작이라고 함	
행동 변화의 효과	유발 효과	• 어떤 후속자극에 의하여 강화되어 온 행동의 발생빈도가 일시적으로 높아지는 것
	제지 효과	• 어떤 후속자극에 의하여 강화되어 온 행동의 발생빈도가 일시적으로 낮아지는 것

2. 동기화조작과 변별자극의 비교

(1) 동기화조작과 변별자극의 유사점

① 두 행동에 선행하는 변수이다.
② 두 요인 모두 행동의 발생을 유발하는 기능을 한다.

(2) 동기화조작과 변별자극의 차이점

① 변별자극의 특징은 강화 가능성에 관한 정보와 관련이 있다.
② 동기설정조작의 특징은 강화의 가치 변화 효과에 있다.

② 비수반적 강화(비유관 강화) 21유, 20초, 09·21중

1. 비수반적 강화의 개념

(I) 의미 및 목적

① 문제행동을 감소시키기 위하여 사용되는 선행중재의 한 방법으로, 학습자의 행동과는 무관하게 고정시간계획 또는 변동시간계획에 따라 강화자극을 제공하는 것을 말한다.

② 비수반적 강화의 핵심은 이제까지 문제행동만으로 얻을 수 있었던 특정 강화자극을 앞으로는 문제행동과 상관없이 무조건적으로 자주 얻을 수 있는 환경을 조성함으로써 문제행동의 동기나 요구 자체를 제거하려는 것이다.

③ 문제행동을 수행하지 않고도 원하는 강화를 넘치게 얻을 수 있는 환경을 조성함으로써 문제행동의 동기 자체를 제거하려는 것이다.

④ 즉, 원하는 강화자극들로 포화된 환경 자체가 동기해지조작(AO)으로서의 기능을 수행하도록 하려는 것이다.

(2) 문제행동 기능별 비수반적 제공

구분	내용
사회적 정적강화	발달장애인들의 자해행동이나 공격적 행동은 흔히 대인관계 상황에서 다른 사람들의 관심, 음식이나 장난감과 같은 물질적 보상 또는 좋아하는 활동의 기회를 얻으려는 목적으로 수행되는 경우가 많다. 이러한 문제행동의 발생을 조절하기 위해서는 먼저, 문제행동을 유지시키고 있는 사회적 정적강화가 무엇인지 확인한 다음, 바로 그러한 강화자극을 비수반적으로 풍부하게 제공함으로써 문제행동의 발생 동기 자체를 제거한다.
사회적 부적강화	대부분의 학생들에게 학습 과제의 수행은 별로 즐거운 일이 아닐 것이다. 더욱이 발달장애아들에게 학습 과제의 수행은 어렵고 혐오스러운 일이 될 수 있다. 따라서 학습 과제의 수행과 관련된 문제행동들은 대부분 사회적 부적강화에 의하여 유지되는 경우가 많다. 즉, 학습 상황으로부터의 도피나 회피를 목적으로 문제행동을 하는 경우가 많다.
자동성강화	중증 발달장애인들의 문제행동 중에는 자해행동, 자기 자극적 행동, 동일한 행동을 장시간 반복하는 상동행동 등이 많다. 이러한 행동들은 사회적 상황에서도 나타나지만, 혼자 있을 때도 자주 발생한다. 대개 무료한 시간이나 아무도 관심을 주지 않고 무시되었을 때, 놀이도구나 교육적 자극이 빈곤한 상황에서 흔히 발생한다. 문제행동 자체로 생성되는 시각적·청각적·미각적·운동감각적 자극들을 즐길 수 있기 때문이다. 이러한 자극들은 문제행동을 자동적으로 정적강화하고 유지시키는 역할을 한다.

기출 LINE

10중) 수업 방해 행동과는 상관없이 미리 설정된 시간 간격에 따라 교사가 관심을 주되 그 행동이 우연적으로 강화되지 않도록 주의한다.

21중) 문제행동을 예방하기 위해 학생 F의 문제행동을 유지시키는 요인을 미리 제공하는 방법

⚷ 키워드 Pick

2. 비수반적 강화의 효과적 활용법

(1) 효과에 영향을 주는 요인

① 문제행동을 강화하는 것으로 확인된 자극의 양과 질이다.

② 비수반적 강화는 소거전략과 함께 사용될 때 더 효과적이다.

③ 자동적 강화를 대신하여 임의로 선정된 강화자극은 피험자에게 선호도가 높은 것이어야 한다.

④ 포화를 예방하기 위하여 강화자극의 종류를 다양하게 준비하여 치료적 중재 중에 주기적으로 바꾸어 사용하는 것이 좋다.

(2) 문제행동에 대한 기능성 평가

① 문제행동의 원인을 정확히 진단하지 못하면 비수반적 강화(NCR)의 효과는 보장될 수 없다.

② 비수반적 강화의 목적은 이제까지 문제행동을 통해서만 얻을 수 있었던 바로 그 강화자극을 문제행동과는 상관없이 무상으로 풍부히 제공함으로써 문제행동을 할 필요성, 즉 문제행동의 동기 자체를 감소시키거나 제거하려는 데 있다.

③ 문제행동을 강화하고 있는 후속자극(예 사회적 관심, 물질적 보상, 혐오 상황으로부터의 도피, 감각적 피드백)을 정확히 확인하는 것이 무엇보다 중요한 일이다.

(3) 비수반적 강화의 확대

① 비수반적 강화(NCR)의 효과를 높이려면, 다른 실험조건에서보다 비수반적 강화(NCR) 조건에서 더 많은 양의 강화자극이 제공되어야 한다.

② 비수반적 강화 조건에서 강화의 밀도를 확대할 수 있는 방안

　㉠ 문제행동을 강화하는 요인으로 확인된 자극의 제공을 증가시킨다.

　㉡ 치료 초기에는 분명히 차별된 강화계획(예 간헐강화보다는 계속강화)을 사용한다.

　㉢ 여타 행동의 차별강화(DRO)전략을 비수반적 강화 프로그램에 포함시켜 병행한다.

(4) 강화간격 정하기

① 비수반적 강화(NCR)에서 최초의 강화간격을 정하는 것은 대단히 중요하다.

② 초기 강화계획은 치료적 중재 효과에 큰 영향을 미치기 때문이다.

③ 초기 강화간격을 설정하는 절차

1단계	전체 기초선 관찰시간의 총합을 계산한다.
2단계	전체 기초선 기간 중에 관찰된 문제행동의 총 발생 횟수를 계산한다.
3단계	기초선 관찰시간의 총합을 총 발생건수로 나눈다.
4단계	앞의 계산에서 얻은 값, 즉 문제행동의 발생 한 건당 지속시간을 최초의 강화간격으로 정하거나 또는 약간 낮은 값을 최초의 강화간격으로 정한다.

④ 변동시간계획에 따른 비수반적 강화
　　㉠ 비수반적 강화에 관한 연구를 살펴보면 대부분 고정시간계획에 따라 강화한다. 즉, 매번 동일한 간격으로 강화자극을 제공한다. 그러나 변동시간계획에 따라 매번 시간 간격을 달리할 수도 있다.
　　㉡ '변동시간계획 5초'라는 것은 평균 5초 간격으로 강화자극을 제공하되 실제 시간 간격은 2, 7, 5, 3, 8초 등 무작위로 정하는 것을 말한다. 이러한 변동시간계획에 의한 비수반적 강화도 고정시간계획에서와 같이 문제행동의 감소와 제거에 효과가 있었다.

3. 강화비율 줄이기

① 강화를 줄인다는 것은 계속강화계획에서 간헐강화계획으로 바꾼다는 것을 의미한다.
② 비수반적 강화(NCR)의 초기단계에서는 강화간격을 짧게 하여 피험자들이 자주 강화자극에 접할 수 있도록 계획한다. 그러나 비수반적 강화의 궁극적인 목적은 강화의 빈도를 점차로 줄여 결국 적정 수준의 비수반적 강화만으로도 문제행동이 발생하지 않도록 하는 데 있다. 시간을 기반으로 하는 강화계획에서는 강화간격을 체계적으로 증가시킴으로써 강화비율을 점차 낮출 수 있다.
③ 강화간격을 점차 늘리는 방법
　　㉠ 강화비율을 줄일 때는 현재의 강화간격에 소량의 시간을 더하는 방식으로 강화간격을 조금씩 증가시킨다.
　　㉡ 강화간격을 증가시킬 수 있는 시점은 현재의 강화간격으로 문제행동이 충분히 감소되었다는 것이 확인되었을 때이다.
④ 강화비율을 줄일 수 있는 구체적인 방법
　　㉠ 강화간격을 일정시간 증가시킨다.
　　㉡ 일정한 비율로 강화간격을 증가시킨다.
　　㉢ 회기마다 강화간격을 증가시키거나 감소시킨다.

✍ 키워드 Pick

4. 장단점

장점	• 비수반적 강화기법은 문제행동을 감소시키기 위한 방법으로 다른 어떤 긍정적 치료기법보다 활용하기 쉽다. 다른 기법들처럼 치료 회기 내내 피험자의 행동을 지켜보면서 정해진 표적행동이 발생할 때마다 강화자극을 제공해야 하는 어려움이 없기 때문이다. • 긍정적 학습환경을 조성하는 데 큰 도움이 된다. 예컨대, 비수반적 도피를 수시로 허용함으로써 문제행동의 발생을 예방할 수 있고, 벌이나 혐오자극을 치료 방법으로 사용하지 않기 때문에 긍정적 분위기를 유지할 수 있다. • 문제행동을 소거하려 할 때 비수반적 강화전략을 병행함으로써 소거 초기에 발생하는 소거폭발 현상을 약화시킬 수 있다. 소거폭발은 기대했던 강화자극의 중단으로 인한 욕구좌절이나 분노 때문에 발생하는데, 비수반적 강화가 수시로 제공되는 환경에서는 이러한 욕구좌절이나 분노의 기회가 감소되기 때문이다. • 어떤 바람직한 행동이 비수반적 강화와 우연히 일치할 수 있는 기회가 많다. 따라서 기대하지 않았던 바람직한 행동들이 강화되어 유지될 수 있다.
단점	• 원하는 강화자극을 노력 없이 쉽게 얻을 수 있기 때문에 문제행동에 대한 동기뿐 아니라 바람직한 행동에 대한 동기까지 감소될 수 있다. • 문제행동이 강화될 우려가 있다. • 비수반적 강화에서 부적강화가 사용될 경우, 예를 들어 학습 상황으로부터의 도피를 허용할 경우 수업 진행에 지장을 초래할 수 있다.

마 Plus

비유관 강화

목표로 하는 특별한 행동과 관계없이 학습자에게 강화가 제공되는 것이다.

강화는 기본적으로 바람직한 행위를 증가시키기 위하여 사용되는데, 비유관 강화는 목적하는 바람직한 행동을 학습자가 수행하였을 때 강화가 제공되는 것이 아니라 학습자의 행동과 관계없이 강화가 제공된다. 이러한 측면에서 비유관 강화는 무조건 강화라고 할 수 있으며 목표 행동을 수행했을 때마다 제공되는 강화는 조건 강화라고 할 수 있다. 비유관 강화는 강화가 제공된다는 점에서 학습자의 특정한 행위가 증가될 수는 있지만 증가된 행위가 반드시 바람직한 행동은 아니다. 따라서 비유관 강화는 학습자의 특정한 행동이 무엇이든 간에 그러한 행위가 최소한 바람직하지 않은 행동보다는 가치가 있다는 전제 하에, 그러한 행위를 증가시킴으로써 부수적으로 학습자의 제거되어야 할 부적절한 행동이 발생하지 않도록 하는 효과를 얻는 데 의미가 있다. 손을 들어 정답을 말하는 경우에 한하여 강화를 제공하도록 강화 계획을 설계할 수 있지만 일정 시간 잡담을 하지 않았을 때 그에 대하여 격려를 하는 것은 처음에 목적한 것과 관련이 없는 비유관 강화의 한 예이다.

– 「특수교육학 용어사전」, 2009, 국립특수교육원

③ 고확률 요구연속 12·25유, 20중

1. 의미

학습자에게 일련의 고확률 요구들을 먼저 제시한 후에 즉시 계획된 저확률 요구를 제시하는 연속적인 과정이다.

고확률 요구	학습자의 능력으로 쉽게 수행할 수 있고, 또 실제로 학습자가 잘 반응하는 것으로 알려진 요구
저확률 요구	무엇을 요구하면 잘 순응하지 않고 불응할 확률이 더 높은 요구

2. 효과적인 적용을 위한 고려사항

① 고확률 요구연속에 사용될 과제는 이미 학습되어 아동의 행동저장고에 존재하는 것이어야 한다. 또한 고확률 요구로 사용될 과제는 반응시간이 짧고, 요구에 대한 순응이 보장되는 행동 중에서 선택해야 한다.

② 고확률 요구를 신속히 연속적으로 제시한다. 즉, 요구와 요구 간의 간격은 짧아야 한다. 그리고 최초의 저확률 요구는 마지막 고확률 요구에 대한 순응을 강화한 후 즉시 제공한다.

③ 학습자가 고확률 요구에 올바로 반응하면 즉시 칭찬한다. 그리고 고확률 요구나 저확률 요구를 제시하기 전에 반드시 현재의 요구에 대한 반응을 칭찬한다.

④ 강력한 강화자극을 사용한다. 저확률 요구로부터 도피하기 위한 공격행동이나 자해행동이 발생할 수 있다. 이러한 도피행동에 대한 동기가 매우 높을 경우 칭찬과 같은 사회적 강화만으로는 요구에 순응하는 행동을 강화하기 어렵다.

3. 유의사항

① 문제행동의 발생 직후에는 고확률 요구연속을 사용하지 않는다. 문제행동으로 어려운 과제(저확률 요구)를 피하려는 잘못된 반응을 강화할 수 있기 때문이다.

② 문제행동이 강화될 가능성을 최소화하기 위하여 훈련 시작단계부터 끝까지 고확률 요구연속을 일관성 있게 실행한다. 문제행동이 발생할 때마다 이 기법의 사용을 포기하거나 중단하면 문제행동을 부적강화할 수 있기 때문이다.

③ 교사는 알게 모르게 저확률 요구로부터 고확률 요구로의 표류를 허용할 수 있다. 다시 말하면, 교사는 저확률 요구와 연관된 도피 목적의 공격행동 및 자해행동을 예방하기 위하여 쉬운 과제를 선택할 수 있다.

⟡ 키워드 Pick

07 바람직한 행동의 증가

① 강화

1. 강화의 개념

① 강화란 어떤 행동이나 반응 후에 자극을 체계적으로 조절하여 그 행동의 미래 발생 가능성을 증가시키는 것이다.

② 강화인지를 결정하는 것은 자극을 조절하는 사람의 의도가 아니라 아동의 행동발생 가능성의 증가 여부이다. 즉, 정적자극을 주거나 혐오자극을 제거하는 의도와 상관없이, 그 결과로 미래에 행동이 증가했을 때는 강화가 일어났다고 할 수 있다.

③ 강화와 강화제라는 두 용어를 혼돈하여 사용하지 말아야 한다. 강화는 행동과 후속결과 간의 관계 또는 과정을 가리키는 용어이고, 강화제는 행동의 후속결과로 자극이 제시되거나 제거되어 이후 행동의 증가에 책임이 있는 자극을 의미하는 용어이다.

2. 강화의 종류 [23유]

(1) 정적강화

① 증가시키고자 하는 바람직한 행동이 발생하면 유쾌하고 긍정적인 자극을 제시함으로써 표적행동의 미래 발생률이 증가되는 것이다.

② 정적강화의 예

상황	행동	결과	미래 행동
수업시간에 선생님이 학생들에게 발표를 요구하고 있다.	승우가 자발적으로 손을 드는 것으로 발표 의사를 밝혔다.	선생님이 칭찬하며 발표의 기회를 주셨다.	앞으로 승우는 발표를 위해 손을 자주 들 것이다.
엄마가 청바지를 새로 사 주셨다.	준제는 새 청바지를 입고 학교에 갔다.	친구들이 멋있다며 칭찬해 주었다.	앞으로 준제는 그 청바지를 입을 가능성이 높아질 것이다.
급식실에서 식사하고 있다.	주현이는 밥과 반찬을 남기지 않고 깨끗이 다 먹었다.	선생님이 칭찬하시며 칭찬스티커 두 장을 주셨다.	앞으로 주현이는 급식시간에 더 자주 음식을 남김없이 먹을 것이다.

(2) **부적강화**

① 행동 후에 즉시 자극을 제거(철회)하여 앞으로 그 행동의 발생 가능성을 증가시키는 것이다.

② 부적강화의 예

상황	행동	결과	미래 행동
비가 내리기 시작했다.	가방 속의 잡지를 꺼내 머리에 썼다.	머리에 비를 덜 맞게 되었다.	다음에도 비가 오면 가방 속에서 머리에 쓸 물건을 찾게 될 것이다.
햇빛이 강하게 내리쬐고 있다.	색안경을 찾아 착용했다.	눈부심을 막을 수 있었다.	다음에도 햇빛이 강하면 색안경을 꺼내 쓸 것이다.
선생님이 수업시간에 과제를 내 주셨다.	과제를 빨리 마쳤다.	쉬는 시간을 더 빨리 갖게 되었다.	과제가 주어지면 빨리 마치는 행동이 증가할 것이다.

3. **강화제** 14 · 19 · 20 · 23유

(1) **강화제의 개념**

① 강화제는 행동의 후속결과로 제시되거나 제거되어 이후의 행동 증가에 책임이 있는 자극을 의미하는 용어이다.

② 즉, 어떤 행동 후에 주어지거나 철회되어서 행동을 증가시키는 결과를 가져오는 후속결과(후속사건, 후속자극들)를 뜻한다.

③ 강화제라는 용어가 다른 곳에서는 강화물 또는 강화인이라는 용어로 사용되기도 한다.

(2) **강화제의 유형**

근원에 따른 강화제의 분류	무조건 강화제	무조건적 정적강화제/무조건적 부적강화제
	조건 강화제	조건화된 정적강화제/조건화된 부적강화제
강화제의 물리적 특성에 따른 분류	음식물 강화제	씹거나, 빨아 먹거나, 마실 수 있는 것
	감각적 강화제	시각, 청각, 후각, 미각, 촉각에 대한 자극제
	물질 강화제	학생이 좋아하는 물건들
	활동 강화제	학생이 좋아하는 활동을 하도록 기회·임무·특권 제공 14·20유
	사회적 강화제	여러 가지 방법으로 학생을 인정해 주는 것 19유

♦ 키워드 Pick

(3) 강화제 선호도 평가방법

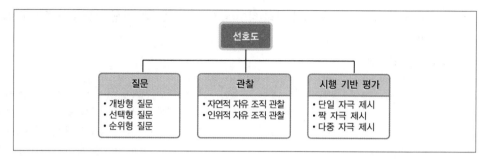

(4) 강화제의 효과적인 사용

① 강화제를 효과적으로 사용하려면 목표하는 행동 직후에 즉시 제시하여야 한다(강화제의 즉시성).

② 강화제의 즉시성과 유관성은 지적능력 및 의사소통의 어려움을 겪고 있는 중증중복장애학생의 경우 더욱 중요하다. 중증중복장애학생이 어떤 표적행동을 행한 뒤에 즉각적으로 강화제가 제공되지 않고 시간이 지연된 후에 제공된다면, 학생은 무엇 때문에 긍정적이고 유쾌한 자극이 주어졌는지를 모를 수 있다.

③ 강화제가 효과 있으려면 학생을 동기화시키는 힘이 있어야 한다. 그런데 강화제에 대해 포화된 상태가 되어 있으면 그 강화제는 학생을 동기화시킬 수 없다.

(5) 강화제 포만 예방

① 강화물을 다양하게 제공하거나 각 표적행동에 대해 다른 강화물을 사용한다.

② 제공하는 강화의 양을 모니터하고 표적행동을 유지하기에 충분한 양만을 사용한다.

③ 음식 강화물의 사용을 자제한다(음식 강화물을 사용해야만 하는 경우, 최소한의 양과 다양한 것을 제공한다).

④ 가능한 한 연속강화계획에서 간헐강화계획으로 변경한다.

⑤ 가능한 한 일차 강화물에서 이차 강화물로 바꾼다.

4. 강화계획 15 · 22유, 11 · 20초, 13 · 20 · 23중

(1) 강화계획의 개념

① 강화계획은 강화해 주는 적절한 시기와 방법에 대한 규칙을 세우는 것이다.

② 강화계획은 강화자극을 언제, 어떻게 제공할 것인지에 관한 체계적인 계획이다.

③ 강화계획에는 계속강화와 간헐강화가 있다.

(2) 계속강화

① 계속강화의 의미

　㉠ 표적반응이 발생할 때마다 놓치지 않고 매번 강화하는 방법이다.

　㉡ 새로운 행동을 학습시킬 때, 소거과정에 있는 과소행동을 증가시키려 할 때 활용한다.

② 계속강화의 문제점

　㉠ 계속강화는 포화 가능성을 높여 준다.

　㉡ 계속강화는 학습자에게 강화에 대한 의존성을 길러 줄 수 있다.

　㉢ 계속강화는 학습된 반응을 유지시킬 수 있는 적절한 방법이 아니다.

(3) 간헐강화

① 간헐강화의 일반적인 특성

소거저항	• 강화가 중단되어도 반응이 계속되는 것 • 강화가 중단된 후 완전히 소거되기까지 발생하는 반응의 빈도나 지속시간으로 측정 • 발생한 반응빈도가 높을수록, 지속되는 시간이 길수록 소거저항이 더 높은 것 • 변동비율/간격강화계획에 의하여 강화된 행동은 고정비율/간격강화계획에 의하여 강화된 행동보다 소거저항이 더 높음
포화의 예방	• 간헐강화는 포화를 예방할 수 있음 • 발생한 모든 반응을 강화하지 않고 일부 반응만을 강화하기 때문에 강화자극이 절약
간헐강화의 부정적 효과	• 비율긴장: 강화비율을 너무 급격히 혹은 너무 길게 늘려서 반응의 패턴이 붕괴되는 것 • 가리비현상: 고정간격스 캘럽, 강화를 받고 난 직후에 학생의 표적행동이 급격히 감소하고 강화 받을 시간이 되어가면 갑자기 표적행동이 증폭하는 현상 • 강화 후 휴지 현상: 강화를 받은 후 일시적으로 표적행동을 하지 않는 상태
학습초기의 간헐강화	• 학습초기에는 성취동기를 높이기 위하여 강력하고 지속적인 유인체제가 필수적 • 따라서 간헐강화는 새로운 행동을 학습시키거나 소거과정에 있는 과소행동을 치료하는 방법으로는 부적절함

┌기출의맥

강화계획의 유형에 따라 언제 어떻게 강화를 제공하게 되는지, 그에 따른 특성이 무엇인지 정확하게 이해하고 설명할 수 있어야 해요.

기출 LINE

22유) 수미가 정반응을 할 때마다 동물 스티커를 주세요. 그러다가 수미가 습득 기준에 도달하면 점차 강화 스케줄을 변경하시면 됩니다. 예를 들어, 정반응이 세 번 나올 때마다 혹은 평균 세 번 정반응이 나타날 때 동물 스티커를 주는 거죠.

✏ **키워드 Pick**

② 비율강화계획

고정비율계획
(FR)
	• 일정한 수의 반응이 수행된 다음에 한 번씩 강화하는 방법
	• 정해진 수만큼 표적행동을 보일 때마다 강화를 제시하는 것
	• FR-4 : 4번의 반응이 수행되었을 때 한 번 강화하는 것
	• 고정비율강화의 효과
	  ─ 강화 후 반응의 일시 중단이라는 독특한 반응유형 산출
	  ─ 고속 반응률을 산출
	  ─ 비율의 크기는 반응속도에 영향을 미침
	• 고정비율강화의 문제점
	  ─ 표적행동의 시간은 고려하지 않고 횟수만 고려하기 때문에 부적절하게 횟수만 높일 수 있음. 즉, 부적절한 유창성의 문제가 있을 수 있음
	  ─ **강화 후 휴지기간 현상** : 강화를 받은 후 일시적으로 표적행동을 하지 않는 상태

변동비율계획
(VR)
	• 하나의 반응단위가 수행된 다음에 한 번씩 강화하는 방법이지만, 요구되는 반응비율은 고정되지 않고 일정한 평균치를 중심으로 매번 다른 크기로 변경됨
	• 표적행동이 발생한 횟수의 평균에 근거하여 강화를 제시함
	• VR-10 : 평균적으로 10번의 반응이 수행되었을 때 강화하는 것
	• **변동비율강화의 효과**
	  ─ 반응의 중단 없이 일관성 있는 안정된 반응률을 산출
	  ─ 고속반응의 경향성이 나타남
	  ─ 변동비율의 크기는 반응률에 영향을 미침
	    강화 후 휴지 현상 예방

③ 간격강화계획

고정간격계획
(FI)
	• 일정한 시간이 지난 다음 첫 번째로 발생한 표적반응을 강화하는 방법
	• FI-2 : 2분이 지난 후 첫 번째 발생한 반응을 강화
	• 고정간격강화의 효과
	  ─ 강화 후 반응의 중단이 비교적 길게 나타남
	  ─ 대체로 느리고 완만한 반응률을 산출하며 시간 간격의 길이는 반응의 중단과 반응률에 영향을 미침
	  ─ 강화 후 반응의 중단현상은 고정간격강화와 고정비율강화에서 모두 나타나지만 그 형태는 서로 다름
	• 고정간격강화의 문제점
	  ─ 학생이 정해진 시간 간격을 알고 있다면, 그 시간 간격 동안에는 표적행동을 하지 않고 있다가 정해진 시간 간격이 지나고 나서야 표적행동을 할 수 있음
	  ─ **고정간격 스캘럽** : 강화를 받은 직후 행동이 급격히 감소하고 강화받을 시간이 되어 가면 갑자기 표적행동이 증폭하는 현상

변동간격계획 (VI)	• 무작위로 정해진 다양한 시간 간격에 따라 표적행동을 강화하는 것 • 강화와 강화 간의 시간 간격이 무작위로 정해져 일정하지 않고 제각각 다른 것이 특징 • **변동간격강화의 효과** 　－ 일정하고 안정된 반응률 산출 　－ 비교적 느리고 완만한 반응률 산출, 평균간격의 길이는 반응률에 영향을 미침
반응시한 간격계획	• 간격강화계획은 일정시간 또는 평균시간이 경과한 다음 첫 번째로 발생하는 표적행동을 강화하는 방법인데, 이때 첫 번째 반응이 일어나기까지의 경과시간을 제한할 수 있는 방법 • 첫 번째 반응을 강화하려고 기다리고 있는데, 상당한 시간이 지나도 표적반응이 나타나지 않을 경우, 반응의 지연을 감소시키기 위하여 고안된 방법

④ 지속시간 강화계획

고정 지속시간 강화계획	학생이 표적행동을 일정한 시간 동안 지속하였을 때 강화하는 것
변동 지속시간 강화계획	학생이 표적행동을 평균 지속시간 동안 하고 있으면 강화가 주어지는 것

⑷ 강화계획의 체계적 약화

① 변동강화계획으로 바꾸고, 더 높고 안정된 수준의 표적행동을 한다.
② 강화에 대한 기대를 약화시킨다.
③ 학생이 좀 더 긴 시간 동안 표적행동을 지속하게 한다.
④ 교사의 행동 감시자 역할을 철수시킨다.
⑤ 사회적 강화제만으로 행동 통제가 되게 한다.
⑥ 약화된 강화계획으로 바람직한 수행수준이 유지되게 한다.
⑦ 더 많은 표적행동을 했을 때 주어지는 강화제가 효력을 갖게 한다.

기출 LINE

20중) 의자에 1분 30초 동안 지속해서 앉아 있을 때마다 강화를 제공

✎ 키워드 Pick

● **유형별 강화계획의 요약**

강화계획		행동의 유형	설명	장점	단점
연속		모든 행동	행동이 발생할 때마다 강화 제공	짧은 시간에 새로운 행동을 지도할 수 있음	포화를 야기할 수 있음
비율	고정 비율	빈도기록법으로 측정 가능한 비연속적 행동	미리 정한 횟수만큼의 정반응이 일어난 후 강화 제공	정반응 비율을 높임	학생이 빨리 행동 횟수를 채우려고 노력하다가 정확성을 포기하게 될 수 있음 ⇨ '강화 후 휴지 현상
	변동 비율	〃	평균 정반응 횟수에 따라 강화 제공	부정확한 반응이나 강화 후 휴지에 관련된 문제를 피할 수 있음	교사가 다른 사람의 도움 없이 많은 학생들을 맡고 있을 때는 점검이 어려움
간격	고정 간격	비연속적 행동 또는 지속되는. 행동 모두 가능	정해진 시간(간격)이 흐른 후 목표행동이 처음 발생했을 때 강화 제공	특정 교실에서는 비율강화계획에 비해 실행 가능함	강화가 주어지지 않는 기간 동안 발생하는 행동에는 강화가 제공되지 않으므로 그 기간에는 행동이 잘 일어나지 않다가 구간이 끝나기 직전에 행동이 증가하는 현상이 나타날 수 있음
	변동 간격	〃	간격이 고정되어 있지 않고 간격의 평균만 정해져 있음	고정간격강화가 가진 문제를 피할 수 있음	간격의 길이가 다양해지도록 점검하는 것이 어려울 수 있음
반응 지속 시간	고정 지속 시간	지속되는 행동	목표행동이 미리 정해 둔 지속시간에 도달하면 강화 제공	모든 환경에서 비교적 실행이 쉬움	'강화 후 휴지' 현상이 나타날 수 있음
	변동 지속 시간	〃	목표행동의 평균 지속시간에 따라 강화 제공	'강화 후 휴지'를 피할 수 있음	지속시간이 다양해지도록 점검하는 것이 어려울 수 있음
부정기적 강화		모든 행동	강화의 시기가 미리 계획되지 않음	사용하기 쉬움, 자연스러운 환경과 가장 유사함	강화가 목표행동을 유지시킬 만큼 충분치 않을 수 있음

② 토큰제도 22 · 23유, 16중

1. 토큰제도의 구성요소

목표행동	• 목표행동은 강화될 행동이다. • 학생이 수행할 능력이 있는 행동이어야 한다.
토큰	• 토큰이란 가치 있는 것과 교환할 수 있는 상징적인 것으로 토큰 자체는 학생에게 가치가 없는 것이어야 하고, 토큰으로 바꿀 수 있는 교환 강화제는 가치 있는 것이어야 한다. • 토큰으로 쓸 수 있는 물건은 무엇보다도 휴대가 가능해야 하고, 다시 사용할 수 있어야 하며, 다루기 쉬워야 한다. • 학생이 표적행동을 하지 않고도 토큰을 속여서 만들거나 다른 곳에서 쉽게 구할 수 있어서는 안 된다. • 토큰 자체를 값어치 있는 것으로 하는 것도 바람직하지 않다. 토큰은 교환에 가치가 있기 때문이다.
교환 강화제	• 교환 강화제는 학생의 표적행동을 동기화시킬 수 있을 만큼 충분히 다양하게 선정해야 한다. • 교환 강화제의 값을 매길 때는 학생이 교환 강화제를 획득하는 것이 너무 쉽지도, 너무 어렵지도 않도록 주의해야 한다. • 교환 강화제의 값은 학생의 노력을 통해 얻은 토큰으로 그것을 획득하는 것에 도전해 볼 가치가 있는 만큼이어야 한다.

2. 실행절차

① 토큰제도를 적용할 목표행동을 선정한다.
② 무엇을 토큰으로 사용할 것인지를 결정하고, 토큰을 구입하거나 만든다.
③ 교환 강화제와 바꿀 때까지 토큰을 보관할 수 있는 방법과 획득된 토큰의 양을 기록할 방법을 결정한다.
④ 교환 강화제를 선정하여 그 값어치를 결정한다.
⑤ 교환 강화제 메뉴판을 만들어 종류별로 그 값어치와 함께 잘 볼 수 있는 곳에 게시한다.
⑥ 언제, 어디서 토큰을 교환 강화제와 바꿀 수 있는지 결정한다.
⑦ 학생에게 토큰제도를 가르친다.
⑧ 목표행동에 대한 자료를 수집하면서 토큰제도를 실행한다.
⑨ 목표행동이 향상을 보이면 강화계획을 약화시킨다.
　㉠ 처음에는 자주 토큰과 강화제를 교환할 수 있게 해 주다가 점차 강화계획의 비율을 늘려가는 것이 좋다.
　㉡ 교환 강화제의 양은 그대로 두고 강화제 값만 너무 올려 토큰의 가치를 지나치게 떨어뜨리면 안 된다.
　㉢ 초기에는 교환 비율을 낮게 하여 적은 수의 토큰으로 작은 강화제들을 쉽게 교환할 수 있게 하다가, 목표행동의 발생률이 증가하여 토큰을 잘 모을 수 있게 되면 교환 강화제의 값을 올리고 교환 강화제의 양도 늘려 갈 뿐 아니라 높은 가격의 강화제를 추가하는 것이 좋다.

기출 LINE

23유) 참여도를 높이기 위해 지수가 그림책을 읽을 때마다 공룡 스티커를 주어 5개를 모으면 공룡딱지로 바꾸어 주기

키워드 Pick

3. 장점

① 학생에게 주어진 강화를 수량화할 수 있다.

② 휴대가 가능하므로 교사가 지니고 다니며 표적행동 후 즉시 쉽게 줄 수 있다.

③ 점수 같은 토큰은 교실 밖 어디에서도 쉽게 학생의 소유가 될 수 있다.

④ 한 사람이 가질 수 있는 최대치의 제한이 없다.

⑤ 언제든지 제공될 수 있다.

⑥ 쉽게 표준화될 수 있다.

⑦ 고도로 구조화되어 있어서 표적행동을 일관성 있게 강화할 수 있다.

⑧ 다시 사용할 수 있도록 만들 수 있고, 복사할 수 없도록 독특하게 만들 수 있다.

⑨ 학생은 자신의 토큰 양을 언제든지 알 수 있다. 특히 물건으로 만든 토큰은 학생이 직접 만질 수 있는 계속적이면서 직접적인 피드백이 된다.

⑩ 주관적으로 주어지는 사회적 강화제와 달리 토큰은 객관적으로 정확한 양을 제공할 수 있으므로, 학생의 수행 정도에 비례하여 줄 수 있다.

⑪ 다른 학생을 방해하지 않고 전달 가능하다.

⑫ 행동이 개선됨에 따라 가치를 달리하여 제공할 수 있다.

⑬ 학생이 원하는 것을 얻는 만족 지연을 연습하게 해 준다.

⑭ 다양한 교환 강화제 때문에 융통성 있게 사용할 수 있다.

⑮ 강화 주는 사람, 강화 주는 장소, 강화 받을 행동에 상관없이 사용할 수 있다.

⑯ 사회적 강화제보다 더 효과적이다.

4. 토큰제도가 현장에서 유용한 이유

① 토큰은 일반화된 조건 강화제이므로 학생들의 동기부여를 위한 노력이 덜 필요하다.

② 토큰은 학생의 행동과 교환 강화제가 제공되는 시간 사이를 연결해 주므로 지연된 강화의 효과를 가능하게 해 준다.

③ 토큰은 학생의 행동과 교환 강화제가 주어지는 장소를 연결시켜 주므로 동일한 토큰으로 학교 밖에서도 사용할 수 있게 한다.

5. 토큰의 누적방지/동기부여

토큰의 누적을 방지하고 학생들에게 계속해서 토큰을 모으도록 동기부여할 수 있는 방법이다.

① 지정된 교환일에 강화제와 바꾸는 것이 아니라 언제든지 원하는 강화제의 값어치만큼 토큰을 모았다면 즉시 교환하게 해 주고, 더 큰 값어치의 강화제를 원하는 경우 저축하게 하고 저축해 놓은 것을 인출할 때는 벌금을 내도록 할 수 있다.

② 토큰의 색깔이나 특성을 자주 바꾸어서 유통기한이 지난 토큰은 더 이상 사용할 수 없도록 하는 규칙을 정할 수도 있다.

③ 교환 강화제의 목록을 주기별로 바꾸어 주는 것도 학생들로 하여금 계속해서 토큰을 모으도록 하는 동기를 부여할 수 있다.

③ 행동계약 ^{21유, 23초, 20중}

1. 행동계약의 구성요소

① 과제에 대한 설명
② 과제 완성에 따라 주어지는 보상에 대한 설명
③ 과제수행 여부에 대한 기록
④ 계약자와 피계약자의 서명

2. 적절한 행동계약의 특성

① 계약은 정당해야 한다.
② 계약 내용은 분명해야 한다.
③ 계약문은 긍정적이어야 한다.
④ 행동계약 내용은 순종을 강조하기보다는 학생의 성취에 대해 학생에게 주어지는 결과가 강조되어야 한다.

3. 행동계약의 실행절차

① 학생의 이해 수준에 맞게 행동계약이 무엇인지 설명하고 행동계약을 하겠다는 학생의 동의를 얻는다.
② 계약서에 명시될 표적행동을 선정한다.
③ 행동목표를 달성하면 주어질 강화제의 내용을 결정하고, 강화제를 받을 수 있는 기준과 계약의 기한을 결정한다. 두 번째와 세 번째 절차에서 학생의 의견을 반영할 수 있다.
④ 계약 내용의 이행에 관련 있는 사람들이 모두 계약 내용을 이해하고 동의한 후 계약서에 서명하고 복사하여 각자 한 부씩 나눠 갖고 보관한다. 계약은 절대로 강요되지 않아야 한다.
⑤ 행동계약서에 있는 표적행동의 발생에 대한 정보를 수집하면서 계약서에 명시된 기한에 계약서 내용을 검토하고 그대로 이행한다. 계약 내용의 수행은 미루지 않고 계약서의 내용대로 즉각 이루어져야 한다.

4. 행동계약의 장점

① 학생의 참여가 가능하다.
② 행동지원의 개별화를 쉽게 해 준다.
③ 계약의 내용이 영구적으로 남을 수 있다.
④ 교사와 학생 모두 자신의 역할에 대해 구체적으로 알고 시행할 수 있다.
⑤ 개별화교육계획서를 작성할 때 학생의 현재 수준과 목표를 진술하는 데 사용될 수 있다.

✎ 키워드 Pick

5. 고려사항

① 표적행동은 계약 참여자의 행동저장고에 이미 존재하고, 환경 내에서 적절한 변별자극에 의하여 통제되는 행동이어야 한다.

② 행동의 결과를 영속적으로 남기는 행동은 행동계약의 좋은 대상이 된다.

③ 계약 참여자의 읽기능력은 행동계약의 필수적인 요인은 아니지만, 적어도 계약의 규칙에 관한 시각적·언어적 진술에 올바로 반응할 수 있는 의사소통능력은 있어야 한다.

④ 행동계약을 거부하고 협조하지 않은 사람의 경우에는 다른 대체기법을 찾는 것이 좋다.

⑤ 행동계약이 아무리 효과적인 행동 변화의 수단이라 하더라도, 보상자원이 부족하면 활용하기 어렵다.

④ 집단강화 22유, 14·18초, 22·23·25중

1. 집단강화의 의미

집단강화란 집단 구성원 중 특정인이나 일부 구성원, 또는 전체 구성원의 행동에 수반하여 어떤 공통적 후속자극(일반적으로 강화자극)을 집단 전체에 제공함으로써 집단 구성원 중 한 사람이나 일부, 또는 전체 구성원의 행동을 변화시키는 방법이다.

2. 집단강화의 종류

기출 LINE
18초) 시작종이 울리자마자 제자리에 앉는 학생은 누구나 토큰을 받도록 하는 방법

독립적 집단강화	• 동일한 후속(강화)자극이 집단 구성원 모두에게 동등하게 제공되지만 특정한 개인이나 소수집단 또는 전체집단의 행동과는 상관없이 구성원 각자의 행동에 따라 개별적으로 강화 여부 결정 • 행동계약, 토큰제도와 병행하여 사용 가능 : 다른 집단 구성원의 행동수행과는 상관없이 항상 독립적으로 강화계획이 설정되기 때문
종속적 집단강화	• 집단 내의 한 개인 또는 정해진 일부 구성원의 행동수행의 결과에 따라 집단 구성원 모두가 동일한 후속(강화)자극을 동시에 공유할 수 있음 • 집단 전체에게 제공되는 보상은 한 개인의 행동 또는 소수 구성원의 행동에 의하여 결정 • 대부분의 나머지 구성원들은 집단강화를 얻는 데 아무 기여도 할 수 없고, 몇몇 구성원의 행동에 전적으로 의존
상호종속적 집단강화	• 동일한 후속(강화)자극이 집단 구성원 모두에게 동시에 제공되지만, 집단강화를 얻기 위해서는 집단 구성원 모두가 개인적으로 또는 집단 전체로서 일정한 강화기준에 도달하여야 함 • 집단 내 모든 구성원의 행동에 의하여 결정되며, 집단강화를 얻기 위해서는 구성원 모두가 공동목표에 기여하여야 함 • 집단 구성원 한 사람 또는 일부만 잘해서는 소용이 없고 서로 의존적인 관계에서 구성원들 모두 정해진 기준에 맞게 행동을 수행하여야 함

3. 집단강화의 장점

① 시간절약이라는 큰 이점을 가지고 있다.

② 개별적 행동관리가 어려운 상황에서 아주 편리하게 활용될 수 있다.

③ 수업 분위기를 와해하는 것과 같은 심각한 집단의 문제행동을 신속히 해결하는 데 효과적으로 활용할 수 있다.

④ 또래들을 행동치료자 및 행동관리자로 활용할 수 있기 때문에 또래 압력과 영향력을 긍정적으로 극대화할 수 있다.

⑤ 집단 내에서 긍정적인 사회적 상호작용과 행동적 지원을 촉진하는 데 효과적으로 활용할 수 있다.

 Plus

기대행동 지도

1. 기대행동 선택하기

① 기대행동이란 교육환경의 문화와 가치를 반영하는 것으로 그 환경에서 기대되거나 요구되는 행동이다.

② 교육환경 전체에 적용될 수 있는 기대행동은 3~5개 정도로 정하고 대부분 학교가 중요하게 생각하는 가치를 담도록 하는 것이 바람직하다.

2. 기대행동에 대한 구체적인 사회적 행동을 정할 때 따라야 할 기본원칙

① 짧고 이해하기 쉬워야 한다.

② 행동의 수가 적절해야 한다.

③ 기대행동에 대한 구체적인 사회적 행동은 긍정적 언어로 정의되어야 한다.

④ 학생들의 나이와 발달단계에 맞게 구체적이어야 한다.

⑤ 기대행동에 대한 구체적인 사회적 행동은 합리적이어야 한다.

3. 기대행동 게시하고 가르치기

① 기대행동에 대한 구체적인 사회적 행동을 결정했으면 그 내용은 교육환경의 80% 정도에 게시되어 모든 학생들이 일과 중에 쉽게 볼 수 있어야 한다.

② 기대되는 규칙의 정의를 충분히 설명해 준다.

③ 부적절한 행동과 적절한 행동의 예를 직접 보여 준다.

④ 학생들에게 역할놀이 등을 통해 적절한 행동을 연습할 기회와 함께 그에 대한 피드백이 주어져야 한다. 이때 실례를 보여 주는 것과 연습의 기회는 교육환경의 여러 다양한 장소에서 직접 이루어져야 한다.

키워드 Pick

08 새로운 행동의 습득

① 변별훈련과 자극통제 24유, 21중

1. 변별자극과 델타자극

변별자극	• 변별을 하도록 주어지는 자극 • 특정 자극이 주어졌을 때만 특정한 반응이나 행동을 하도록 알려 주는 자극 • 변별자극은 어떤 행동에 대해 강화가 주어질 것을 알려 주는 역할을 하는 자극 • 단지 행동이 발생할 가능성을 증가시키는 것이지 행동을 유발하는 것 또는 행동의 원인은 아님
델타자극	• 변별자극이 아닌 다른 자극 • 그 행동에 대해 강화가 없을 것을 알려 주는 역할을 하는 자극

기출 LINE

24유) 진우가 어른에게 '안녕하세요'라고 인사를 해야 한다고 배웠잖아요. 그런데 또래나 어린 동생에게도 '안녕하세요'라고 인사를 하더라고요.

2. 변별훈련

(1) 개념

① 변별자극에 대해서는 바람직한 행동에 대해 강화를 주고 델타자극에 대해서는 동일한 행동일지라도 강화를 주지 않는 과정을 통하여 변별자극이 확립되며, 이런 변별자극의 확립과정을 변별훈련이라고 한다.

② 변별자극과 델타자극을 구별하여 변별자극에 대해서만 바른 반응을 하도록 하는 것이 변별훈련이다.

③ 예를 들어, 도로에서 빨간 신호등이 켜지면 운전자들이 차를 멈춰 세우고 초록불이 켜지면 가는 것이나, 아이들이 학교에서 사용하는 은어나 농담을 친구들끼리는 하지만 부모나 교사 앞에서는 하지 않는 것 등이 일상생활에서 변별자극이 확립된 예이다.

(2) 변별훈련에서 주의할 점

① 변별훈련에서 주의해야 할 것은 학생이 때로는 변별자극과 전혀 관계없는 자극에 반응하거나 변별자극의 일부분에 대해서 반응하는 자극 과잉선택 경향을 보일 수 있다는 것이다. 예를 들면, 낱말 카드를 통해 '가다' 라는 단어를 읽도록 변별훈련을 할 때, '가지'를 내밀면 첫 철자인 'ㄱ'만 보고 '가다'로 읽는 경우이다.

② 또 다른 주의점은 변별자극과 조건화된 자극을 분별할 수 있어야 한다는 것이다. 변별자극은 변별자극에 대한 반응 뒤에 주어지는 후속자극에 의해 통제 기능을 얻고, 조건화된 자극은 조건화된 자극 앞에 주어지는 선행자극에 의해 통제 기능을 얻는다는 점에서 서로 다른 것이다. 그러므로 변별자극이 있을 때 하는 행동은 반드시 강화로 이어져야만 하고 변별자극이 아닌 델타자극 상황에서 하는 행동은 강화가 주어지지 않아야 변별훈련이 이루어진다.

3. 자극통제

① 변별자극이 확립되어 어떤 행동이 특정 자극에 대해서만 반응하여 나타나면 자극통제가 되었다고 한다.

② 자극통제란, 행동발생 전에 주어지는 선행자극의 조절에 의해 행동이 통제되는 과정이다.

③ 자극통제는 변별자극이 주어지면 나타나는 바람직한 행동에 대한 차별강화를 통해 이루어진다. 즉, 변별자극이 주어졌을 때 나타나는 바람직한 행동 이외의 다른 행동은 강화하지 않는 것이다. 또한 델타자극에 대해서는 변별자극 때와 동일한 반응을 해도 강화하지 않는 것이다.

② 촉구와 용암 09·12·15·16·18·19·21·22·23유, 09·12·13·15·17·18·19·21·23초, 09·10·12·14·17·18·19·20·21·24중

1. 촉구(촉진)

(I) 촉구의 정의

① 촉구는 바람직한 반응을 보일 수 있도록 도와주는 부가적인 자극을 말한다.

② 촉구란 적절한 시간에 정확한 반응을 할 가능성을 증가시키는 데 사용되는 것이라고 할 수 있다.

③ 촉구는 변별자극이 바람직한 반응을 일으킬 가능성을 높여 주는 추가자극이다.

④ 촉구란 학생이 변별자극에 대해 바람직한 반응을 보이지 않는 경우에 바람직한 반응을 보일 수 있도록 도와주는 것이다.

⑤ 정반응의 발생을 돕도록 촉구를 사용하지만, 궁극적으로는 아동이 촉구 없이도 변별자극에 대해서 바로 정반응을 하도록 해야 할 것이다.

기출 LINE

10중) 촉진은 자연적인 자극하에서 정반응이 일어나지 않을 때 여러 가지 부가 자극을 사용하여 정반응의 발생 가능성을 증가시키는 방법이다.

키워드 Pick

기출 LINE

14유) 화장실 변기의 물 내리는 스위치 부분에 스티커를 붙여준다.

22중) 학생 A가 신발장에 자신의 신발을 넣을 수 있도록 신발장 위 벽에 신발을 넣는 순서를 나타내는 그림을 붙여 놓는다.

(2) 촉구의 유형

반응촉구	변별자극에 대해 아동이 바람직한 반응을 하도록 다른 사람이 제공하는 도움	
	언어적 촉구 (구어적 촉구)	• 언어로 지시, 힌트, 질문 등을 하거나 개념의 정의나 규칙을 알려 주는 것으로 바람직한 행동을 유발하는 것이다. • 언어적 촉구로 어떤 개념에 대한 정의나 규칙을 언급해 주는 방법도 있다. • 언어적 단서는 말로 제시되기도 하지만 인쇄된 말, 수어 등으로 제시될 수 있다.
	시각적 촉구	• 사진, 그림 등을 사용하여 바람직한 행동을 유발하도록 돕는 것이다. • 시각적 촉구는 구어로 하는 언어적 촉구를 해야 하는 시간을 단축시켜 주는 장점이 있다. • 시각적 촉구가 언어적 촉구보다 유리한 점은 언어적 지시는 순간적으로 제시되지만 시각적 촉구는 개인이 필요한 한 지속적으로 존대한다는 것이다.
	몸짓 촉구 (자세 촉구)	• 아동을 신체적으로 접촉하지 않고 교사의 동작이나 자세 등의 몸짓으로 정반응을 이끄는 것이다.
	시범 촉구 (모델링)	• 다른 사람이 정확한 행동(정반응)을 시범보이는 것이다.
	신체적 촉구	• 신체적 접촉을 통해 학생의 바람직한 행동을 유발하도록 돕는 것이다. • 전체 신체적 촉구와 부분 신체적 촉구가 있다.
	혼합된 촉구	• 언어, 신체, 몸짓, 시각적 자료 등 다양한 촉구를 혼합해 사용하여 아동의 바람직한 행동을 유발하는 것이다.
자극촉구	정반응을 더 잘하게 하기 위해 변별자극을 변화시키거나, 변별자극을 증가시키거나, 변별자극에 대한 추가적 단서를 주는 것 등	
	자극 내 촉구	• 변별자극 자체나 그 위치를 변화시키는 것을 자극 내 촉구라고 한다. • 아동의 바람직한 반응을 유발하기 위해 변별자극을 변화시켜 제공하는 촉구들이다.
	자극 외 촉구	• 다른 자극을 추가하거나 변별자극에 대한 단서를 외적으로 주는 것을 가외자극촉구라고 한다.

2. 용암

(1) 반응촉구의 용암

① 도움 감소법(최대-최소)

기출 LINE

10중) 학생들이 촉진에 고착되거나 의존하는 단점을 보완하기 위하여 촉진을 점진적으로 제거하는 것을 용암이라고 한다.

- ㉠ 최대-최소 촉구법 또는 보조 줄이기라고도 하며, 처음에는 아동이 바람직한 행동을 수행하기에 충분하다고 생각되는 만큼 최대한의 반응촉구를 제공하고, 아동이 정반응을 보이면 점차 그 양을 줄여가는 것이다.

- ㉡ 학습초기단계에 많이 발생할 수 있는 오류를 제거할 수 있는 장점이 있기 때문에 오류로 인한 좌절을 방지할 수 있다. 그래서 이 방법은 주로 중도, 최중도 아동에게 많이 사용된다.

- ㉢ 반응촉구를 혼합하여 사용하는 경우에는 강제성이 강한 것부터 차례로 제거하는 것이 도움 감소라고 볼 수 있다.

- ㉣ 반응촉구를 한 가지만 사용하는 경우에는 그 강도 또는 단계를 줄여 가는 것이 도움 감소이다.

- ㉤ 신체적 촉구를 점진적으로 제거하는 방법인 '단계적 지도' 또는 '점진적 안내'는 반응촉구가 점진적으로 감소되었다는 점에서 도움 감소법과 같다고 볼 수 있다.

> **맥Plus**
>
> **무오류 학습**
> ① 학습자의 오류를 최소화할 수 있도록 고안된 교수 절차를 이용하여 지도하였으면 무오류 학습이 일어났다고 할 수 있다.
> ② 표적행동이 일어날 확률을 높여 빈번하게 강화 받을 수 있다.
> ③ 오반응의 확률을 최소화하기 위해 초기 시도가 제시될 때는 최고도의 도움을 준다. 이어 학습자가 정반응을 보이는 상황에서 도움의 양을 체계적으로 감소시킨다.
> ③ 무오류 학습 절차의 필요성은 일단 학생이 오류를 보이면 그것이 반복될 가능성이 높다는 것이다.

② 도움 증가법(최소-최대)

- ㉠ 최소-최대 촉구법 또는 보조 늘리기라고도 하며, 아동에게 변별자극만 주는 것으로 시작했다가 정반응이 없으면 점차 촉구의 양을 증가시켜 가는 것이다.

- ㉡ 이 방법의 의도는 아동이 목표행동을 하는 데 필요한 촉구를 가능한 한 최소한의 강도로 제공하려는 것이다.

키워드 Pick

- ㉢ 도움 증가법은 아동이 주어진 최소의 촉구에 반응이 없을 때 그 양을 늘려 가는 것이므로, 주어진 촉구에 대해 아동의 반응이 없을 때 교사가 짜증이 날 수 있기 때문에 주의해야 한다.

- ㉣ 도움 증가법은 도움 감소법과 마찬가지로 반응촉구를 한 가지만 사용할 수도 있고 혼합하여 사용할 수도 있다.

③ 촉구 지연법(시간지연)

⑦ 도움 감소법이나 도움 증가법은 촉구 자체의 형태가 바뀌는 것인데, 촉구 지연법은 촉구 자체의 형태가 바뀌는 다른 용암 형식과는 달리 촉구하는 시간을 바꿔가는 것이다.

ⓒ 자극이 제시된 후에 촉구를 제시하기까지의 시간을 지연시킴으로써 촉구에서 변별자극으로 자극통제를 전이하는 것이다.

ⓒ 도움 감소법이나 도움 증가법은 아동의 반응 뒤에 반응촉구가 주어지지만, 촉구 지연법은 아동의 반응 전에 반응촉구가 주어진다. 따라서 처음에는 0초 간격으로 변별자극과 동시에 반응촉구를 제시한다. 이런 동시촉구를 몇 차례 시행해야 하는지에 대한 기준은 없고, 과제가 얼마나 어려운지 아동의 능력이 어느 정도인지에 따라 결정할 수 있다. 그 다음에는 점진적으로 촉구를 지연하는 시간을 보통 1초 간격으로 늘려간다. 그러므로 아동은 대부분 반응하기 전에 반응촉구를 받게 된다.

ⓔ 시간지연은 교사가 자극과 촉진 사이에 일정시간 동안 학생의 반응을 기다리면서 반응을 유도하는 방법이다.

ⓜ 시간지연은 시간을 조정하는 것에 따라 고정 시간지연과 점진적 시간지연의 두 가지 방법이 있다.

고정 시간지연	• 무변 시간지연이라고도 하며, 0초 시간지연 이후 촉구제시가 일정하게 지연됨 • 숙달을 위해 모든 중재에서 고정된 지연 간격을 유지하는 방법 • 처음 여러 시도 혹은 첫 회기는 실수가 일어날 가능성을 낮춘 무오류 학습시도를 제시하는데 이를 위해 선행자극과 촉구가 지연된, 즉 동시 촉구가 제공됨. 이후 일정한 지연시간이 동안 학생의 반응을 기다림
점진적 시간지연	• 학생의 반응을 기다리는 시간을 조금씩 늘리는 방법 • 0초 시간지연(동시촉진) 후, 지연 시간이 체계적으로 증가함

기출 LINE

10중) 점진적 안내는 신체적 촉진의 수준을 학생의 수행 진전에 따라 점차 줄여나가다 나중에는 그림자 방법을 사용하는 것이다.

④ 점진적 안내

⑦ 정반응을 위한 신체적 촉진이 필요한 학생에게 적절한 반응을 하도록 하기 위해서 꼭 필요하다고 판단되는 신체적 촉진을 주고, 시간이 지나면서 강도가 약한 촉진을 제공하는 방법이다.

ⓒ 그림자 기법: 점진적 안내의 마지막 단계로, 교사가 학생과 접촉하지 않은 채 가까이 하는 것으로, 학생 스스로 수행하도록 한다.

(2) **자극촉구의 용암**

① 촉구로 제공된 자극의 뚜렷함(에 색깔 등)을 점진적으로 제거한다.

② 용암이 진행되는 동안 목표 반응과 후속결과는 변함이 없고, 일시적으로 반응을 촉발하는 촉구가 점진적으로 제거되거나 자연적 자극과 유사한 자극으로 대체된다.

③ 자극 용암은 언어, 사회 기술, 학습 능력 등 다양한 반응군을 지도할 때 유용한 절차이다.

③ 행동연쇄 13·19·20·22·24유, 10·18·25초, 10·18·20·21중

1. 행동연쇄의 개념

① 행동연쇄란 강화를 얻기 위해 행해져야 하는 모든 단위행동의 순서를 의미하며 연쇄 상에 있는 모든 단위행동들을 수행했을 때만 강화가 주어진다.

② 행동연쇄법이란 복잡한 행동을 형성하기 위해 분리된 단위행동들을 연결시키는 과 정을 의미한다.

③ 행동연쇄법이란 행동연쇄상에 있으면서 이미 한 사람의 행동목록에 존재하는 단위 행동들을 적절한 방법으로 연결하여 보다 복잡한 행동의 학습을 위해 요구되는 각 단위행동을 강화하여 행동연쇄를 발달시키는 방법이다.

2. 과제분석 25초

(1) 과제분석의 의미

① 과제분석은 행동연쇄를 구성하는 여러 개의 자극과 반응 요소들로 과제를 나누는 것 이다.

② 과제분석은 복잡한 과제를 분석하여, 가르칠 수 있는 작은 단계로 나누는 것을 의미 한다.

③ 과제분석이란 가르치고자 하는 행동의 최종목표를 찾아서 그 행동을 구성하는 단위 행동을 분석하는 기법이다.

④ 과제분석을 하는 이유는 과제를 완수하기 위해 아동의 수준에 맞게 과제행동을 단계 별로 작게 나누어 지도하기 위함이다.

⑤ 과제분석을 행동연쇄와 연결 지어 설명하면, 과제분석이란 행동연쇄법을 적용하기 위한 과정이며, 행동연쇄상에 있는 각 단위행동들을 순서에 따라 단계별로 나누는 것을 의미한다. 그러므로 행동연쇄를 적용하기 위해서는 반드시 과제분석이 이루어져야 한다.

⑥ 과제분석은 아동의 능력에 따라 이루어져야 한다. 과제분석이 잘 되었는지 알아보기 위해서는 아동이 각 단계를 수행하는 것을 관찰해 보면 알 수 있다. 만일 아동이 어떤 단계에서 어려워 한다면 그 단계는 더 세분화시킬 필요가 있고, 아동이 능력이 좋으면 몇 단계를 묶어서 한 단계로 가르칠 수도 있다.

기출 LINE

20유) 첫 번째 단계에서는 공을 두 손으로 잡고, 두 번째 단계에서는 공을 가슴까지 들어 올리고, 세 번 째 단계는 팔을 뻗고, 마지막으로 공을 놓는 단계로 나눌 수 있어요.

✒ 키워드 Pick

(2) 성취수준의 평가 12·13추중

단일기회법	• 학습자가 표적행동의 하위과제들을 순서에 따라 올바로 수행할 수 있는 능력이 얼마나 되는지를 평가하기 위하여 고안된 방법 • 비교적 엄격하고 보수적인 평가방법
다수기회법	• 표적행동의 모든 하위과제에 대하여 피험자의 성취수준을 평가하는 방법 • 학습자가 일련의 과제수행과정에서 그릇된 반응을 하거나, 허용된 반응 지연시간을 초과하거나 또는 과제의 순서를 제쳐놓고 다른 반응을 시도할 때, 평가자는 학습자를 대신하여 올바른 과제수행 상태로 교정해 놓음으로써 학습자가 다음 과제를 순서대로 수행할 수 있도록 함 • 평가 과정에서 훈련의 효과가 발생하지 않도록 주의 • 평가 과정에서는 절대로 훈련의 성과가 개입되지 않도록 주의

3. 행동연쇄법의 종류

(1) 전진형 연쇄

의미 및 특징	• 과제분석의 첫 단계를 아동이 독립적으로 할 수 있을 때까지 가르치고 나서 첫 단계에 두 번째 단계를 붙여 수행하도록 지도하고, 나머지 단계도 같은 방식으로 하여 모든 단계를 도움 없이 할 수 있을 때까지 지도하는 것 • 과제분석한 행동들을 처음 단계부터 마지막 단계까지 순차적으로 가르치는 것 • (S1-R1) ⇨ 강화제 제시 　(S1-R1) ⇨ (S2-R2) ⇨ 강화제 제시 　(S1-R1) ⇨ (S2-R2) ⇨ (S3-R3) ⇨ 강화제 제시
기법의 선정	• 비교적 복잡하고 장황한 행동을 새로 가르칠 때 • 초기단계의 표적행동이 짧아 한 회기에 다수의 훈련 시행이 가능하지만, 새로운 훈련단계가 시작될 때마다 표적행동의 양이 증가되어 욕구 좌절과 학습에 대한 저항을 불러올 수 있음 • 일반적으로 전진형 연쇄가 보다 자연스러운 교수 계열을 제시하므로 후진형 연쇄보다는 권장 • 전진형 연쇄를 통해 동시발생과제 훈련과 전체과제 훈련이 보다 효과적으로 사용될 수 있음 • 전진형 연쇄를 할 것인지 또는 후진형 연쇄를 할 것인지를 결정하고, 계열적 훈련, 동시발생과제 훈련, 또는 전체과제 훈련을 할 것인지를 결정할 때 교사는 행동연쇄의 복잡성, 즉 과제의 난이도와 학생의 지적 능력을 고려해야 함

Plus

전진형 행동연쇄의 구체적인 유형

1. 계열적 훈련
① 다음 행동의 추가 및 학습 전에 행동이 준거에 맞을 때까지 한 번에 하나씩 순서대로 지도하는 것이다.
② 예를 들면, 학생에게 교실에 들어오는 행동의 계열을 가르칠 때, 2단계(외투를 벗어 건다)를 지도하기 전에 1단계(교실로 걸어 들어간다)가 구체적인 수행 준거에 도달할 때까지 1단계를 학습하도록 하는 것이다.

2. 동시발생과제 훈련
① 행동연쇄 내의 둘 또는 세 가지 행동을 동시에 지도하는 것이다.
② 행동연쇄의 1단계와 2단계를 동시에 지도하는 것이다.
③ 계열적 훈련보다 더 효과적이며, 학생과 교사 모두에게 보다 흥미와 동기를 유발할 수 있다.
④ 다른 과제의 맥락 내에서 훈련이 이루어지기 때문에 매일의 일과에 보다 쉽게 통합될 수 있다.

3. 전체과제 훈련
① 행동연쇄의 모든 단계를 동시에 가르치는 것이다.
② 전체과제 훈련은 실제적으로 동시발생 훈련의 연장으로, 동시발생 훈련과 동일한 장점을 가지고 있으며 보다 간단한 행동연쇄에 대해 가장 효과적인 방법으로 여겨지고 있다.

(2) 후진형 연쇄

의미 및 특징	• 과제분석을 통해 나누어진 행동들을 마지막 단계부터 처음 단계까지 역순으로 가르치는 것 • 마지막 단계의 행동 이전 행동 단계들은 교사가 모두 완성해 준 상태에서 마지막 단계의 행동을 학생이 하도록 하는 방법 • 학생의 입장에서는 매 회기에 마지막 단계까지 완수하게 되고 강화를 받게 된다는 장점이 있음 • 후진연쇄법을 사용하는 동안 계속해서 그 과제를 끝까지 여러 차례 반복할 수 있는 기회가 학생에게 주어진다는 것도 장점 • (S3–R3) ⇨ 강화제 제시 (S2–R2) ⇨ (S3–R3) ⇨ 강화제 제시 (S1–R1) ⇨ (S2–R2) ⇨ (S3–R3) ⇨ 강화제 제시
기법의 선정	• 비교적 복잡하고 장황한 행동을 새로 가르칠 때 • 장애의 정도가 심한 개인을 대상으로 훈련하는 경우(매 훈련 시행에서 과제의 전 과정이 처음부터 끝까지 반복되기 때문에 과제 완성의 만족감과 연습에 의한 학습전이 효과를 기대할 수 있고, 표적행동의 추가분에 대한 저항감이 적으며, 하위과제들 간의 연결이 용이하기 때문) • 한 시행에 소요되는 시간이 길어 초기부터 지루할 수 있고, 한 회기에 많은 훈련을 시행할 수 없다는 단점이 있음

✿ 키워드 **Pick**

(3) **전체과제 제시**

의미 및 특징	• 과제분석을 통한 모든 단계를 시행하도록 하면서 아동이 독립적으로 수행하지 못하는 단계에 대해서는 훈련을 실시하는 방법. 그러므로 과제분석을 통한 모든 단계를 매 회기 가르칠 수 있음 • 행동연쇄에 있는 단위행동은 습득했는데 행동을 순서대로 수행하지 못할 때 사용하면 유용 • (S1–R1) ⇨ (S2–R2) ⇨ (S3–R3) ⇨ 강화제 제시
기법의 선정	• 학습자가 하위과제 대부분을 이미 습득한 경우 • 하위과제들을 일련의 순서대로 수행하도록 가르치는 것이 주 목적일 경우 • 하위과제의 수가 많지 않아 비교적 단순하고, 모방 능력이 있으며, 장애의 정도가 심하지 않은 개인을 대상으로 훈련할 때

④ 행동형성 14 · 23유, 10 · 15 · 20중

1. 개념 및 특징

(1) **개념**

① 현재에는 나타나지 않는 표적행동을 발생시키기 위해서 표적행동에 점진적으로 가까운 행동을 체계적으로 차별강화하여 새로운 행동을 형성시키는 것이다.

② 표적행동에 가까운 행동들이란 표적행동을 하기 위해 필요한 행동들이거나 표적행동과 같은 행동이지만 강도, 양, 혹은 기간이 표적행동들과 다른 행동들이다.

③ 행동형성의 정의에 포함되는 두 가지 핵심요인

차별강화	물리적으로 서로 다른 두 가지 이상의 행동 가운데 한 행동은 강화하고 나머지 행동은 모두 소거시키는 방법
점진접근	조금이라도 더 도달점 행동에 접근한 행동을 선택하여 강화하고 다른 모든 행동은 소거시키는 방법

(2) **특징**

① 행동형성은 아동행동의 질을 점차적으로 변화시켜 나가는 과정으로, 처음에는 아주 간단한 행동을 요구하지만, 점점 강화하는 기준을 까다롭게 하여 보다 복잡하고 정교한 행동들을 습득시켜 나가는 방법이다.

② 행동형성은 엄밀한 의미에서 자극통제의 원리를 따르는 것이 아니다. 자극통제에서는 같은 행동이 델타자극에서는 강화 받지 않고 변별자극에서는 강화 받는 것으로, 강화는 선행자극의 차이에 따라 주어지는 것이다. 그런데 행동형성은 표적행동에 근접한 행동에만 강화하는 것으로 행동의 변화에 따라 강화가 주어지는 것이다.

2. 표적행동의 특성과 행동형성

표적행동의 특성	행동형성
형태 (행동의 모양)	• 태권도에서 품세와 관련된 동작을 점차적으로 세련시키기 • 서예에서 서체를 익힐 때까지 단계적으로 연습하기
빈도 (단위시간당 발생 횟수)	• 일정시간 내에 완수하는 수학 문제의 정답 수를 증가시키기 • 일정시간 내에 조립하는 부속품의 생산량을 증가시키기
지속시간 (행동의 경과시간)	• 공부시간을 30분으로 증가시키기 • 눈 맞춤 시간을 0초에서 5초로 증가시키기
지연시간 (자극에서 반응까지의 시간)	• 지시를 받고 반응을 시작하기까지 걸리는 시간 줄이기 • 문제를 읽고 답을 선택하는 시간을 적정선까지 늘리기
크기 (반응강도와 세기)	• 높이뛰기 훈련에서 목표점을 단계적으로 증가시키기 • 매우 작은 소리로 말하는 사람의 목소리 크기를 점차 높이기

3. 절차

① 표적행동을 명확히 정의해야 한다.
② 표적행동이 시작행동을 정의해야 한다.
③ 표적행동에 근접한 중간행동들을 결정해야 한다.
④ 사용할 강화제를 결정한다.
⑤ 표적행동으로의 진행속도를 결정하여 차별강화한다.
⑥ 표적행동이 형성되었을 때 강화하는 것이다.

4. 행동형성과 행동연쇄

① 과제분석의 단계는 표적행동의 수행에 반드시 필요한 단계이다. 그러나 행동형성에서의 표적행동에 근접한 행동은 표적행동을 하는 데 필요하기는 하지만 반드시 그 행동을 해야만 표적행동을 완수하게 되는 것은 아니다.

② 행동연쇄에서는 과제분석의 앞 단계가 뒤 단계의 변별자극이 되고 뒤 단계는 앞 단계의 강화가 되기 때문에 강화를 주지 않는 방법으로 소거시켜야 할 행동이 없다. 그러나 행동형성에서는 표적행동에 근접한 한 행동이 정해진 기준에 이르렀기 때문에 다음 단계로 나아갈 때는 기준에 이른 행동은 더 이상 강화하지 않는 것으로 소거시킨다. 즉, 행동형성에서 표적행동에 근접한 행동들은 표적행동을 하기 위해서 반드시 모두 수행해야 하는 것은 아니다.

✏ 키워드 Pick

5. 행동형성과 촉구 용암

구분	행동형성법	촉구 용암법
차이점	• 요구되는 반응이 점진적으로 변함 • 선행자극은 변하지 않음	• 요구되는 반응은 변하지 않음 • 선행자극이 점진적으로 변함
공통점	• 행동의 점진적 변화	

⑤ 모방하기

1. 개념

① 모델링이라고도 불리기도 하는 모방하기는 지시와 교사의 시범으로 이루어지곤 한다.
② 모방하기는 다른 사람의 행동을 관찰하고 따라함으로써 새로운 행동의 학습이 이루어진다는 Bandura의 관찰학습이론에 의한 것이다.
③ 모방하기는 촉구의 한 유형이기도 한데, 주로 빠른 시간 내에 새로운 행동을 가르치기 위해 사용되며 가르치고자 하는 행동을 아동에게 정확하게 시범 보이는 방법으로 이루어진다.
④ 모방하기의 목적은 모델의 바람직한 행동을 모방하게 하는 데 있다. 따라서 모방하기가 성공하려면 아동이 모델의 행동을 모방할 수 있는 능력이 있어야 한다.
⑤ 장점: 모방하기는 그 기법을 통하여 일단 행동이 학습되면 그 행동은 외적강화 없이도 유지될 수 있다.

2. Bandura의 관찰학습

① Bandura는 아동이 관찰학습 동안에 주의집중 과정, 운동신경적 재생산 과정, 보유 과정, 동기유발 과정이라는 4가지 하위 절차를 거치게 된다고 했다.
② 즉, 관찰을 통해 학습이 이루어지려면 먼저 관찰자가 주어진 모델 자극에 주의를 기울여야 하고, 주의집중한 자극을 내면화하기 위해 모델의 행동을 상징적 표현 형태로 변화시켜서 정신적으로 보유하고 있다가, 동기를 유발하는 조건을 만나면 내적 또는 외적으로 그것을 사용하게 된다는 것이다.
③ 관찰학습이론에 근거를 둔 모방하기 기법은 아동에게 모델의 행동과 그 행동에 대한 결과를 직접 보여 줄 수도 있고 필름에 담아 보여 줄 수도 있다.

3. 모델링 기법

또래-모방하기 기법		• 모델을 구하여 비슷한 행동문제를 찾아 훈련시키기가 어렵고 시간이 많이 걸린다는 단점이 있다. • 그러나 관찰자는 또래나 성인모델의 행동을 볼 때는 수동적이 되거나 선입견을 갖게 되기 쉽다. 따라서 모델이 관찰자 자신과 특성이나 나이 등이 비슷할수록 그 행동을 더욱 잘 모방하게 되므로 최적의 모델은 자신이 될 수 있다는 주장에 등장했다.
자기가 모델이 되는 방법	자기관찰 or 비디오테이프-자기관찰	• 자신의 바람직한 행동과 바람직하지 못한 행동을 모두 보여 주는 경우이다. • 아동이 자신의 바람직하지 않은 행동은 보지 않으려고 하는 등 중재 도중에 부정적인 정서를 표출하게 되는 단점을 보인다.
	자기모델링 or 비디오 자기모델링	• 자신의 적절한 행동만 보여 주는 편집된 비디오테이프를 관찰하는 경우이다. • 아동이 자신의 바람직한 행동만 관찰하게 되면 보다 나은 자기상을 갖게 되고 더 나은 자기 효력을 발휘하게 되어 아동행동이 더 바람직한 방향으로 변화하기 때문에 자신의 바람직한 행동만 관찰하는 것이 더 효과적이라는 것이다.

4. 효과적인 모방하기를 위한 지침

① 모델의 행동은 분명하고 구체적이어야 한다.
② 모델의 행동은 가장 쉬운 행동부터 시작하여 가장 어려운 행동으로 제시되어야 한다.
③ 모델의 행동은 충분히 반복해야 한다.
④ 모델의 행동은 가능한 한 최대한도로 불필요한 군더더기를 배제해야 한다.
⑤ 단수의 모델보다는 여러 다른 모델을 통해 시범이 이루어지는 것이 좋다.
⑥ 모방하기를 통해 습득할 행동의 난이도가 적절해야 한다.
⑦ 모델의 행동을 지켜본 후 가능한 한 빨리 그 모델의 행동을 모방할 기회를 주어야 한다.
⑧ 모델이 행동을 한 후에 강화가 주어지는 것을 아동이 직접 볼 수 있을 때 효과가 더 크다.

✒ 키워드 Pick

---

09 바람직하지 않은 행동의 감소

○ **행동을 감소시키는 중재의 위계와 종류**

긍정성의 정도	행동을 감소시키는 중재
가장 긍정적 ↓ 가장 부정적	1. 강화에 근거한 중재 　- 저비율 행동 차별강화 　- 타행동 차별강화 　- 대체행동 차별강화 　- 상반행동 차별강화 2. 강화인의 철회 　- 소거 3. 강화자극/강화기회의 제거 　- 반응대가 　- 타임아웃 4. 혐오자극 제시 　- 정적연습 과잉교정 　- 원상회복 과잉교정 　- 조건/무조건 혐오자극 제시

---

① 차별강화 14 · 16 · 18 · 20유, 15초, 13추 · 17 · 23중

1. 차별강화의 개념

① 차별강화란 바람직한 행동에는 강화를 제공하고, 바람직하지 못한 행동에는 강화를 제공하지 않음으로써 강화를 받지 못하는 행동을 감소시키는 방법이다.

② 강화란 행동을 증가시키고 개선시키는 데 사용되는 과정이다. 그러나 차별강화는 강화의 원리를 적용하지만 행동의 증가가 아니라 행동을 감소시키는 데 사용된다.

③ 정적강화와 부적강화는 바람직한 행동을 했을 때 정적자극의 제시나 혐오자극의 제거로 바람직한 행동을 증가시킨다. 그런데 차별강화는 바람직하지 않은 행동을 하지 않거나 적게 하는 것에 대해 정적자극을 제시하여 바람직하지 않은 행동을 감소시킨다.

④ **강화와 차별강화의 목적**: 강화는 바람직한 행동을 강화하고 차별강화는 바람직하지 않은 행동이 발생하지 않은 것을 강화한다. 따라서 강화와 차별강화는 목적도 다르다. 강화는 바람직한 행동을 발생시키는 것이 목적이지만, 차별강화는 바람직하지 않은 행동의 발생을 억제시키는 것이 목적이다.

2. 차별강화의 종류

(1) 저비율행동 차별강화(DRL) 21중

① 개념

    ㉠ 자주 발생하는 행동의 빈도를 감소시키고자 할 때 적용한다.

    ㉡ 표적행동의 형태가 문제가 아니라 표적행동의 발생 빈도가 지나치게 높은 것이 문제일 경우에 주로 DRL을 사용한다.

    ㉢ 정해진 시간 안에 발생한 반응의 비율이 미리 정해진 기준치보다 낮게 발생할 때마다 차별적으로 강화함으로써 반응비율을 점차적으로 감소시키는 방법이다.

② 특징

    ㉠ 혐오자극을 사용하지 않는다.

    ㉡ 정적강화만을 사용하여 바람직하지 못한 행동의 발생빈도를 효과적으로 감소시킨다.

    ㉢ 점진적으로 부적응행동을 줄이도록 요구한다.

③ 적용 절차

    ㉠ 표적행동에 대해 조작적 정의를 내린다.

    ㉡ 표적행동의 발생빈도에 대한 자료를 수집한다.

    ㉢ 처음 강화할 기준치를 정한다.

    ㉣ 표적행동의 최종 기준치를 결정한다.

    ㉤ 기준치 변화의 크기를 정한다.

    ㉥ 기준치 변화의 시기를 정한다.

④ 적용 방법

전체회기 DRL	• 정해진 회기 전체 동안에 정해진 수보다 적게 행동이 발생할 경우 강화 제공
간격 DRL	• 한 회기를 여러 간격으로 나누고 각 간격에서 행동이 발생하지 않을 경우에 강화
반응시간 DRL	• 행동과 행동 사이에 정해진 시간 간격이 지나야 강화 • 반응과 반응 간의 시간을 점차 증가시키는 방법
기준변경 설계변용	• 표적행동 발생률을 점진적으로 감소시킴 • 표적행동 발생률이 매우 높아 짧은 시간 동안에 교정하기 어려울 때 효과적으로 사용 가능

기출 LINE

21중) 전체 수업 시간 45분 동안에 평균 5회 또는 그 이하로 질문을 하면, 수업을 마친 후에 강화

21중) 한 번 질문을 한 후, 8분이 지나고 질문을 하면 즉시 강화

키워드 Pick

(2) 타행동 차별강화(DRO) 21중

① 개념

㉠ 정해진 시간 동안 표적행동이 발생하지 않았을 때 '표적행동의 중단' 자체를 차별적으로 강화함으로써 표적행동의 발생비율을 점차적으로 감소시키는 방법이다.

㉡ 사전에 계획된 일정시간 간격 동안 어떠한 다른 행동이 발생하든 상관없이 표적행동을 보이지 않는 것에 대해 강화를 하는 것이다.

㉢ 표적행동이 발생하지 않는 것을 강화하는 것이다.

㉣ 행동생략 차별강화라고도 한다.

② 유의사항

㉠ 표적행동이 아닌 다른 문제행동이 강화될 가능성이 있다. 이 경우에는 DRO의 시간 간격의 길이를 줄이거나 다른 문제행동을 표적행동에 포함시킬 수 있다.

㉡ 표적행동의 감소와 더불어 구체적인 바람직한 행동을 증가시킬 수 있는 DRI나 DRA와 같은 다른 유형의 차별강화를 고려할 수 있다.

③ 실행절차

㉠ 표적행동에 대해 조작적 정의를 내린다.

㉡ 표적행동의 평균 수준에 대한 기초선 자료를 수집한다.

㉢ 기초선 자료에 근거하여 강화할 시간 간격의 길이를 결정한다.

㉣ 학생의 표적행동의 감소가 나타나면 강화할 시간 간격의 길이를 점진적으로 늘려간다.

④ 강화를 위한 시간 간격 길이를 결정하는 기준

강화가 주어지는 시간 간격의 조건	• 정해진 시간 간격에서 전체 시간 간격 동안에 표적행동의 비발생을 강화할 것인지 아니면 시간 간격의 특정 시각에 표적행동의 비발생을 강화할 것인지를 결정 • 간격 DRO : 전체 시간 간격 동안 문제행동의 비발생을 강화 • 순간 DRO : 특정 시각에 문제행동의 비발생을 강화
시간 간격 계획의 조건	• 정해진(고정된) 시간 간격 동안 또는 특정 시각에 표적행동의 비발생을 강화할 것인지 아니면 변동하는 전체시간 간격 또는 특정 시각에 표적행동의 비발생을 강화할 것인지를 결정

⑤ 실행 방법

시간 간격 스케줄의 조건 ＼ 시간 간격의 강화 조건	간격(Interval)	순간(Momentary)
고정 (Fixed)	고정-간격 (FI-DRO)	고정-순간 (FM-DRO)
변동 (Variable)	변동-간격 (VI-DRO)	변동-순간 (VM-DRO)

고정-간격 DRO (FI-DRO)	• FI-DRO에서는 사전에 정해진 고정된 시간 간격 내내 표적행동이 발생하지 않으면 강화가 주어진다. • 정해진 시간 간격 동안에 표적행동이 나타나면 학생은 간격이 끝나는 시간에 강화를 받지 못한다. 새로운 간격은 앞선 간격이 끝나야만 시작한다. • 고정-간격 DRO의 변형 　- DRO 재설정 간격 스케줄: 표적행동이 시간 간격 내내 나타나지 않으면 강화가 제공되지만 시간 간격 동안 표적행동이 나타나면 표적행동을 보인 시간을 기준으로 시간 간격이 재설정된다. 　- DRO 증진 간격 스케줄(DRO 용암 스케줄): 고정-간격 DRO를 적용하여 학생이 진보를 보이면 시간 간격을 점진적으로 늘린다.
변동-간격 DRO (VI-DRO)	• VI-DRO는 전체 시간 간격 동안 문제행동의 비발생을 강화한다는 점이 앞서 살펴본 FI-DRO와 동일하지만 강화가 주어지는 시간 간격 스케줄의 조건이 변동된다는 점이 다르다. • VI-DRO에서는 평균 시간 단위로 변화하는 간격 동안에 표적행동이 발생하지 않으면 강화가 주어진다.
고정-순간 DRO (FM-DRO)	• FM-DRO에서는 고정된 시간 간격의 마지막 순간(시각)에 표적행동의 비발생을 강화한다. [13추중]
변동-순간 DRO (VM-DRO)	• VM-DRO는 시간 간격의 마지막 순간(시각)에 문제행동의 비발생을 강화한다는 점은 앞서 살펴본 FM-DRO와 동일하지만 강화가 주어지는 시간 간격 스케줄의 조건이 변동된다는 점이 다르다. • VM-DRO에서는 평균 시간 단위로 변화하는 간격의 마지막 순간에 표적행동이 발생하지 않으면 강화가 주어진다.

(3) 상반행동 차별강화(DRI) [20유, 25초, 23중]

① 바람직하지 않은 표적행동에 형태학적으로 상반되는 행동을 강화하여 표적행동을 감소시키는 것이다.

② 형태학적으로 상반된다는 것은 표적행동과 상반되며 동시에 발생할 수 없는 것을 의미하기에 DRI는 경쟁행동 차별강화(DRC)라고도 한다.

③ 상반되는 행동은 동시에 발생할 수 없는 행동이고 양립할 수 없는 행동이다.

④ 상반행동이 학생의 행동목록에 없을 경우 반드시 지도해야 한다.

⑤ DRI는 표적행동의 감소와 더불어 상반행동의 증가를 가져오는 이중효과를 가지고 있다.

기출 LINE

23중) 문제행동과 동시에 발생할 수 없는 행동을 할 때, 선생님이 관심을 주어 강화하는 방법을 사용할 수 있어요.

기출의 맥

상반행동과 대체행동의 차이점을 설명하는 키워드를 정확하게 알아 두세요!

키워드 Pick

(4) 대체행동 차별강화(DRA)

① 바람직하지 않은 표적행동이 바람직한 형태로 나타날 때 강화하는 것으로, 표적행동과 동일한 기능을 수행하면서 그 형태는 적절한 대체행동을 강화하는 것이다.

② 표적행동과 동일한 기능을 수행하는 대체행동을 강화하는 것이기에 대체행동이 증가하면 바람직하지 않은 표적행동은 감소하게 된다.

③ 표적행동의 감소와 적절한 행동이 증가하는 이중효과를 가지고 있다.

④ 다른 유형의 차별강화에 비해 문제행동의 기능을 대체할 수 있는 구체적이고 적절한 행동을 강화한다는 점에서 상대적 장점이 있다.

⑤ 대체행동 선정기준

ㄱ **기능의 동일성**: 문제행동과 동일한 기능을 가진 행동이어야 한다.

ㄴ **수행의 용이성**: 쉽게 수행할 수 있는 행동이어야 한다.

ㄷ **동일한 행동노력**: 행동이 의미하는 바를 누구든지 이해할 수 있어서 중재자 이외의 다른 사람들에게서도 적절한 반응을 이끌어 내는 행동이어야 한다. 학생이 수행한 대체행동을 보고 다른 사람들이 어떠한 행동인지를 쉽게 알 수 있어서 이에 대해 적절한 반응을 할 수 있어야 한다.

ㄹ **사회적 수용가능성**: 사회적으로 다른 사람들에게 수용될 수 있는 행동이어야 한다.

○ **상반행동 차별강화와 대체행동 차별강화의 공통점과 차이점**

구분	상반행동 차별강화	대체행동 차별강화
공통점	• 방법: 문제행동은 강화하지 않고, 문제행동을 대신할 수 있는 바람직한 행동은 강화한다. • 강화하는 행동: 사회적으로 용인되는 행동들이다.	
차이점	• 문제행동과 상반행동이 동시에 발생할 수 없다. • 문제행동과 상반행동의 기능이 동일할 필요가 없다. • 문제행동과 상반되는 행동을 찾기가 어려울 수 있다.	• 문제행동과 대체행동이 동시에 나타날 수 있다. • 문제행동과 대체행동의 기능이 동일하다. • 대체행동 차별강화는 상반행동 차별강화보다 대체행동의 개발 범위가 넓다.

○ **차별강화의 종류별 특성**

차별강화의 종류	강화 받는 행동	목적
저비율 행동 차별강화	정해진 기준치 이하의 표적행동	표적행동 발생빈도의 감소
다른 행동 차별강화	표적행동 외의 모든 행동	표적행동이 발생하지 않는 시간의 증가
대체행동 차별강화	표적행동과 동일한 기능의 대체행동	대체행동의 강화를 통한 표적행동의 제거
상반행동 차별강화	표적행동의 상반행동	상반행동을 통한 표적행동의 제거

② **소거** 13유, 24초, 21중

1. 개념

① 소거는 비처벌적 절차를 통해 행동을 감소시키는 전략이다.

② 강화를 통해 유지된 문제행동의 강화요인을 제거하여 문제행동의 발생을 감소시키는 것이다.

③ 예전부터 강화되어 온 행동이 발생해도 더 이상 강화하지 않음으로써 그 행동의 미래 발생 가능성을 감소시키는 것이다.

④ 강화요인을 제거하는 것으로, 행동이 정적강화, 부적강화, 자동적 강화에 의해 유지되는 경우에 적용할 수 있다.

⑤ **도피소거**: 부적강화에 의해 유지된 행동이 있을 때, 혐오자극을 제거하지 않으면 아동은 이러한 혐오(비선호)상황에서 도피할 수 없게 되어 문제행동의 감소가 나타날 수 있다.

⑥ **감각적 소거**: 감각자극에 의해 강화된, 즉 자동적 정적강화를 통해 유지된 행동에 대해서는 감각자극을 제거하여 문제행동을 감소시킬 수 있다.

⑦ 소거는 자신 또는 타인에게 해를 입히는 심각한 행동에는 적용하지 않는 것이 바람직하다. 소거는 보다 덜 심각한 행동의 감소에 적용하는 것이 바람직하다.

⑧ 소거를 사용하기 위해서는 무엇보다도 문제행동의 기능분석을 통해 그 문제행동이 유지되게 하는 후속결과(강화요인)를 찾아내는 것이 중요하다.

2. 소거 적용에 따른 현상

(1) 소거저항

① 소거저항은 소거가 적용되는 동안에 표적행동이 지속적으로 나타나는 것을 의미한다.

② 소거저항이 작을수록 행동 감소가 빠르게 나타난다.

③ 소거저항에 영향을 미치는 요인
  ㉠ **행동을 유지시킨 강화 스케줄**: 간헐강화가 적용된 행동일 때 소거저항이 더 크다.
  ㉡ **행동을 유지시킨 강화의 양과 정도**: 연계된 강화의 양과 정도가 클수록 소거저항이 크게 나타난다.
  ㉢ **행동과 사전에 연계된 강화 시간의 길이**: 행동발생에 수반하여 강화가 적용되었던 행동과 강화 간의 연계 시간이 길면 길수록 소거저항이 크다.
  ㉣ **소거 성공의 횟수**: 소거 성공의 횟수가 많을수록 소거저항이 적다.

기출 LINE

24초) 지금까지의 강화 요인을 즉시 제거하는 비처벌적 접근을 통해 영지의 문제 행동을 줄일 생각이에요.

✏ **키워드 Pick**

(2) 소거폭발

① 소거가 적용되어 강화요인이 제거되지만 이전에 받았던 강화요인이 다시 주어질 것으로 여겨 일시적으로 행도의 빈도 또는 강도의 증가를 보이는 것이다.

② 소거폭발이 나타났다고 해서 소거가 효과적이지 않다고 판단하고 바로 소거를 철회하는 것은 바람직하지 않다. 오히려 소거폭발이 나타났다는 것은 강화요인이 효과적으로 제거되고 있고 소거 절차가 표적행동에 영향을 미치고 있다는 것을 확인할 수 있는 표식이다.

③ 소거폭발이 나타나더라도 소거를 일관적으로 적용해야 한다.

(3) 자발적 회복 현상 25초

① 소거를 적용하여 행동이 감소되거나 나타나지 않게 된 경우에도 갑자기 행동이 나타나는 자발적 회복이 발생할 수 있다.

② 자발적 회복 시에도 소거를 일관되게 적용해야 한다. 자발적 회복이 나타났을 때 의도치 않게 강화가 주어지면 이는 간헐강화를 받는 것이 되어 소거 적용 이전보다 소거에 대한 저항이 더 커지게 된다.

3. 소거의 절차

계획	① 기능행동평가 시행 ② 소거 절차 적용이 적절한지 결정 ③ 적절한 대체행동 선정 ④ 대체행동 지도를 위한 촉진 방법 선정 ⑤ 부가적인 증거 기반의 실제 판별 ⑥ 소거에 영향을 미치는 변인 판별 ⑦ 문제행동 발생 시 요구되는 위기관리계획 개발 ⑧ 팀 구성원 훈련
실행	⑨ 필요 시 대상 아동을 위한 중재 계획 기술 ⑩ 모든 강화제를 일관성 있게 제거 ⑪ 적절한 대체행동을 촉진 및 강화 ⑫ 촉진 사용의 점진적 용암 ⑬ 소거폭발에 대한 대비
평가	⑭ 자료 수집 및 분석 ⑮ 자발적 회복의 신호 찾기 ⑯ 대체행동에 대한 강화 유지 ⑰ 대상 아동의 진보에 기반하여 다음 단계 결정

4. 소거의 장점

① 소거는 학생의 바람직하지 않은 행동을 감소시키는 데 매우 효과적이라는 것이다. 더불어 적절한 행동을 강화해 주는 절차들과 연계해서 사용하면 소거만 사용할 때보다 더 효과적이기도 하다.

② 소거를 잘 사용하면 그 결과는 꽤 오래 지속된다는 것이다. 즉, 소거는 부적절한 행동을 감소시키는 데 다른 절차들보다 효과를 보기까지 시간은 오래 걸리지만 그 효과는 더 오래 지속된다.

③ 소거는 혐오자극을 직접 제시하는 것이 아니라 주어지던 강화를 제거하는 것이기 때문에 벌의 사용으로 인해 나타나는 부정적인 영향을 피할 수 있다는 것이다.

5. 소거의 제한점

① 소거는 문제행동을 서서히 감소시키기 때문에 다른 행동 감소 절차들과 비교할 때 행동을 감소시키기까지 시간이 더 오래 걸린다. 소거를 적용하여 문제행동을 유지해 온 강화가 제거되었더라도 문제행동은 얼마 동안 계속될 수 있기 때문이다.

② 소거가 적용되고 있는 아동의 문제행동에 대해 아무 조치도 취해지지 않는 것을 보고 다른 아동들이 문제행동을 따라 할 수 있다.

③ 소거 절차가 효과적이기는 하지만 일반화가 되기는 쉽지 않다. 즉, 동일한 문제행동이 다른 장소에서 나타날 때는 소거가 적용되지 못할 수 있기 때문에 문제행동이 다시 나타나게 되는 것이다. 그렇기 때문에 문제행동이 발생할 수 있는 모든 장소에서 소거가 동시에 적용되는 것이 바람직하다.

④ 소거가 효과적이었다고 하더라도 또 다른 문제행동이 나타날 수 있다. 예를 들어, 앞자리 여학생의 머리카락 잡아당기기는 행동이 더 이상 관심을 받지 못하게 되자 여학생의 등을 볼펜 끝으로 찌르는 행동을 하게 되는 경우이다.

③ 부적벌 21유, 16중

1. 반응대가

(1) 개념

학생이 문제행동을 하였을 때 그 대가로 이미 지니고 있던 강화제를 잃게 함으로써 문제행동의 발생률을 감소시키는 절차이다.

(2) 장단점

장점	• 사용하기 쉽다. • 다양하게 사용할 수 있다. • 행동 감소가 비교적 빠르게 이루어진다. • 적절한 행동과 부적절한 행동을 구별하는 학습을 용이하게 한다. • 감소된 행동의 변화가 오래 유지된다. • 다른 벌 절차와 관련한 부작용을 피할 수 있다.
단점	• 반응대가는 부적절한 행동에 대한 후속 자극으로서 강화물을 제거하는 것이기 때문에 교사들은 적절한 행동 대신에 부적절한 행동에 훨씬 많이 주의를 둘 수 있다. • 모든 강화물을 잃고 포기하게 될 가능성이 있다는 것이다.

(3) 적용 방법

보너스 반응대가	• 특정 시간에 비수반적으로 추가적인 강화제를 제공하고 문제행동 발생에 수반하여 강화제를 제거하는 것 • 제한점 　－ 특정 행동을 하지 않은 상태에서 강화제가 주어지므로 바람직한 행동을 지도하기 어렵다. 　－ 토큰 획득 절차가 없으므로 토큰을 모두 상실한 후에도 문제행동이 지속적으로 나타나는 경우에 대처할 수 있는 방안이 없다. 　－ 중재자와 아동 모두 문제행동에 대해서만 주의를 두게 한다.
정적강화 전략과 결합	• 토큰제도를 활용하여 바람직한 행동에 대해서는 토큰을 제공하고, 문제행동에 대해서는 토큰을 제거하는 반응대가를 함께 적용할 수 있다. • 제거되는 토큰의 수는 행동의 심각성에 따라 사전에 정해진다. • 바람직한 행동에 수반하여 제공되는 토큰의 수는 문제행동에 따라 제거되는 토큰의 수보다 많아야 한다.
집단유관과 결합	• 소집단을 대상으로 강화제의 획득과 제거의 기회가 주어지는 것이다. • 소집단 구성원이 적절한 행동을 하면 토큰을 제공하고, 문제행동을 보이면 집단의 토큰을 제거한다.

(4) 적용 시 고려사항

① 반응대가를 사용할 때는 상실하게 될 강화제를 무엇으로 할 것인지 얼마만큼 잃게 할 것인지를 결정하는 것이 중요하다.

② 상실하게 될 강화제는 문제가 되고 있는 행동과 무관하게 학생이 획득한 것이나 기본적으로 학생에게 주어진 것에서 선택할 수 있다. 즉, 학생이 상실하게 될 강화제는 문제행동과 관련이 없다는 점이 소거와 크게 다른 점이다.

③ 상실하게 될 강화제가 적절하지 않을 경우에는 보너스 반응대가를 사용할 수 있다. 예를 들면, 먼저 조건 없이 보너스를 주고 바람직하지 않은 행동을 하면 보너스로 받는 강화제를 벌금으로 내게 하는 것이다.

④ 반응대가나 보너스 반응대가를 사용할 때는 강화제를 모두 잃게 되는 경우에 대비해야 한다. 더 이상 잃을 것이 없는 경우는 잃지 않기 위해 애쓸 필요가 없어지기 때문에 적절한 행동을 하고자 하는 동기를 상실할 수 있다.

⑤ 상실하게 될 강화제의 양이 지나치게 많으면 학생이 좌절하게 되고 너무 적으면 무시하게 되어 반응대가의 효과가 어려우므로, 학생에게 의미 있는 적절한 수준을 찾는 것이 필요하다. 문제행동의 대체행동에 대해 주어지는 강화의 양과 비슷하거나 좀 더 많은 것이 좋다.

⑥ 반응대가가 일어나는 환경이나 그것을 사용하는 교사가 조건화된 혐오자극이 될 수 있다는 점을 주의해야 한다. 만일 이런 상황이 발생한다면, 학생은 그 교사나 장소를 회피하기 위해 지각, 조퇴, 또는 결석을 할 수도 있다. 이러한 경우를 감소시키기 위해서 교사는 그 학생이 바람직한 행동을 한 경우에는 강화제를 제공하여 교사 자신이 조건화된 혐오자극이 되는 경우를 피해야 한다.

⑦ 반응대가는 학생이 가지고 있는 강화제를 제거하는 것이므로, 교사는 학생이 한 번 주어진 강화제를 내놓지 않으려고 하는 경우에도 강화제를 제거할 능력이 있어야 한다. 강화제 제거에 대한 저항이 있는 경우에는 반응대가에 순응하는 경우 강화제를 제거하는 양을 줄여 주는 등의 방법을 사용하여 해결할 수 있다. 아니면 교사가 쉽게 제거하는 방법을 선택할 수도 있다.

키워드 Pick

(5) **적용 절차**

① 반응대가를 적용할 문제행동을 정의한다.

② 학생에게 강화제의 지속적 획득이 가능한지 확인한다. 즉, 강화제의 완전 상실을 예방할 수 있어야 한다.

③ 각각의 문제행동에 대해 잃게 될 강화제의 양을 결정한다. 문제행동의 수준에 따라 위계를 정한다.

④ 제거할 강화제는 제거하기 쉬운 것이어야 하고, 강화제 제거의 저항에 대해 대책이 있어야 한다.

⑤ 반응대가를 적용하기로 결정한 구체적 행동에 대해서만 적용한다. 사전에 결정하지 않은 여러 행동에 대해 즉흥적으로 강화제 상실을 적용해서는 안 된다.

⑥ 학생에게 반응대가 절차를 명확하게 설명한다. 어떤 행동에 대해 어느 정도의 강화제를 상실하는지 학생이 알아야 한다.

⑦ 반응대가를 실행하면서 문제행동의 감소를 확인하며 관찰한다.

2. 타임아웃

(1) **개념**

① 문제행동이 발생했을 때 학생이 정적강화를 받지 못하도록 일정시간 동안 강화제로의 접근을 차단하는 것이다.

② 타임아웃의 완전한 용어는 '정적강화로부터의 타임아웃'이다. 즉, 타임아웃이란 정적강화를 받을 수 있는 기회를 제거하는 것이다.

(2) **유형**

① 비격리-비배제 타임아웃 : 학생을 격리시키지 않고 제외시키지 않으면서 학생이 강화제에 접근을 못하도록 하는 것이다.

② 비격리-배제 타임아웃 : 격리시키지는 않지만 배제시켜서 아동이 강화제에 접근을 못하도록 하는 것이다.

③ 격리 타임아웃 : 타임아웃을 위해 따로 준비된 장소로 격리시키는 것이다. 교실을 떠나 타임아웃 장소로 보내지는 것을 의미한다. 타임아웃 장소로는 교실 내의 칸막이, 타임아웃 방, 복도 등이 될 수 있다.

비배제 타임아웃	강화제가 있는 환경에서 격리되지 않고 배제되지도 않고 환경 내에 있으면서 일정시간 동안 강화제로의 접근을 차단하는 절차	
	의도적 무시	• 문제행동에 수반하여 모든 사회적 강화제를 제거하는 것
	특정 강화제 제거	• 문제행동에 수반하여 일정시간 동안 특정 강화제를 제거하는 것
	타임아웃 리본	• 일과가 시작될 때 모든 학생들이 리본을 받고 문제행동 발생에 수반하여 리본을 제거하는 것 • 리본이 없는 상황에서는 어떠한 관심과 강화도 주어지지 않음
	유관관찰	• 일명 '앉아서 보기'라고도 하는데, 문제행동에 수반하여 활동에 참여하며 적절한 행동을 하는 다른 아동들을 관찰할 수 있지만 강화제로 접근하지 못하는 곳으로 이동시키는 것
배제 타임아웃	강화제가 있는 환경 또는 활동에서 다른 환경 또는 활동으로 이동하여 일정시간 동안 강화제로의 접근을 물리적으로 차단하는 절차	
	고립 타입 아웃	• 분리 타임아웃이라고도 하며, 일정시간 동안 활동으로부터 제외시키는 것 • 활동이 이루어지는 상황 밖의 다른 장소로 이동시키는 것이 아니라 활동이 이루어진 상황 내에서 정해진 분리된 고립 위치로 이동시키는 것 • 고립되어 있는 동안 다른 아동을 관찰할 수도 있고 관찰하지 못할 수도 있음(유관관찰과 다른 점)
	격리 타임아웃	• 문제행동 발생에 수반하여 강화하는 강화제가 없고 안전한 독립된 장소로 일정시간 이동시키는 것 • 가능한 사용을 자제하는 것이 바람직함

(3) 장단점

장점	• 타임아웃 절차는 적절한 행동을 향상시키고자 하는 정적강화 프로그램과 함께 적용하는 것이 용이하다. • 타임아웃 절차의 효과는 대체로 빠르고 효과의 지속성도 길다. • 비배제적 타임아웃 과정은 학생을 교육환경에서 배제시키지 않고도 활용할 수 있다. • 비배제적 타임아웃은 학생이 부적절한 행동을 보인 후에 학생과 부정적 신체 접촉을 하지 않아도 된다. • 타임아웃을 통해 교사는 보다 행동을 감소시키는 대안적인 전략을 얻게 된다. • 타임아웃은 학생에게 자신의 행동에 대한 조절능력을 회복할 수 있는 기회를 제공한다.
단점	• 타임아웃을 적용하고자 할 때 우선적으로 고려해야 하는 것은 교수 상황으로부터 학생을 제외시키는 것이 학생의 학업 수행에 영향을 미칠 수 있다는 것이다.

🔑 키워드 Pick

(4) 적용 방법

① 타임아웃의 효과적인 실행

㉠ 학생이 타임아웃 되어서 보내지는 장소(장소가 따로 있다면)는 정적강화가 주어질 가능성이 전혀 없는 곳이어야 한다.

㉡ 학생이 문제행동을 일으켜 떠나오게 된 곳은 학생이 남아 있었다면 강화 받을 가능성이 매우 높은 곳이어야 한다.

② 타임아웃을 끝내는 방법

㉠ 정해진 시간 동안 적절한 행동을 지속하면 끝낸다.

㉡ 최소한의 타임아웃 시간이 지나고 난 후에 부적절한 행동도 모두 끝나면 끝낸다.

㉢ 부적절한 행동이 보이지 않고 일정시간이 지나면 끝낸다.

(5) 절차

① 타임아웃을 시킬 행동을 정의한다.

② 문제행동에 대한 적절한 타임아웃 시간을 결정한다. 그 시간은 학생이 좌절을 일으키지 않을 만큼 짧은 시간이어야 한다. 타임아웃의 시간이 타임아웃의 효과를 결정하는 것은 아니라는 사실을 기억해야 한다. 어린 아동의 경우에는 몇 초의 타임아웃도 효과가 있다.

③ 타임아웃을 끝내는 방법을 결정한다.

④ 학생에게 타임아웃 절차를 가르친다.

⑤ 학생이 부적절한 행동을 보이면 "네가 ~한 행동을 했구나. 타임아웃 장소로 가거라." 라고 간단하고 단호하게 말한다. 절차에 대한 더 이상의 설명은 필요 없다.

⑥ 정해진 시간만큼 타이머를 작동시킨다. 그 시간 동안은 학생에게 어떠한 관심도 주지 않는다.

⑦ 타이머가 올리며 "타임아웃 끝났다."라고 말하고, 타임아웃 농안의 행동에 대해 언급하지 않고 자기 자리로 돌아가도록 한다.

⑧ 문제행동의 변화를 점검한다.

(6) 유의사항

① 퇴출장소는 안전이 보장되어야 한다.

② 퇴출장소는 아동의 행동을 강화할 만한 요소가 없어야 한다.

③ 퇴출장소는 조명시설과 환기시설이 잘 되어 있어야 한다.

④ 퇴출시간 중 아동의 행동을 잘 지켜보고 감시할 수 있어야 한다.

⑤ 퇴출시간이 짧아야 한다.

⑥ 최소한의 시간과 노력으로 아동을 격리시킬 수 있어야 한다.

⑦ 표적행동이 발생할 때마다 즉시 일관성 있게 정해 놓은 장소에 격리시킨다.

(7) 타임아웃의 정확하고 올바른 사용을 위해 고려할 사항

① 중재자는 타임아웃의 사용 지침에 대하여 명확하게 이해하고 숙지한다.

② 혐오적인 타임아웃 방법은 최소한으로 사용한다.

③ 아동이 문제행동을 보이는 상황이 아동을 강화하는 활동임을 확인해야 한다. 타임아웃이 효과적이기 위해서는 타임인 활동의 강화가치가 있어야 한다.

④ 타임아웃 시행 전에 적절한 타임아웃 시간을 결정한다.

⑤ 타임아웃 시행 전에 타임아웃 절차를 지도한다.

⑥ 타임아웃을 끝내는 방법을 결정한다.

⑦ 타임아웃에서 해야 하는 행동을 지도한다.

⑧ 타임아웃이 끝나는 시간을 알려 주기 위한 도구를 사용할 수 있다.

⑨ 타임아웃 시행과 종료 시 중재자는 간단하고 단호하게 타임아웃 시작과 종료를 언급한다.

⑩ 타임아웃 시행에 따른 행동의 변화를 점검할 수 있도록 자료를 수집한다.

(8) 반응대가와 타임아웃

구분	반응대가	타임아웃
공통점	정적자극 제거	
차이점	강화제의 상실	강화 받을 기회의 제거 (강화제로의 접근 차단)

4 정적벌

1. 과잉교정 14유

① 부적절한 행동에 대한 후속결과로 적절한 행동을 반복적으로 하게 하는 절차이다.

② 행동과 관련된 적절한 행동을 연습하게 하는 것으로 행동을 가르쳐 주는 것이지만, 벌이 되는 이유는 적절한 행동을 한 번이 아니라 여러 번 반복하게 하는 방법이 혐오자극이 되기 때문이다.

③ **정적연습 과잉교정**: 부적절한 행동을 대체할 수 있는 적절한 행동을 반복적으로 연습하는 것이다.

④ **원상회복 과잉교정**: 학생이 자신의 문제행동으로 손상된 것을 보상하게 하는 것이다.

키워드 Pick

2. 혐오자극 제시

① **부적연습** : 적절한 행동을 반복하게 하는 것이 아니라 부적절한 행동을 반복하게 하여 아동을 지치게 하거나 포화 상태가 되게 하여 부적절한 행동을 감소시키려는 기법이다. 이는 부적절한 행동을 반복해서 연습하게 하는 것이므로 과잉교정이 아니며 권장할 수 없는 방법이다.

② **유관훈련** : 행동을 반복하게는 하지만 적절한 행동을 반복시키는 것이 아니라, 아동의 부적절한 행동과 아무 관련이 없는 신체적 운동 동작을 반복하게 하는 것이다.

③ **신체구속** : 아동의 문제행동과 관련된 신체 부위를 움직이지 못하도록 구속하는 방법이다. 움직이지 못한다는 것은 혐오적이기 때문에 벌로 작용하게 된다.

10 행동의 일반화와 유지

기출 LINE

11유) 최 교사의 제안으로 현장 학습 후 민규의 어머니는 민규를 다른 도서관으로 데리고 가서 현장 학습에서 배운 대로 책을 대출해 보게 하였다.

1 일반화의 종류 20유, 16 · 22초, 13 · 18중

구분	자극 일반화 ⇨ 장소(상황), 사람(대상), 자료(사물)에 대한 일반화	반응 일반화	유지
동의어	• 일반화 • 훈련전이	• 부수적 행동 변화 • 동반적 행동 변화	• 반응 유지 • 소거저항 • 내구성 • 행동 지속성

2 일반화를 위한 전략

자극 일반화를 위한 전략	• 자연스러운 상황에서 가르치기 • 하루 일과 속에서 가르치기 • 훈련 상황을 일반화가 일어나야 할 상황과 비슷하게 조성하기 • 여러 다양한 상황을 이용하기 • 훈련 시 광범위한 관련 자극을 통합하기
반응 일반화를 위한 전략	• 충분한 예로 훈련하기 • 다양한 반응 수용하기

③ 유지를 위한 전략 ^{13추중, 17초} 13추중, 17초

1. 습득한 행동을 훈련 상황에서 유지하게 하는 전략

간헐강화계획	표적행동을 했을 때 가끔씩 강화하는 방법
과잉학습	적정 수준의 기술 수행 습득 후에도 계속 더 연습시키는 방법
분산연습	일정시간 내에서 분산시켜 여러 차례 연습시키는 방법
학습한 기술을 기초로 새 기술 교수	새로 학습한 기술을 또 다른 새 기술 학습 시 계속 삽입하여 연습기회를 늘려 주는 방법
유지 스케줄 사용	주기적으로 연습할 기회를 주는 방법
자연적 강화의 이용	자연적인 환경에서 강화 받을 가능성이 높은 행동을 선정해서 가르치고, 교수 상황에서 자연적 강화를 사용하는 방법

2. 습득한 행동을 일반화 상황에서 유지하게 하는 전략 ^{20초}

① 일반화 상황에서 주어지는 자연적 강화를 사용하기
② 일반화 상황에서 표적행동을 바르게 했을 때 강화하기
③ 일반화 상황에 있는 다른 사람들에게 강화하는 방법을 가르치기
④ 일반화 상황에서 간헐적으로 강화하기
⑤ 자신의 행동에 대한 자기관리 방법을 가르치기

④ 일반사례교수법 ^{24유}

1. 정의

① 일반사례 프로그래밍이라고 불리기도 한다.
② 어떤 조건이나 상황에서도 목표행동을 할 수 있도록 여러 관련 자극과 반응 유형을 포함하는 충분한 예들을 이용하여 교수하는 방법이다.
③ 교수의 전 영역, 즉 학습되어야 하는 행동기술의 일반화가 필요한 모든 자극과 모든 반응의 다양성을 포함한 교수의 예를 선정하여 교수하는 것을 의미한다.
④ 일반사례교수의 핵심은 훈련시키는 자극의 선택이라고 할 수 있다. 동일한 반응을 일으키는 자극 집단을 자극군이라고 하는데, 일반사례 교수는 자극군을 충분히 제공해서 일련의 자극에 대해서 반응을 수행할 수 있도록 가르치는 것이다.
⑤ 일반사례교수법은 치밀한 계획과 정확성을 강조한다. 정확성이란 학생이 다양한 자료로 다양한 사람에게 다양한 환경에서 학습한 행동기술을 적절하게 수행할 수 있어야 할 뿐 아니라 습득한 행동기술이 일반화 상황에서 부적절하게 발생하지 않아야 함을 뜻한다.
⑥ 즉, 행동기술이 요구되는 모든 상황에서 행동기술을 수행할 수 있어야 하고, 동시에 행동기술이 요구되지 않는 상황에서는 수행하지 않을 수 있어야 한다는 것이다.

🔑 키워드 Pick

2. 절차

① 교수할 전 영역의 정의	• 첫 단계는 교수가 진행될 전 교수 영역을 결정하는 것이다. • 교수 영역이란 학생이 배운 행동이 수행될 다양한 자극 상황을 포함하는 환경을 의미한다. • 교수 전 영역은 자극이 주어지거나 반응이 필요한 모든 자연적인 환경을 포함해야 하는데, 그 범위는 학생의 의사소통능력과 현행 행동기술의 수준, 그리고 행동이 수행될 환경의 특징에 따라 달라질 수 있다. • 따라서 교수 영역을 정의하려면 학생의 목표행동이 기대되는 상황과 수용 가능한 목표행동의 형태가 무엇인지에 대한 정의도 이루어져야 한다.
② 관련된 자극과 반응의 다양성의 범위 조사	• 두 번째 단계는 정해진 교수 영역 내에서 관련된 자극과 반응의 다양성 범위를 조사하는 것이다. • 관련 자극과 반응 변수의 범위를 정하기 위해서는 첫째, 목표행동에 대한 일반 사람들의 유능한 수행과 관련 있는 일반적 반응에는 어떤 것이 있는지 조사한다. 둘째, 일반적 반응이 일어나도록 하는 자극 변수들을 조사한다. 셋째, 학생이 자극 변수들에 대해 어떻게 반응하는지를 서술하고, 넷째, 예상되는 문제 상황이나 오류, 예외 상황을 조사하는 작업이 요구된다. • 이 과정에서 공통된 특징을 갖고 있는 자극끼리 분류하고 묶어서 일정하게 반응하는지 조사하는 것이 필요하다.

③ 교수와 평가에 사용될 예들의 선정	• 예를 선정할 때 주의할 점
	  － 선정한 예가 교수 영역 내의 모든 관련 자극과 모든 반응 변수가 포함되는 대표적인 예 중에서 최소한의 것이어야 한다는 것
	  － 예는 긍정적 · 부정적인 예를 모두 포함하여 선택해야 한다는 것
	• 긍정적 · 부정적인 예를 모두 선정하는 이유 : 행동기술이 요구되는 모든 상황에서 수행할 수 있어야 하고, 동시에 행동기술이 요구되지 않은 상황에서는 수행하지 않을 수 있어야 하기 때문이다.
	• 부정적인 예를 제시할 때 최대한의 부정적인 예와 최소한의 부정적인 예 두 가지가 반드시 포함되어야 한다고 했다(Albin과 Homer). 최대한 부정적인 예는 긍정적인 예와 관련 있는 자극은 전혀 포함하지 않은 예이다. 최소한 부정적인 예는 긍정적인 예와 한 가지 면에서만 다르고 나머지는 다 같은 관련 자극이어야 한다.

④ 교수사례의 계열화	• 교수될 사례들의 순서를 정하는 것이다. • 예가 제시되는 순서는 학습할 행동기술이 최소한의 오류로 가장 빠르게 습득되도록 도울 수 있게 계획되어야 한다.
⑤ 계획된 교수사례 순서에 따른 교수	• 계열화된 순서에 따라 사례들을 교수하는 것이다. • 이 단계에서는 촉구, 소거, 용암법, 강화 등의 전략이 함께 교수되어야 행동기술의 습득과 일반화에 효과가 있다.

⑥ 비교수 지역에서 훈련하지 않은 실례들의 평가	• 교수한 기술이 일반화되는지 여부를 알아보기 위해 비교수 지역에서 훈련하지 않은 사례들로 평가하는 것이다. • 일반화 평가는 교수하는 동안 정기적으로 실시할 수도 있고 교수를 종결한 다음에 실시할 수도 있다. • 비교수 지역에서의 평가는 교수 전 영역의 자극 및 반응 다양성을 포함하는 새로운 예를 선택하여 평가해야 하는데, 이는 새로운 다른 예를 통하여 교수되지 않은 동일한 조건의 다른 예에서도 성취가 이루어져 일반화되었음을 확인하려는 것이다.

CHAPTER

특수교육공학 04

맥 VIEW

04 특수교육공학

01 특수교육공학의 이해

① 특수교육공학의 구성요소

구분	특징
공학기기	• 간단한 개조 및 도움 장치만으로 장애를 가진 아동의 요구를 수용할 수 있는 기초공학기기 • 디지털 및 컴퓨터 기반의 첨단공학기기 • 휠체어, 보청기 등의 기계류 중심의 일반공학기기
서비스	• 교수-학습을 위한 소프트웨어의 활용 • 공학기기 준비, 사용, 사후관리
전략과 실제	• 활용 시기 및 활용방법에 대한 전문가의 선택 및 실제 적용 • 교수-학습기기나 소프트웨어를 수업 시간 전체에 모든 학급 구성원을 대상으로 활용하거나 특정 장애 영역, 특정 시간, 특정 집단을 대상으로 활용

② 특수교육공학의 장점: ABC모델

A	• 능력의 신장(Augment abilities) • 인지적, 신체적 손상으로 인해 저하된 능력을 공학기기를 이용하여 증진시키는 것 예 저시력의 경우, 문자확대기를 이용하여 잔존 능력을 적절히 이용할 수 있게 되는 경우
B	• 매체의 대체(Bypass) • 정보의 입출력과 관련하여 정보의 입력이 불가능한 경우, 정보를 시각적으로 확인할 수 없는 경우, 음성을 통한 입력 그리고 청각적 부호에 의한 출력을 제공하는 경우
C	• 장애의 보상(Compensate for disabilities) • 장애로 인한 비효율성을 최소화하는 것

✍ 키워드 Pick

❸ 특수교육공학과 구성주의

1. 구성주의에서의 지식

① 지식은 인식 주체에 의해 구성된다. 개인이 지식을 구성한다는 가정에는 인식 주체의 능동성을 포함한다. 즉, 지식은 개인이 수동적으로 구성하는 것이 아니라 스스로의 경험을 바탕으로 능동적으로 구성하는 것이다.

② 지식은 맥락적이다. 지식은 인식 주체에 의해 구성되고 항상 상황 내에서 이루어지며, 그것이 습득된 상황과 관련된다. 따라서 우리가 습득하는 지식은 지식 습득의 맥락과 개인의 선수지식, 경험 등에 따라 다르게 학습되며, 전이도 그 상황에 좌우된다. 이것을 '상황적 인지(situated cognition)'라고 한다.

③ 지식은 사회적 협상을 통해 이루어진다. 인식 주체에 의해 주관적으로 구성되고 상황에 따라 상이하게 구성되는 지식은 타인과의 상호작용 속에서 그 타당성이 검토되어 지식으로 형성된다.

맥 Plus

객관주의와 구성주의의 인식론적 차이

구분	객관주의적 인식론	구성주의적 인식론
지식	개인의 정신과 독립적으로 존재하는 고정적이고 확인할 수 있는 객체로서 내부로 전달되는 것	사회적 경험을 바탕으로 개인의 인지적 작용에 의하여 지속적으로 구성, 재구성되는 것
학습	교사에 의해 이미 존재하는 지식이 전달되는 것이고, 모든 학습자들은 획일적인 방법으로 실재를 알게 됨	학습자들이 자신이 위치한 물리적, 사회적 세계와 능동적으로 상호작용하는 해석적, 순환적, 구성적인 의미를 만드는 과정
교수목적	학습자에게 가장 효과적이고 효율적인 방법으로 지식을 알리거나 전달하는 것	개인의 아이디어를 이해하고 사용할 수 있도록 그 아이디어가 포함되어 있는 경험의 제공
최종목표	시공간을 초월해서 적용할 수 있는 탈역사적, 탈공간적, 범우주적인 진리와 지식의 추구	개인의 의미 있고 타당하며, 적합한 지식의 구성
교사	미리 준비된 내용을 일방적으로 제시하는 역할	학생들이 개인적으로 지식을 이해하고 구성하도록 보조하는 학습 안내자, 조언자, 동등한 학습자의 역할

2. 구성주의 이론

(1) 인지적 도제이론

① 정의: 인지적 도제이론은 전통적 도제 방법의 장점을 살려 현실과 괴리되지 않은 실제 상황에서 전문가의 과제수행 과정을 관찰하고 실제로 과제를 수행해 보는 가운데 자신의 지식 상태의 변화를 경험할 수 있도록 하는 것이다.

② 인지적 도제이론과 고전적 도제이론의 공통점

ㄱ 특정 사회집단에서 필요한 실제 과제의 문제해결 전 과정을 전문가가 시범해 보이는 모델링 단계가 있다.

ⓛ 문제해결을 위한 인지적 틀을 제시하는 기반구축 단계가 있다.

ⓒ 학습자 스스로 문제해결을 할 수 있도록 한다.

ⓔ 학습이나 지식습득은 반드시 체험을 통해 이루어져야 한다.

ⓜ 특정 사회집단의 문화적 양상이 내재되어 있는 특정 상황과 맥락에서 이루어져야 한다.

② 절차

1단계	모델링	인지적 도제 학습활동의 핵심과정으로 관찰, 안내, 지원이 제공되는 실제 수행을 통해 인지와 메타인지가 통합된 기술을 획득하는 데 도움을 줄 수 있도록 설계한다.
	코칭	
	인지적 기반구축	
2단계	명료화	전문가의 문제해결 과정에 초점을 두고, 학습자는 이 과정을 통해 자신의 문제해결전략을 조절할 수 있도록 설계한다.
	반성적 사고	
3단계	탐색	학습자 스스로 문제해결을 위한 가설의 수립과 해결을 위한 탐색을 격려하는 독립적인 학습을 제공하도록 설계한다.

(2) 상황학습이론 10중

① 개념 및 용어

구분	내용
개념	상황학습이론(situated learning theory)은 구성주의 관점에서 매체를 이용하여 실제 상황에서 일어날 수 있는 문제해결 환경을 제공해 주어 다양한 문제들을 경험하게 함으로써 전문가들의 문제해결 방법을 습득하도록 하는 교수방법이다.
용어	'앵커드 수업모형(anchored instruction model)' 혹은 '맥락정착적 교수', '앵커링 교수법(anchoring instruction)'이라고도 한다.

② 목적

상황학습이론은 다양한 교수매체를 활용하여 실제와 유사한 학습환경을 제공하고, 이를 통해 학습자에게 단순한 사실적 지식을 제공하기보다는 현실 상황에서 활용 가능한 지식을 제공해 주어 문제해결력을 증진시킨다.

③ 특징 및 장단점

㉠ 학습자가 배운 지식을 다양한 환경에서 도구를 활용하여 새로운 문제해결의 연결고리로 활용할 수 있게 한다.

㉡ 개인이 경험한 사실들이 집단에 반영되는 협동학습을 지향한다.

㉢ 정착점은 실제적 과제와 목적을 강조한다.

㉣ 수업은 상당한 양의 숨어 있는 자료를 포함한다.

㉤ 단편적인 문제를 독립적으로 제시하기보다 중다맥락적으로 제시함으로써 문제해결에 필요한 지식이 일련의 학문적 연계성을 이루고, 학습자의 인지활동이 활발해지도록 돕는다.

기출 LINE

10중) 학생이 문제를 해결할 수 있도록 실제 문제해결 상황을 비디오 등을 활용하여 제공한다.

기출의 맥

상황학습이론은 전공 2차 논술 문제로 출제된 바 있습니다. 구성주의 이론 중 가장 대표적인 이론입니다.

키워드 Pick

장점	• 맥락적 학습기회 제공 • 학습의 장려 • 학습활동에 활발한 참여 • 지식의 사회적 구성 • 문제해결능력 개발 • 지식 전이의 강화 • 학생들의 지식 소유권 촉진
단점	• 교사와 학생들의 역할 변화에 따른 교사의 거부감 • 앵커링 수업 단원 개발에 시간이 필요 • 앵커링 교수법을 선택한 교사들을 보조하는 데 필요한 내용과 비디오 자료들 그리고 어떤 장애인들도 뒤처지지 않도록 장비를 조작할 수 있는 상품과 기술에 대한 검증 • 앵커링 수업 단원 개발에 필요한 자료에 대한 접근 • 집단 아동들과 개별 아동의 수행평가를 위한 전략 • 협의적으로 정의되는 실제적 성격

④ 절차

단계	내용	비고

1단계	비디오 앵커
	시청하기
		• 비디오 앵커 시청: 모든 학생들이 같은 정보를 보고 모두가 이해할 만한 맥락을 만들어 나가기 위해 비디오를 함께 본다.
		• 비디오 내용 선택 시 고려할 점
		  − 학습자에게 풍부한 맥락을 제공하는 것
		  − 교실에서 모든 아동들이 같은 내용을 보고 누구나 이해할 수 있는 맥락을 제공하는 것
		  − 아동들이 다양한 관점으로부터 학습맥락을 찾아내고 탐구할 수 있게 하면서도 교육과정 안에서 흥미를 끌 수 있는 것

2단계	이야기 개작하기
	및 단편화
		• 이야기 개작하기: 학생들이 사건 또는 장면을 비디오에서 뽑아내어 이야기를 이해하는 데 중요하다고 생각하는 순서대로 열거한다.
		• 단편화 전략: 앵커에 대해 모두가 공유하는 전문지식을 발달시킬 수 있도록 단편화한다.
		  − 비디오의 장면 변화에 따른 전환점 찾아보기
		  − 한 장면 내에서 주인공의 등장에 따른 전환점 찾아보기
		  − 전체적인 내용 구성상 변화에 따른 전환점 찾아보기

3단계	특징짓기	• 특징분석을 위해 다섯 명으로 구성되는 소집단으로 나누고 각 집단은 하나의 캐릭터에 대해 자세히 검토한다. 각 집단은 인물 분석 자료(동영상 등)를 전체 학생들에게 제시하고, 이와 관련하여 논의한다.

4단계	학생의 연구	• 토론에서 발생한 쟁점들에 대한 문제해결을 위해 소집단으로 나뉘고, 집단 구성원들은 작업을 배분한다. 각 집단들은 그들의 작업을 소개하고 학급 구성원들과 공유한다.

(3) 인지적 유연성 이론

지식 습득에 관한 구성주의적 접근의 하나로 제안한 이론으로, 지식의 특성과 구성과정을 기본 전제로 한다. 인지적 유연성이란 여러 지식의 범주를 넘나들고 연결 지으면서, 다양한 방법으로 급격하게 변화해 가는 상황적 요구에 탄력성 있게 대처하는 능력을 의미한다.

02 보편적 학습설계

① 보편적 설계

1. 보편적 설계의 정의

(1) 보편적 설계의 정의

보편적 설계란 가능한 기능적 능력으로 가장 광범위한 범주의 사람들에 의해 사용 가능한 제품과 서비스를 디자인하고 전달하는 개념 또는 철학을 의미하며, 직접 사용할 수 있는(보조공학이 필요 없는) 제품과 서비스 그리고 보조공학과 함께 사용할 수 있는 제품과 서비스를 포함한다.

보조공학	보조공학장치나 보조공학서비스에 이용되도록 고안된 공학
보조공학장치	상업적으로 개조된, 혹은 주문 제작하여 구입하였는지를 막론하고 장애인 개개인의 기능적 능력을 증진, 유지 혹은 향상시키기 위해 사용되는 어떤 부품, 장비의 일부분, 생산 시스템
보조공학서비스	장애인이 보조공학장치를 선택, 획득 또는 사용할 수 있도록 직접적으로 도와주는 서비스

(2) 보편적 설계의 동의어들

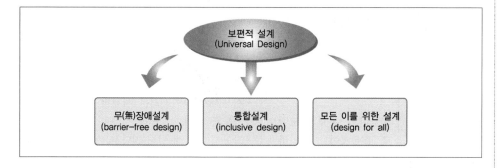

💎 키워드 Pick

2. 보편적 설계의 원리

7가지 원리	내용	30가지 지침
공평한 사용	서로 다른 능력을 가지고 있는 다양한 사람들에게 유용하게 사용될 수 있는 설계	• 모든 사용자들에게 동일한 사용수단을 제공한다. • 어떠한 사용자도 분리되거나 낙인찍히지 않도록 한다. • 사생활, 보장성 그리고 안전성에 대한 조항은 모든 이용자들에게 공평하게 제공되어야 한다. • 모든 사용자들의 흥미를 끌도록 설계해야 한다.
사용상의 융통성	개별적으로 다양한 선호와 능력에 따라서 조정할 수 있는 설계	• 사용방법상의 선택권을 제공한다. • 오른손잡이, 왼손잡이 모두 접근하고 이용할 수 있도록 편의를 도모한다. • 사용자의 정확성과 정밀도를 촉진한다. • 사용자의 속도를 위해 적응성을 제공한다.
간단하고 직관적인 사용	사용자의 경험, 지식, 언어, 기술, 집중력 등에 관계없이 이해하기 쉬운 설계	• 불필요하게 복잡한 것을 제거한다. • 사용자의 기대와 직관에 일치되게 한다. • 광범위한 문해력과 언어 기술을 수용한다. • 그것의 중요성과 일치하는 정보를 배열한다. • 과제수행 중과 과제수행 후에는 효과적인 촉진과 피드백을 제공한다.
쉽게 인지할 수 있는 정보	사용자들이 지각능력이나 주변 조건에 관계없이 필요한 정보를 효과적으로 전달할 수 있는 설계	• 필수정보는 여러 형태(그림, 구어, 촉각 등)을 사용하여 중복적으로 제시한다. • 필수적 정보와 배경 간에 적절한 대비가 이루어지도록 한다. • 필수적인 정보의 '가독성'을 최대화한다. • 기술할 수 있는 다양한 방법으로 요소들을 차별화시킨다. • 지각이 제한적인 사람들이 사용하는 공학제품 또는 장치에 호환성을 제공한다.
오류에 대한 포용성 (관용)	우연적이거나 의도하지 않은 행동에 의한 부정적인 결과나 위험을 최소화할 수 있는 설계	• 위험과 오류를 최소화하기 위한 요소를 배열하라. 가장 많이 쓰이는 요소, 가장 접근 가능한 요소 및 위험요소를 제거하고, 격리시키거나 보호장치를 한다. • 위험과 오류에 대한 경고를 제공한다. • 안전구조의 특징을 제공한다. • 주의를 필요로 하는 과제수행 시 무의식적인 행동을 하지 않도록 한다.
적은 신체적 노력	최소한의 육체적 노력으로 효율적이고 편리하게 사용할 수 있는 설계	• 사용자가 자연스러운 신체적 자세를 유지할 수 있도록 한다. • 작동시키는 데 있어 적당한 힘을 사용하게 한다. • 반복적인 동작을 최소화한다. • 지속적인 신체적 수고를 최소화한다.

접근과 사용을 위한 크기와 공간	사용자의 신체 크기, 위치, 이동성에 관계 없이 접근, 도달, 조작, 사용할 수 있는 여유 있는 적절한 크기와 공간을 제공하는 설계	• 사용자가 앉거나 혹은 서 있더라도 주요 요소에 대한 뚜렷한 시야를 제공한다. • 모든 구성요소를 앉아 있거나 서 있는 사용자가 편안하게 도달할 수 있도록 제작한다. • 손이나 악력의 크기에 따라 조절이 가능하도록 한다. • 보조공학장치의 사용 혹은 개인적 지원을 위한 적절한 공간을 제공한다.

② 보편적 학습설계(UDL)

1. 보편적 학습설계(UDL)의 이해

(1) 보편적 학습설계(UDL)의 개념

① 보편적 학습설계는 건축학 개념에서 주창된 보편적 설계를 교육영역에서 활용하고자 하는 패러다임으로서 모든 학습자가 일반교육과정을 수행할 때 부딪히게 되는 높은 장벽을 개선하기 위한 방법이며, 융통성 있는 수업목적, 수업방법, 수업자료, 평가를 학습자 차이에 따라 조절한 상세 계획을 말한다.

② 보편적 학습설계란 다양한 특성을 가진 모든 학생이 동등하게 교육과정에 접근하고 참여하는 과정을 통해 바람직한 교육적 결과를 극대화할 수 있도록 계획 단계에서부터 학생들의 일반성과 특수성을 고려하는 설계이다.

③ 보편적 학습설계란 기존의 보편적 설계의 개념을 두 가지 측면에서 확장시킨 것이라는 주장이 있다. 첫째는 교육과정에 내재한 융통성의 개념을 적용하는 것이고, 둘째는 교실에서 정보에 대한 접근성의 향상뿐만 아니라 학습에 대한 접근성을 향상시킨 개념이라고 하였다.

④ 보편적 학습설계는 장애학생만을 대상으로 하는 특수교육을 일반교육과 분리된 이원적 체계로 설계하기보다는 다양한 특성을 가진 모든 학생이 일반교육과정에 접근할 수 있도록 계획 단계에서부터 학생들의 다양한 범위를 보다 확장하여 교육과정이나 교수법 등을 설계하는 과정이 포함된다.

(2) 보편적 학습설계의 기본가정

① UDL은 교실에서의 학습 차이의 연속성을 가정한다.

② UDL은 융통성 있게 제시된 일반교육과정에 의존한다.

③ 특정 학생만을 위한 대안적 교육과정이나 기준을 제시하기보다는 모든 학생을 동일한 기준에 근거하여 평가한다.

④ 교수와 관련된 제반 사항이 설계 단계부터 포함된다.

기출 LINE

10중) 보편적 학습설계는 교육내용이나 교육 자료를 개발할 때 대안적인 방법을 포함시킴으로써 별도의 교수적 수정을 하지 않도록 하는 것이다.

기출의 맥

보편적 학습설계는 출제빈도가 아주 높습니다. 다양한 예시를 생각하며 정확하게 이해해 두세요!

키워드 Pick

기출 LINE

10중) 보편적 학습설계는 일반교육과정의 수준을 낮추는 것이 아니라, 융통성 있는 다양한 방법을 제시함으로써 장애학생이 일반교육과정에 접근할 수 있도록 하는 것이다.

10중) 보편적 학습설계는 건축 분야의 보편적 설계에서 유래한 개념으로, 학습에서의 인지적 도전 요소를 포함하여 설계한다는 점에서 보편적 설계와 차이가 있다.

(3) 보편적 설계와 보편적 학습설계(UDL)

구분	보편적 설계	보편적 학습설계
접근과 참여의 수단	• 생산물과 환경은 추가적인 조정의 필요 없이 모든 사람들에 의하여 사용될 수 있게 한다.	• 교육과정은 교사에 의한 추가적인 조정의 필요 없이 모든 학습자들에 의해 활용 가능해야 한다.
활용	• 사용자들이 모든 접근을 통제하며 다른 사람들의 도움이 없거나 거의 필요하지 않다.	• 학습자들이 접근 수단을 통제하지만 교사들은 교수와 촉진, 학습자들의 학습에 대한 평가를 계속한다.
도전	• 만약 제거할 수 없다면 최소화한다. • 접근에 대한 장애는 가능한 한 많이 없앤다. • 가장 좋은 설계는 가장 쉽고 광범위한 접근을 제공한다.	• 몇몇 인지적인 도전들이 여전히 유지되어야 한다. • 접근에 대한 장애들은 없어져야 하지만 적합하고 적당한 도전은 유지되어야 한다. • 만약 접근이 너무 없다면, 학습은 더 이상 일어나지 않을 것이다.

2. 보편적 학습설계(UDL) 가이드라인 2.2(CAST, 미국특수교육공학응용센터)

12 · 14 · 17 · 20 · 21유, 12 · 15 · 18 · 20 · 21초, 13추 · 17 · 19 · 23 · 24중

기출 LINE

11중) 이 원리에는 장애학생을 비롯한 모든 학생의 학업 성취도를 측정하고 평가하기 위해서 교육과정 내에 다양한 옵션을 마련하는 것이 포함된다.

기출의 맥

각 원리의 지침까지 이해와 암기가 확실하게 되어야 해요!

	다양한 참여수단 제공하기	다양한 표상수단 제공하기	다양한 행동과 표현수단 제공하기
	• 정서적 신경망 • 학습의 이유	• 인지적 신경망 • 학습의 내용	• 전략적 신경망 • 학습의 방법
접근	흥미를 돋우는 선택권 제공하기	지각을 위한 선택권 제공하기	신체적 행동의 선택권 제공하기
	• 개인의 선택과 자율성 최적화하기 • 관련성, 가치, 진정성 최적화하기 • 위협과 혼란(주의산만) 최소화하기	• 정보제공을 맞춤화하는 방식 제공하기 • 청각 정보의 대안 제공하기 • 시각 정보의 대안 제공하기	• 응답 및 탐색 방식 다양화하기 • 도구, 보조공학에 대한 접근 최적화하기
증강	노력과 일관성의 지속을 돕는 선택권 제공하기	언어 및 상징의 선택권 제공하기	표현 및 의사소통의 선택권 제공하기
	• 목적과 목표의 중요성 강조하기 • 도전을 최적화하기 위해 요구와 자원을 변경하기 • 협력과 공동체 육성하기 • 숙달 지향적 피드백 증대하기	• 어휘와 상징 명확히 하기 • 구문과 구조 명확히 하기 • 텍스트, 수학표기법, 상징의 해독 지원하기 • 언어에 관계없이 이해 촉진하기 • 멀티미디어로 설명하기	• 의사소통을 위해 멀티미디어 사용하기 • 구조와 구성을 위해 다양한 도구 사용하기 • 연습과 수행에 대한 지원을 점차 줄이면서 유창성 구축하기
내면화	자기조절을 돕는 선택권 제공하기	이해를 돕는 선택권 제공하기	실행기능을 돕는 선택권 제공하기
	• 동기부여를 최적화하는 기대와 신념 장려하기 • 개인적 대처기술과 전략 촉진하기 • 자기평가와 반성 개발하기	• 배경지식을 활성화하거나 보완하기 • 패턴, 중요한 특징, 빅 아이디어, 관계 강조하기 • 정보처리 및 시각화 안내하기 • 전이와 일반화 최대화하기	• 적절한 목적 설정 안내하기 • 계획과 전략 개발 지원하기 • 정보 및 자원관리 촉진하기 • 진보 점검 능력 증강하기
목적	목적이 있고 동기화된 학습자	자원 및 지식이 풍부한 학습자	전략적이고 목적 지향적인 학습자

키워드 Pick

3. 보편적 학습설계(UDL)의 이론적 배경

(1) 뇌의 사고 시스템

① 의미

ⓐ 뇌의 세 가지 시스템은 서로 연결되어 상호작용하지만 각기 독특하기 때문에, 세분화된 뇌에 의하여 이루어지는 여러 종류의 학습은 교수 적용과 매체 사용에서 다른 접근을 필요로 한다.

ⓑ 뇌의 세 가지 시스템 각각에서의 개인차에 부응하는 교수-학습을 위해서는 모든 학습자의 개인차를 인정하고 그들이 사고하는 뇌의 시스템에 기초한 보편적 학습설계가 필요함을 정당화할 수 있다.

② 뇌의 3가지 시스템

기출 LINE

11중) 이 원리는 뇌가 어떻게 학습하는지에 관한 뇌사고 시스템 연구에서 밝혀 낸 '전략적 시스템'과 연관되어 있다.

구분	특징
인지적 네트워크	• 인지활동은 뇌의 여러 영역에 분산되어 병렬적인 처리 • 인지활동은 상향처리와 하향처리 방식으로 구분 • 인지 네트워크의 개인차 • 무엇을 배울 것인가? • 다양한 표상수단 제공
전략적 네트워크	• 전략적 처리과정은 분산 • 전략의 처리는 상향처리와 하향처리 방식으로 구분 • 전략 네트워크의 개인차 • 어떻게 학습하는가? • 다양한 표현수단 제공
정서적 네트워크	• 정서적 처리과정 분산 • 정서적 네트워크는 상향처리와 하향처리 방식으로 구분 • 정서적 네트워크의 개인차 • 왜 학습하는가? • 동기부여를 위한 다양한 수단 제공

(2) 다중지능이론

① 의미

ⓐ 다중지능이론의 기본적 원리는 지능이 단일한 능력 요인 혹은 다수의 능력 요인으로 구성된 하나의 지능으로 구성되는 것이 아니라, 서로 독립적이지만 상호작용하는 다수의 지능으로 구성된다는 것이다.

ⓑ 다중지능이론은 모든 학생들이 최소한 하나의 우수한 지능을 가지고 있으며, 이 지능을 이용하여 가르치면 성공적으로 학습할 수 있다는 교육철학과 믿음을 가지고 있다.

ⓒ 다중지능이론의 입장을 인정한다면 보편적 학습설계는 당위성을 가지며 모든 학습자들이 그들의 강점을 이용해 학습할 수 있도록 설계하기 때문에 학습에서의 개인차 문제를 자연스럽게 해결할 수 있을 것이다.

② 다중지능이론의 교육적 적용

지능 유형	교육적 적용
1. 언어지능	• 교과서 중심학습, 구두 대답 • 읽기, 암기, 쓰기, 말하기, 토론하기 • 단어게임이나 퍼즐
2. 논리/수학지능	• 문제해결과 실험하기, 그리고 질문과 답하기 활동 • 분류, 범주화, 규칙, 추상적인 과제 • 조직자: 매트릭스, 차트, 표
3. 공간지능	• 개념을 강화하고 복잡한 생각과 통하는 이미지 활용하기 • 지도, 모형, 그래프, 다이어그램, 시각적 도표, 멀티미디어 교재 활용하기 • 디자인, 그림, 공상, 사진 보기
4. 신체운동지능	• 전신활동, 신체 활용과 접촉(교구 활용) • 역할놀이와 가상활동 • 도구 활용하기
5. 음악지능	• 리듬, 랩, 멜로디, 줄넘기 노래 • 기억술, 음악이나 운율이 있는 시 짓기나 듣기
6. 대인관계지능	• 팀이나 협동학습 집단을 활용하거나 공유하고 비교하기, 관련짓기, 인터뷰하기 등을 촉구하기 • 강의나 단독 과제는 최소화하기
7. 자기이해지능	• 사색이나 혼자 수행하기, 흥미에 몰입하기, 새로운 학습과 자신을 통합하기 등의 기회 제공하기 • 자신의 학습 속도에 맞는 과제나 컴퓨터 활용 과제 제시
8. 자연친화지능	• 실외활동을 할 기회를 제공하고 자연 안에서 환경을 즐기는 활동을 하도록 촉구하기

(3) 테크놀로지의 발달

① 보편적 학습설계의 핵심은 디지털 테크놀로지를 활용하여 학습자가 반응하는 방식과 자료가 제시되는 방식을 전환할 수 있는 융통성이 있다.

② 비록 디지털 자료들이 보편적 학습설계의 교육과정을 전달하는 유일한 방식은 아니지만 표현에 있어서 최대의 융통성을 허용해 주기 때문에 다양한 학생들의 능력 범위에 적응하는 것을 쉽게 만들어 줄 수 있다.

③ 테크놀로지가 보편적 설계와 보조공학의 핵심이지만 보조공학은 학생 개개인들이 주류 교육과정에 접근할 수 있도록 도와주기 위하여 설계되고, 보편적 학습설계는 모든 학생들이 주류 교육과정에 접근할 수 있도록 교육과정을 보편적으로 설계한다는 분명한 차이를 갖고 있다.

⚡ 키워드 Pick

4. 보편적 설계 및 보편적 학습설계(UDL)와 교육

(1) 정보에 대한 접근성과 학습에 대한 접근성

① 정보에 대한 접근성과 학습에 대한 접근성을 동일하게 보는 경우도 있으나, 실제로 이 두 종류의 접근성은 보편적 설계를 통해 이루고자 하는 각기 다른 목적에 해당한다. 경우에 따라서는 정보에 대한 접근성 향상이 학습에 핵심적이고 스스로 해결해야 할 어려움과 난관을 지나치게 감소하거나 제거함으로써 학습을 저해할 수도 있다.

② 학습내용과 활동에 대한 접근성이 학습에 필수적이지만 정보에 대한 접근성 자체는 학습을 위한 충분조건도 동의어도 아니다. 학습목적에 대한 정확한 인지만이 적절한 지원과 그 제공 시기를 결정하게 한다. 이러한 결정이 바르게 이루어졌을 때 학생은 학습에 대한 접근성을 얻게 된다.

(2) 보편적 설계와 통합교육

① 보편적 설계와 통합교육의 공통점

구분	보편적 설계	통합교육
철학적 배경	• 인간중심 사고 • 인간의 다양성 표출	• 인간의 다양성 인정(인간주의 패러다임)
대상	• 모든 생활영역(제품, 서비스, 거주, 교육, 고용 등)	• 장애학생을 포함한 모든 학생
목적	• 참여, 접근, 사용 보장	• 통합, 동등한 학습기회 제공
방법	• 원리 　- 기능지원 디자인 　- 수용 가능한 디자인 　- 접근 가능한 디자인 • 원칙 　- 동등한 사용 　- 사용상의 융통성 　- 손쉬운 이용 　- 정보 이용의 용이 　- 안전성 　- 힘들지 않은 조작 　- 적절한 크기와 공간	• 교육과정 　- 원리: 수용 가능한 디자인, 접근 가능한 디자인 　- 원칙: 동등한 사용, 사용상의 융통성 • 교수-학습 운용 　- 원리: 기능지원 디자인 　- 원칙: 손쉬운 이용, 정보 이용의 용이, 안전성 • 교육환경 　- 원리: 접근 가능한 디자인, 안전한 디자인 　- 원칙: 힘들지 않은 조작, 적절한 크기와 공간

② 통합교육과 보편적 설계의 아이디어

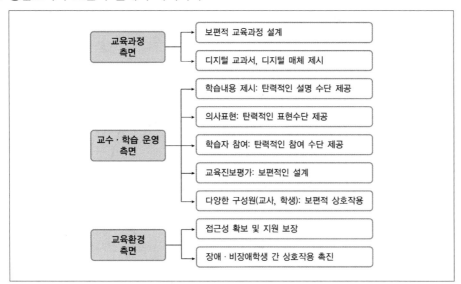

(3) 보편적 학습설계와 통합교육

구분	내용
교육과정 측면의 원리	• 동등한 사용 • 사용상의 융통성
교수-학습 운영 측면의 원리	• 간단하고 직관적인 사용 • 쉽게 인지할 수 있는 정보 • 오류에 대한 포용성
교육환경 측면의 원리	• 적은 신체적 노력 • 접근과 사용을 위한 크기와 공간

🔖 Plus

보편적 학습설계(UDL) · 보편적 수업설계(UDI) · 보편적 교육설계(UDE)

UDL	학령기 학생중심의 교육방법 및 교재 개발에 초점을 맞춘 것
UDI	보편적 설계의 원리는 고등교육 상황에서 학습장애를 중심으로 다양한 장애학생의 교수에 초점을 맞춘 것
UDE	보편적 설계의 원리를 학령기, 대학교육, 평생교육단계에 적용하여 일반적으로 실행할 수 있는 교육방법

💡 키워드 Pick

5. 보편적 학습설계(UDL)의 실행

(1) 교실차원의 UDL 실행 과정

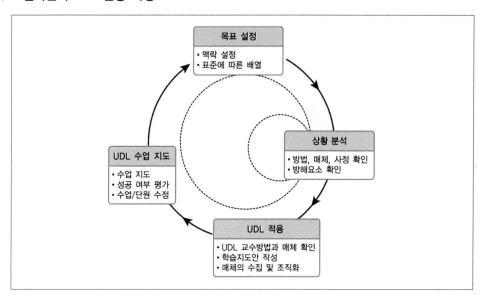

(2) 조직차원의 UDL 실행 과정

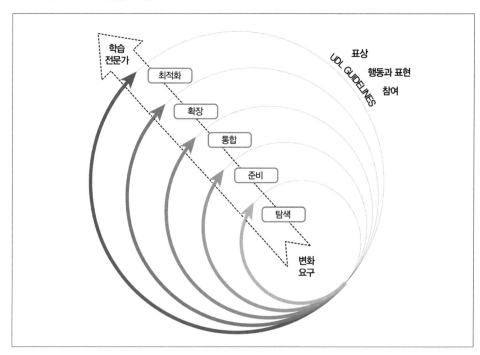

| 조직차원의 UDL 실행 과정 |

(3) 보편적 학습설계 원리의 적용 단계

단계	내용
1단계	• 학생들의 강점과 흥미 확인 • IEP팀은 학생들이 가진 개인적 특징, 문화적, 언어적, 그리고 경험적 배경을 확인 • 학업적, 행동적, 사회적 강점과 흥미, 그리고 이러한 변수들이 얼마나 학생들의 수행과 상호작용에 영향을 주는지 평가
2단계	• 학생들의 수행에 영향을 미치는 통합학급의 모든 요인을 평가 • 교육과정적 기대, 교수, 과제전략, 교실 일과와 규칙, 학생들의 사회적 상호작용 패턴과 같은 학생들의 수행에 영향을 미치는 모든 것들이 포함
3단계	• 접근과 성공에 관련된 장애물을 확인 • IEP팀은 1단계와 2단계에서 수집된 정보를 논의함으로써 통합학급에서 학생들의 접근과 성공을 방해하는 장애물을 확인
4단계	• 수정이 가능한 범위를 고려 • 통합교실에서 학생들의 접근과 성공을 방해하는 장애물을 제거하기 위해 가능한 교수적 수정 범위를 고려
5단계	• 학생의 개별 특성과 접근 및 성공과 관련된 장애물을 없애기 위한 교수적 수정을 선정하는 보편적 학습설계 원리를 사용
6단계	• 학생들의 IEP에 보편적 학습설계에 의한 교수적 수정을 명확히 반영 • IEP팀은 학생의 접근과 성공에의 장애물을 극복할 수 있는 특별한 활동을 누구나 알 수 있도록 하기 위해 학생들의 IEP에 선택된 보편적 학습설계에 의한 교수적 수정 목록을 분명히 해야 함
7단계	• 영향과 수행을 평가 • 학생들의 학습, 행동, 사회적 기술을 평가함으로써 접근과 성공에 미치는 영향을 알아보기 위해 선정된 교수적 수정을 평가 • 효율적인 교수적 수정은 다른 또래와 같은 방식으로 학생이 수행하도록 하기 위해 수정되거나, 가능하다면 점진적으로 따라가야 함

💡 키워드 Pick

03 접근성

① 접근성의 이해

접근성	• 웹이나 앱 등에서 제공하는 정보를 신체적·기술적 여건과 관계없이 장애인 등 비장애인과 동등하게 접근하고 이용할 수 있도록 보장하는 것	
장애인 접근권	• 인간으로서의 존엄과 가치 및 행복을 추구할 권리를 보장받기 위하여 장애인이 시설과 설비를 다른 사람의 도움 없이 동등하게 이용하는 한편, 다른 사람의 도움 없이 정보에 자유롭게 접근할 수 있는 권리 • 장애인 접근권은 무장애(barrier-free)라는 이념에 영향을 받고 있음	
	이동권	• 보행로, 각종 교통수단, 정보통신시설, 공공건축물 등 생활필수시설을 이용하는 데 어려움이 없도록 만드는 것
	편의시설 접근	• 편의 시설에 대한 법령과 관련 법이 시행되어 법적으로 이동권을 보장받고 있으나, 현실적으로는 포괄적인 접근이 이루어지지 못하고 있음
	정보접근	• 의사 표현과 정보이용에 필요한 통신, 수화통역, 자막, 점자 및 음성도서 등 모든 서비스를 받을 권리

② 웹 콘텐츠 접근성 가이드라인

1. 의미

① 장애인을 비롯한 모든 사용자가 웹상에서 제공되는 모든 정보에 접근할 수 있도록 보장하는 웹 접근성을 높이기 위한 가이드라인이다.

② 이 표준의 체제는 원칙(principle), 지침(guideline), 검사항목(requirement)의 3단계로 구성되었다. 개정된 웹 접근성 표준은 웹 접근성 제고를 위한 4가지 원칙과 각 원칙을 준수하기 위한 14개 지침 및 해당 지침의 준수 여부를 확인하기 위해 33개의 검사항목을 제시하였다.

2. 웹 콘텐츠 접근성 가이드라인을 고려해야 하는 웹사이트 사용자 유형

① 시각을 통해 정보를 인지할 수 없는 시각장애가 있는 경우

② 청각을 통해 음향 정보를 인지하지 못하는 청각장애가 있는 경우

③ 신체의 움직임에 제한이 있는 지체장애가 있는 경우

④ 읽기나 문장 이해력에 제한이 있는 언어 또는 지적장애 등이 있는 경우

⑤ 키보드나 마우스를 사용할 수 없는 장애가 있는 경우

⑥ 시각, 청각 또는 손을 사용하고 있어 필요로 하는 일을 할 수 없는 경우 ⇨ 운전 중이거나 소음이 많은 곳에서 일하는 경우 등 웹 사용자가 처한 환경에 따라 제한받는 경우

3. 웹 콘텐츠 접근성 가이드라인의 용어

기출의 맥

웹 접근성 기출문제는 대부분 예시를 제시하기 때문에 관련 용어를 이해하고 상황을 파악할 수 있어야 합니다. 웹 접근성 지침을 암기하기 전에 우선 사용되는 용어를 이해해 두세요!

01	건너뛰기 링크 (skip navigation)	• 반복 영역의 순차적인 내비게이션을 생략하고 웹 페이지의 핵심 영역으로 이동할 수 있는 수단(버튼, 텍스트 링크를 의미)이다.
02	고대비 모드 (high contrast)	• 전경과 배경 간의 명도 대비를 강조하여 표시하는 것으로 해당 항목을 보다 뚜렷하게 식별할 수 있도록 도와준다.
03	공백 문자 (blank text)	• 아무런 정보도 가지고 있지 않은 문자열을 의미한다. HTML(Hyper Text Markup Language) 등의 문법에서 공백 문자 " "을 나타낸다. 공백 문자를 화면낭독프로그램(screen reader)을 사용하여 읽으면 아무런 소리도 나지 않는다.
04	광과민성 증후 (photosensitive epilepsy)	• 빛의 깜빡거림에 의해 발작을 일으키는 증상을 말한다. 주로 초당 3~50회 주기의 번쩍거림이 광과민성 발작을 일으키는 원인이 되며, 초당 20회 부근의 번쩍거림이 발작을 가장 잘 일으키는 주파수로 알려져 있다.
05	네임(name)	• 사용자가 소프트웨어를 통해 웹 콘텐츠 내의 구성요소를 식별할 수 있도록 제공된 텍스트를 의미한다. • 레이블(label)은 노출되어 있어 모든 사용자가 볼 수 있는 반면, 네임은 숨겨져 있을 수 있으며 보조기술에 의해서만 노출된다. • 대부분의 경우, 레이블과 네임은 동일하다. 네임은 HTML의 name 속성과는 관련이 없다.
06	다운 이벤트 (down-event)	• 포인터가 눌려질 때 발생하는 플랫폼 이벤트이다. 다운 이벤트는 플랫폼에 따라 "터치스타트(touchstart)" 또는 "마우스다운(mousedown)"과 같은 다른 이름을 가질 수 있다.
07	대체수단 (alternatives)	• 멀티미디어 콘텐츠에 포함된 음성(대화)을 대체하기 위한 콘텐츠. 자막, 구술된 내용을 글로 옮긴 대본(transcript), 수어(sign language) 등이 그것이다. 여기에서 자막과 대본은 텍스트 콘텐츠이며, 수어는 미디어 형식의 대체 콘텐츠이다.
08	대체 콘텐츠 (alternative content)	• 텍스트 콘텐츠를 오디오, 비디오 또는 오디오-비디오 형식으로 변환하여 제공하는 미디어 콘텐츠이다. 예를 들어, 어떤 텍스트를 수어로 번역하여 제공하는 비디오 파일은 대체 콘텐츠라고 할 수 있다.
09	대체 텍스트 (alternative text)	• 텍스트 아닌 콘텐츠를 대신하기 위해 제공되는 등가의 텍스트이다. 동영상의 경우, 멀티미디어 대체수단에서 제시하는 대체수단을 제공해야 한다.

키워드 Pick

10	동일한 상대적인 순서 (same relative order)	• 다른 항목 대비 상대적으로 동일한 순서(또는 위치)로서, 순서가 있는 항목들 내에 다른 항목이 추가 또는 제거되더라도 원래 항목들이 동일한 상대적인 순서대로(또는 위치에) 제시되는 경우를 말한다. 예 원래 항목 A, C, D, E에서 B항목을 추가한 경우 ⇨ A, B, C, D, E 예 원래 항목 A, C, D, E에서 C항목을 제거한 경우 ⇨ A, D, E
11	드롭다운 메뉴 (drop-down menu)	• 여러 개의 항목을 포함하고 있는 목록에서 하나의 항목만 보이다가 사용자가 메뉴 확장 버튼을 활성화시키면 나머지 목록의 전부 또는 일부가 아래로 펼쳐져 나타나는 방식의 사용자 입력 콘트롤·콤보상자(combo box)라고도 한다.
12	레이블 (label)	• 사용자가 웹 콘텐츠 내의 구성요소를 식별할 수 있도록 제시된 텍스트나 텍스트 대체수단이 있는 구성요소이다. • 네임(name)은 숨겨져 있을 수 있으며 보조기술에 의해서만 노출되는 반면, 레이블은 노출되어 있어 모든 사용자가 볼 수 있다. 대부분의 경우, 네임과 레이블은 동일하다.
13	레이어 팝업 콘텐츠 (layer popup content)	• 팝업창 차단 기능이 있는 브라우저에서 시각적으로 팝업창과 같은 효과를 내도록 구현한 콘텐츠이다. • 레이어 팝업 콘텐츠는 같은 페이지의 일부 영역을 가리고 그 위에 표시되므로, 그 뒤의 콘텐츠를 보기 위해서는 반드시 레이어 팝업을 화면에서 사라지도록 해야 한다. 레이어 팝업은 웹 페이지에 포함되는 콘텐츠이므로, 6.1.2절(초점 이동과 표시)과 5.3.2절(콘텐츠의 선형구조)을 위반하지 않도록 구현해야 한다.
14	마우스 오버 (mouse-over)	• 웹 페이지 안의 어떤 요소에 마우스 포인터를 올려놓았지만 마우스 버튼을 누르지 않은 상태를 말한다. • 따라서 마우스 오버는 해당 요소를 선택만 하고 활성화하지 않은 상태를 의미한다.
15	마우스 클릭 (mouse click)	• 마우스 포인터를 특정 객체나 요소를 가리킨 다음에 마우스의 버튼을 누르는 행위이다. 마우스 클릭 이벤트가 발생하면 보통은 해당 객체가 활성화되어 어떤 동작이나 기능을 실행하며, 종종 맥락의 변화가 일어난다.
16	마크업 언어 (markup language)	• 텍스트의 각 부분에 의미를 나타내는 정보를 기술할 수 있도록 정의한 언어이다. HTML, 확장 마크업 언어(XML : eXtensible Markup Language) 등이 이에 해당한다.
17	멀티미디어 (multimedia)	• 시간의 변화에 따른 정보를 제공하기 위하여 오디오 또는 비디오 콘텐츠를 또 다른 포맷과 동기화하여 제공하도록 만들어진 콘텐츠 또는 콘텐츠 재생 과정의 특정 시점에서 사용자와의 상호작용이 필요한 매체이다.
18	명도 대비 (contrast)	• 색의 밝고 어두운 정도이다.

19	반복 영역 (repetitive block)	• 반복되는 영역, 메뉴, 링크 모음과 같이 동일한 내용이 여러 웹 페이지에 걸쳐 같은 위치에서 나타나는 영역이다. • 글로벌 내비게이션(global navigation)도 반복 영역의 하나이다. 모든 페이지에 걸쳐 존재하는 광고 영역 등도 그 내용의 다름 여부와 관계없이 반복 영역으로 간주된다.
20	배경 이미지 (background image)	• 콘텐츠의 배경을 장식하기 위하여 사용되는 이미지이다. 배경 이미지는 제거하더라도 콘텐츠의 이해와 사용에 아무런 영향을 주지 않아야 한다. 배경 이미지를 제거하였을 때 콘텐츠를 이해하기가 불가능 하거나 사용이 어려운 경우, 콘텐츠는 배경 이미지가 의미하는 정보를 보조기술로 전달하도록 구현해야 한다.
21	배치용 테이블 (layout table)	• 제목 행과 제목 열이 있는 데이터용 테이블(data table)과는 달리, 콘텐츠 블록을 원하는 크기와 형태로 배치하기 위하여 사용한 테이블이다. 배치용 테이블은 제목 행, 제목 열 및 표 제목이 없다.
22	보조기술 (assistive chnology)	• 장애를 지닌 사용자의 요구조건을 만족시키는 기능을 추가하여 제공하는 하드웨어 또는 소프트웨어이다.
23	새 창, 팝업창 (new window, popup window)	• 새로운 페이지를 보여주기 위해 현재의 창이 아닌 별도의 창 또는 탭으로 열리는 경우, 이를 새 창이라고 한다. 팝업창은 웹 페이지가 로드될 때 자동으로 열리는 새 창을 의미한다. • 단, 스크립트 언어의 고유한 기능이나 플랫폼에 의해 생성되는 경고(alert), 확인(confirm), 입력 프롬프트(prompt) 등의 메시지 대화상자(dialog box)는 새 창이나 팝업창의 범주에 포함되지 않는다.
24	스타일 시트 (style sheet)	• 문서의 표현 형태를 규정하는 일련의 명령문이다. 스타일 시트는 콘텐츠 제공자가 마련한 것, 사용자가 마련한 것, 웹 브라우저에 내장된 형태 등의 세 가지가 있다.
25	사용자 인터페이스 구성요소 (user interface component)	• 사용자가 고유한 기능의 단일 콘트롤로 인식하는 콘텐츠이다. 대표적인 사용자 인터페이스 구성요소로는 입력 콘트롤(체크 박스, 라디오 버튼, 드롭다운 리스트, 리스트 박스, 버튼, 토글, 텍스트 필드, 날짜필드 등)을 들 수 있다.

26	시간제한이 있는 콘텐츠
	(time-limited content)
		• 시간을 통제할 수 있도록 구현된 콘텐츠이다. 시간제한이 있는 콘텐츠의 예는 다음과 같다.
		  − 자동 갱신되도록 구성된 콘텐츠
		  − 몇 초 후에 다른 페이지로 이동하도록 구성된 콘텐츠
		  − 자동적으로 스크롤 되는 콘텐츠
		  − 짧은 기간 동안 나타났다가 일정시간 후에 자동적으로 사라지는 대화상자, 팝업창, 레이어 팝업 등
		  − 일정시간 동안 사용하지 않으면 웹 페이지에 대한 접근이 강제로 차단되거나 사용할 수 없게 되는 콘텐츠

키워드 Pick

27	업 이벤트 (up-event)	• 포인터가 눌려 있다 떼어질 때 발생하는 플랫폼 이벤트이다. 업 이벤트는 플랫폼에 따라 "터치엔드(touchend)" 또는 "마우스업(mouseup)"과 같은 다른 이름을 가질 수 있다.
28	온라인 서식 (online form)	• 사용자의 입력을 통해 값을 수정하여 전달할 수 있는 여러 가지 콘트롤(예 텍스트 입력 박스, 드롭다운 선택 메뉴, 라디오 버튼, 누르는 버튼 등)과 그것의 레이블로 구성된 콘텐츠이다.
29	웹 애플리케이션 (web application)	• 웹 콘텐츠에 포함되어 특정한 기능을 수행하도록 구성된 소프트웨어의 일종이다. 리치 인터넷 애플리케이션(RIA : Rich Internet Application)이라고도 한다.
30	위치 지정 도구 (pointing device)	• 마우스나 터치패드, 터치스크린과 같이, 컴퓨터 화면의 특정 지점을 직접 지정할 수 있는 장치이다. 터치스크린을 채용한 기기에서는 끝이 뭉툭한 손가락으로도 콘트롤을 선택하거나 활성화시킬 수 있어야 하므로, 콘트롤은 조작이 가능한 크기로 제공되어야 한다.
31	음성 입력장치 (voice input device)	• 음성으로 컴퓨터를 제어하거나 텍스트를 입력할 수 있도록 구성된 시스템 또는 이러한 시스템을 구성하는 데 사용되는 프로그램이다.
32	자막 (captions)	• 영상 매체에 포함된 말, 음향 및 주변 소리 등을 텍스트로 표현한 매체이다. 자막은 영상 매체의 진행에 따라 해당 이벤트와 동기화되어야 한다. • 자막은 크게 폐쇄자막(closed caption)과 개방자막(open caption)으로 구분된다. • 폐쇄자막은 사용자의 필요에 따라 자막을 끄거나 켤 수 있는데 반해, 개방자막은 캡션 정보가 비디오 콘텐츠에 함께 녹화되어 있어 사용자가 임의로 자막을 끄거나 켤 수 없다.
33	장식을 위한 글자 (text for decoration)	• 정보 제공이나 콘텐츠 이용에 필요한 기능과는 무관하게 웹 페이지의 시각적인 표현만을 위해 사용된 콘텐츠의 글자이다. 로고 등이 이에 해당된다.
34	적절한 제목 (appropriate title)	• 콘텐츠의 내용을 쉽게 파악할 수 있도록 해당 주제나 목적을 간단명료하게 표현한 명칭이다.
35	접근성 프로그래밍 인터페이스 (accessibility programming interface)	• 운영체제 또는 플랫폼은 응용 프로그램과 보조기술 간의 정보 전달 방법에 관한 프로그램 인터페이스(programming interface)를 제공한다. • 웹 애플리케이션을 접근성 프로그래밍 인터페이스를 이용하여 구현하면 보조기술과 호환성이 유지된다.

36	초점 (focus)	• 웹 페이지 안에서 프로그램에 의해 또는 사용자의 행위(예 탭(tab) 키를 이용한 이동)에 의해 어떤 요소(element)가 선택되었을 경우 초점이 그 요소에 있다고 말한다. 또한 어떤 요소가 선택되었다는 것은 그 요소가 사용 가능한 상태임을 의미한다. • 대부분의 응용 소프트웨어(웹 브라우저 포함)에서 초점을 받은 요소는 다른 요소와 구분할 수 있게 밑줄을 보이게 하거나, 테두리를 씌우거나 또는 색을 변경하는 등 시각적으로 구별할 수 있는 기능을 제공한다.
37	콘텐츠 블록 (content block)	• 특정 내용에 관해 설명하거나 기술하고 있는 정보의 묶음 또는 영역이다. 일반적으로 하나의 주제를 설명 또는 기술하고 있는 장(chapter)이나 절(section) 등을 들 수 있다.
38	콘텐츠의 선형구조 (linear structure of content)	• 콘텐츠가 보조기술로 제공되는 순서이다. 웹 페이지의 모든 콘텐츠는 시각적인 2차원 공간의 상하좌우로 배치되어 있어서 원하는 곳을 바로 찾아가거나 그 기능을 바로 선택하여 실행할 수 있다. • 그러나 화면낭독프로그램 사용자는 모든 콘텐츠를 순차적으로 접근할 수 있기 때문에 시각적인 배치가 아닌 읽어 주는 순서가 중요하다. • 콘텐츠의 선형구조라고 하며, 이 구조는 논리적이어야 한다. 마크업 언어로 제작된 콘텐츠의 선형구조는 스타일 시트와 테이블 구조들을 제거하면 얻을 수 있다.
39	키보드 (keyboard)	• 사용자가 텍스트를 입력하기 위하여 사용하는 입력장치이다. 여기에는 키보드의 자판입력을 해독하기 위하여 사용되는 소프트웨어도 포함된다. • 예를 들어, 키보드의 형태를 갖추지 않았지만 기능적으로 키보드를 대신하는 입력장치[예 노트북이나 개인휴대정보단말기(PDA : Personal Digital Assistant)등의 터치패드, 음성 입력장치 등] 등도 키보드로 간주한다. • 위치 지정 도구와 화면 키보드 프로그램을 조합한 가상 키보드 입력장치와 스마트폰이나 태블릿 기기의 키보드 입력 프로그램도 키보드의 일종으로 간주한다.
40	키보드 단축키 (keyboard shortcut)	• 특정 동작이 일어나게 하는 대체수단이다. 하나 또는 하나 이상의 키를 누르는 것을 의미한다.
41	텍스트 아닌 콘텐츠 (non-text content)	• 그림, 이미지 등으로 제작된 텍스트, 애니메이션, 아스키(ASCII) 그림문자, 불릿(bullet) 이미지, 그래픽 버튼, 이모티콘, 릿스피크(leetspeak) 등과 같이 표준 문자(부호) 체계가 아닌 시각적 또는 청각적 정보가 포함된 콘텐츠이다. • 한글 부호의 경우, 유니코드, 조합형 또는 완성형 부호 체계를 사용하여 작성된 텍스트 이외의 모든 경우를 포함한다.

✏ 키워드 Pick

42	텍스트 이미지 (images of text)	• 특정한 시각적인 효과를 얻기 위하여 텍스트가 아닌 형태(예 이미지)로 렌더링된 텍스트이다.
43	풀다운 메뉴 (pull-down menu)	• 메뉴바(menu bar)에서 특정 항목을 선택(마우스 오버, 키보드를 이용한 초점)하거나, 활성화(마우스 클릭 또는 엔터키의 누름 등)하면 선택한 메뉴 항목의 아래쪽으로 하위 메뉴 항목들이 펼쳐져 나타나는 방식의 메뉴이다.
44	플러그인 (plug-in)	• 어떤 응용 프로그램에 추가되어 특정한 기능을 수행하도록 구현한 프로그램 모듈이다. 웹 브라우저에서 사용되는 플래시 플레이어(Flash Player), 실버라이트 플레이어(Microsoft Silverlight Player), 검색기(search engine) 및 자바 플러그인(Java plug-in) 등이 이에 해당한다.
45	핵심 영역 (primary content)	• 웹 페이지의 핵심이 되는 주제 또는 콘텐츠를 담고 있는 영역이다. 웹 페이지별로 사용자에게 전달하고 싶은 핵심 주제를 담고 있는 콘텐츠가 위치한 영역을 의미한다. 예를 들어, 뉴스 포털의 경우, 헤드라인 뉴스가 위치한 곳을 핵심 영역이라고 할 수 있다.

4. 웹 콘텐츠 접근성 가이드라인 2.2 ^{20 · 23초, 10 · 12 · 21중}

원리	지침	검사항목
인식의 용이성	대체 텍스트	• (적절한 대체 텍스트 제공) 텍스트 아닌 콘텐츠는 그 의미나 용도를 인식할 수 있도록 대체 텍스트를 제공해야 한다.
	멀티미디어 대체수단	• (자막 제공) 멀티미디어 콘텐츠에는 자막, 대본 또는 수어를 제공해야 한다.
	적응성*	• (표의 구성) 표는 이해하기 쉽게 구성해야 한다.
		• (콘텐츠의 선형구조) 콘텐츠는 논리적인 순서로 제공해야 한다.
		• (명확한 지시사항 제공) 지시사항은 모양, 크기, 위치, 방향, 색, 소리 등에 관계없이 인식될 수 있어야 한다.
	명료성	• (색에 무관한 콘텐츠 인식) 콘텐츠는 색에 관계없이 인식될 수 있어야 한다.
		• (자동 재생 금지) 자동으로 소리가 재생되지 않아야 한다.
		• (텍스트 콘텐츠의 명도 대비) 텍스트 콘텐츠와 배경 간의 명도 대비는 4.5 대 1 이상이어야 한다.
		• (콘텐츠 간의 구분) 이웃한 콘텐츠는 구별될 수 있어야 한다.
운용의 용이성	입력장치 접근성	• (키보드 사용 보장) 모든 기능은 키보드만으로도 사용할 수 있어야 한다.
		• (초점 이동과 표시) 키보드에 의한 초점은 논리적으로 이동해야 하며, 시각적으로 구별할 수 있어야 한다.
		• (조작 가능) 사용자 입력 및 콘트롤은 조작 가능하도록 제공되어야 한다.
		• (문자 단축키) 문자 단축키는 오동작으로 인한 오류를 방지하여야 한다.*
	충분한 시간 제공	• (응답시간 조절) 시간제한이 있는 콘텐츠는 응답시간을 조절할 수 있어야 한다.
		• (정지 기능 제공) 자동으로 변경되는 콘텐츠는 움직임을 제어할 수 있어야 한다.
	광과민성 발작 예방	• (깜빡임과 번쩍임 사용 제한) 초당 3~50회 주기로 깜빡이거나 번쩍이는 콘텐츠를 제공하지 않아야 한다.

Chapter 04

기출의 맥

최근 출제빈도가 더 높아지고 있습니다. 지침 하위의 검사항목별 내용을 이해한 후 암기해야 합니다. 관련 예시를 보고 해당 지침이나 항목을 파악할 수 있어야 해요.

💡 **키워드 Pick**

	쉬운 내비게이션	• (반복 영역 건너뛰기) 콘텐츠의 반복되는 영역은 건너뛸 수 있어야 한다.
		• (제목 제공) 페이지, 프레임, 콘텐츠 블록에는 적절한 제목을 제공해야 한다.
		• (적절한 링크 텍스트) 링크 텍스트는 용도나 목적을 이해할 수 있도록 제공해야 한다.
		• (고정된 참조 위치 정보) 전자출판문서 형식의 웹 페이지는 각 페이지로 이동할 수 있는 기능이 있어야 하고, 서식이나 플랫폼에 상관없이 참조 위치 정보를 일관되게 제공·유지해야 한다.*
	입력 방식*	• (단일 포인터 입력 지원) 다중 포인터 또는 경로기반 동작을 통한 입력은 단일 포인터 입력으로도 조작할 수 있어야 한다.*
		• (포인터 입력 취소) 단일 포인터 입력으로 실행되는 기능은 취소할 수 있어야 한다.*
		• (레이블과 네임) 텍스트 또는 텍스트 이미지가 포함된 레이블이 있는 사용자 인터페이스 구성요소는 네임에 시각적으로 표시되는 해당 텍스트를 포함해야 한다.*
		• (동작기반 작동) 동작기반으로 작동하는 기능은 사용자 인터페이스 구성요소로 조작할 수 있고, 동작기반 기능을 비활성화할 수 있어야 한다.*
이해의 용이성	가독성	• (기본 언어 표시) 주로 사용하는 언어를 명시해야 한다.
	예측 가능성	• (사용자 요구에 따른 실행) 사용자가 의도하지 않은 기능(새 창, 초점에 의한 맥락 변화 등)은 실행되지 않아야 한다.
		• (찾기 쉬운 도움 정보) 도움 정보가 제공되는 경우, 각 페이지에서 동일한 상대적인 순서로 접근할 수 있어야 한다.
	입력도움	• (오류 정정) 입력 오류를 정정할 수 있는 방법을 제공해야 한다.
		• (레이블 제공) 사용자 입력에는 대응하는 레이블을 제공해야 한다.
		• (접근 가능한 인증) 인증 과정은 인지 기능 테스트에만 의존해서는 안 된다.*
		• (반복 입력 정보) 반복되는 입력 정보는 자동 입력 또는 선택 입력할 수 있어야 한다.*
견고성	문법준수	• (마크업 오류 방지) 마크업 언어의 요소는 열고 닫음, 중첩 관계 및 속성 선언에 오류가 없어야 한다.
	웹 어플리케이션 접근성	• (웹 애플리케이션 접근성 준수) 콘텐츠에 포함된 웹 애플리케이션은 접근성이 있어야 한다.

* 표시는 2.1에서 2.2로 개정되면서 신설되거나 분류가 달라진 부분임

Plus

AI 디지털교과서 접근성 가이드라인

웹 접근성은 최근 AI 디지털교과서에서도 고려되고 있다.

구분	필수 준수 사항
시각장애 사용자를 위한 접근성	• 시각자료 접근을 위해 대체 텍스트를 제공해야 함 • 가독성이 좋은 고딕 형식의 서체를 제공해야 함 • 시각자료, 멀티미디어 자료에 학습 과제 또는 문제해결을 위한 정보를 포함하고 있는 경우 대체 텍스트가 아닌 화면 해설 스크립트를 제공해야 함 • 초점 이동과 기능 제어를 위한 접근 가능한 조작을 지원해야 함 • 표의 행과 열의 맨 윗부분에는 해당 수치에 대한 정보를 제공하는 헤더를 삽입함 • 텍스트가 포함된 이미지가 스캔되어 있는 경우 이를 스크린리더가 접근할 수 있도록 함 • 정보를 조직적으로 탐색할 수 있도록 단축키 또는 메뉴를 포함함 • 단락 구분을 해야 할 상황이라면 단락대로 스크린리더가 접근할 수 있도록 함
청각장애 사용자를 위한 접근성	• 동영상이나 음성 콘텐츠에는 동등한 내용의 자막을 제공해야 함 • 청각적 지시 사항에 대해 대체수단을 제공해야 함 • 단원별 핵심 용어나 중요 학습내용 등에 대해 수어 설명을 별도로 제공해야 함
운동장애 사용자를 위한 접근성	• 사용자가 키보드 또는 대안적 입력 장치(스위치 등)를 사용하는 경우에는 AI 디지털교과서에서 제공하는 모든 기능을 동등한 수준으로 사용할 수 있도록 해야 함 • 시간적 제한이 있는 콘텐츠의 경우, 사용자가 시간제한 기능이 동작되지 않도록 조작하거나 제한된 시간을 늘릴 수 있도록 해야 함
인지장애 사용자를 위한 접근성	• 사용자가 키보드 또는 대안적 입력 장치(스위치 등)를 사용하는 경우에는 AI 디지털교과서에서 제공하는 모든 기능을 동등한 수준으로 사용할 수 있도록 해야 함 • 핵심적인 학습 콘텐츠를 음성을 통해 학습할 수 있도록 해야 함 • 콘텐츠의 레이아웃은 일관성 있게 제시하고, 메뉴에서 다양한 구성요소가 제시되는 경우 메뉴에 대한 설명을 별도로 제공해야 함
다양한 환경 및 보조 기술과의 호환성	• 웹 표준 문법 및 웹 호환성을 준수하여 구축해야 함 • 사용자 인터페이스 컴포넌트는 보조공학기기(기술)와 모바일 기기에서 제공하는 접근성 기능을 이용하여 동등하게 사용할 수 있도록 호환성을 고려하여 개발해야 함 • 첨부 파일 또는 학습자료를 외부 앱을 통해 활용하는 경우, 외부 앱과의 콘텐츠 접근성을 보장해야 함
접근성 준수를 위한 장애인 사용자의 참여	• 장애인 사용자가 다양한 모바일 기기에서 실제 보조공학기기(기술)를 이용하여 콘텐츠를 이용해 보고 접근 가능 여부를 평가해야 함 • AI 디지털교과서 개발 진행 과정과 개발 후 검증 과정에서 장애인 사용자의 참여를 보장해야 함

✒ 키워드 **Pick**

③ 무인정보단말기(키오스크) 접근성

① 무인정보단말기 접근성 지침이 국립전파연구원의 산업표준심의회에서 제정 및 개정되었다.
② 이 지침은 장애인을 비롯한 모든 사람들이 무인정보단말기(키오스크)에 접근 가능하도록 설계하는 방법을 제시하고 있다.

○ **무인정보단말기 접근성 설계 원칙(접근성 요구사항)**

접근성 요구사항	내용	예시
시각을 필요로 하지 않는 방법 제공	시각을 필요로 하는 무인정보단말기는 시력이 현저히 낮아도 이용할 수 있는 한 가지 이상의 방법이 제공되어야 한다.	청각 또는 촉각을 이용하는 방법
시력이 현저히 낮아도 이용할 수 있는 방법 제공	시각을 필요로 하는 무인정보단말기는 시력이 현저히 낮아도 이용할 수 있는 한 가지 이상의 방법이 제공되어야 한다.	확대된 시각정보 제공, 고대비의 시각정보 제공
색의 인식을 필요로 하지 않는 방법 제공	시각을 필요로 하는 무인정보단말기는 색을 인식하지 못해도 이용할 수 있는 한 가지 이상의 방법이 제공되어야 한다.	색상 코드(colour code)로 구분되는 기능을 색이 아닌 수단으로도 구분할 수 있는 방법 제공
청각을 필요로 하지 않는 방법 제공	시각을 필요로 하는 무인정보단말기는 색을 인식하지 못해도 이용할 수 있는 한 가지 이상의 방법이 제공되어야 한다.	시각 또는 촉각을 이용하는 방법
청력이 현저히 낮아도 이용할 수 있는 방법 제공	청각을 필요로 하는 무인정보단말기는 청력이 현저히 낮아도 이용할 수 있는 한 가지 이상의 방법이 제공되어야 한다.	청각정보의 명료성 향상, 배경소음 감소, 음량 조절 범위 확대 또는 고음 영역의 확대 등
발성을 필요로 하지 않는 방법 제공	발성을 필요로 하는 무인정보단말기는 발성을 할 수 없어도 이용할 수 있는 한 가지 이상의 방법이 제공되어야 한다.	키보드, 펜 또는 터치 사용자 인터페이스를 사용하는 방법
과도한 조작과 힘을 필요로 하지 않는 방법 제공	수동 조작을 필요로 하는 무인정보단말기는 사용자의 큰 힘을 필요로 하지 않는 방법이 제공되어야 한다.	한 손 조작, 순차적인 키 조작, 음성 명령 등
손 닿는 범위 내에 작동부 배치	손으로 조작해야 하는 무인정보단말기의 모든 작동부는 사용자의 손이 닿을 수 있는 범위 내에 배치되어야 한다.	휠체어 사용자의 필요를 고려하기, 터치스크린 등
광과민성 발작 가능성 차단	시각을 필요로 하는 무인정보단말기는 일부 사용자의 광과민성 발작을 최소화할 수 있는 한 가지 이상의 방법이 제공되어야 한다.	번쩍임이 있는 영역의 크기와 초당 번쩍임 횟수 제한

낮은 인지 능력으로도 이용할 수 있는 방법 제공	무인정보단말기는 사용자가 쉽고 간편하게 사용할 수 있는 방법이 제공되어야 한다.	조정 가능한 타이밍, 오류 표시 및 오류 정정, 그리고 논리적인 초점 이동 순서 등
개인정보 보호	무인정보단말기는 사용자의 개인정보가 보호될 수 있도록 설계되어야 한다.	개인 청취용 이어폰 사용, 숨겨진 문자 읽지 않기 등

04 보조공학

① 보조공학의 개념

1. 보조공학의 개념

① 장애인들의 기능적 향상을 위해 부가적으로 제공되는 다양한 장치 및 서비스를 말한다.

② 보조공학이란 장애인의 신체적·인지적 기능을 유지 또는 향상시키기 위한 목적으로 지원되는 보조공학장치와 보조공학서비스라고 할 수 있다.

보조공학	장애를 가진 개인들의 기능적 능력을 증가, 유지, 향상시키기 위해 사용되는 물건 및 장비 또는 제품의 일부분이나 생산 시스템으로, 상업적으로 기성화된 것이나 개조된 것 또는 전용으로 맞춘 것
보조공학 장치	장애를 가진 사람들이 보조공학장치를 선택, 습득, 사용할 수 있도록 직접적으로 도와주는 것

2. 보조공학의 연속성

고급 테크놀로지 (high-technology)	컴퓨터, 상호작용 멀티미디어 시스템 등의 정교한 장치
중급 테크놀로지 (medium-technology)	비디오 장치, 휠체어 등의 덜 복잡한 전기장치 혹은 기계장치
저급 테크놀로지 (low-technology)	덜 정교화된 기기 혹은 장치
무 테크놀로지 (no-technology)	장치나 기기를 포함하지 않음. 체계적인 교수절차의 사용 혹은 물리치료사나 작업치료사와 같은 관련 서비스

① 분류의 기준은 적용된 기술력의 차이를 근간으로 하고 있다.

② 고도화된 기술력이 적용되었다 함은 우선적으로 많은 비용을 필요로 한다는 점과 훈련의 요구 정도가 강화되었음을 의미한다.

③ 저급 테크놀로지에서 고급 테크놀로지로의 이동은 비용, 융통성, 내구성, 훈련의 요구 정도, 세밀성, 이동 가능성, 유지 요구 등과 같은 보조공학장치의 특징도 점차적으로 강화, 증가됨을 의미한다.

기출 LINE

11중) 특수교육공학은 사용된 과학 기술 정도에 따라 노테크놀로지부터 하이테크놀로지에 이르기까지 다양하게 분류될 수 있다.

키워드 Pick

기출 LINE

10중) 보편적 학습설계는 교육과정이 개발된 후에 적용되는 보조공학과는 다르게 교육과정이 개발되기 전에 이루어지는 것이다.

3. 보조공학과 보편적 학습설계

보편적 설계	보조공학
디자이너, 개발자의 책임감	사용자, 사용자 대리인의 책임감
서비스나 제품이 개발되는 동안 이루어짐	제품이 완성된 후 또는 서비스가 전달되는 동안 이루어짐
즉시 많은 사람들에게 제공됨	한 번에 한 사용자에게 제공됨
계속적인 접근성	소모적인 접근성
뜻밖의 발견을 허락함	혁신방법이 드물게 사용됨

① 보조공학은 개별 학생을 위하여 특별히 고안된 것인 데 반해 보편적 학습설계는 다양한 학습요구를 가진 폭넓은 범위의 학생들에게 적용된다.

② 보조공학은 주어진 교육과정의 기대를 충족시키기 위하여 한 학생에게 사용되지만 보편적 학습설계는 다양한 요구를 가진 학생들이 접근할 수 있는 교육과정을 만든다.

③ 보조공학은 일반적으로 특수교육교사의 이해 범위하에 있지만 보편적 학습설계는 일반교육교사에 의하여 실행된다.

Plus

보조공학의 장점을 설명해주는 이론

1. Wile 이론

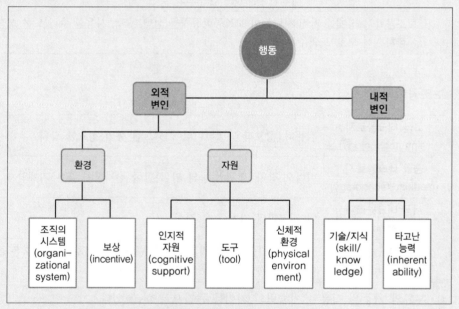

| Wile 모델 |

① Wile 모델은 인간행동에 영향을 미치는 변인을 조직 시스템, 보상, 인지적 지원, 도구, 신체적 환경, 기술 또는 지식, 타고난 능력 등과 같은 일곱 가지로 구분한다.

② Wile 모델에서는 공학적 개입은 행동적 문제를 야기하는 다른 변인들과의 상호연계를 통해 행동문제의 완화 및 해결에 효과적임을 주장한다.

2. BBEE 모델

$$성공\ 혹은\ 실패 = \frac{보조공학\ 이용자가\ 주어진\ 과제를\ 지속적이고\ 완벽하게\ 처리하기\ 위한\ 동기}{신체적\ 노력 + 인지적\ 노력 + 언어적\ 노력 + 시간}$$

① BBEE 모델에 의하면 보조공학 사용자들의 효과적인 과제수행을 위해서는 동기, 신체적 노력, 인지적 노력, 언어적 노력, 시간에 대한 부담 등과 같은 요소들의 작용을 필요로 한다.
② 주어진 과제를 성공적으로 수행하기 위해서는 무엇보다 동기의 영향력이 상당히 큰 만큼 이를 극대화하고, 반면에 신체적·인지적·언어적 노력 그리고 시간은 최소화시키는 것이 유리하다. 그러나 반대 현상이 유발될 경우 과제수행은 실패할 가능성이 높다.
③ 이와 같은 점에 비추어 볼 때, 보조공학의 사용은 분자에 해당하는 동기를 극대화시켜 줄 수 있으며, 동시에 분모에 해당하는 신체적·인지적·언어적 노력을 최소화시켜 줄 수 있는 기능을 제공한다. 이뿐만 아니라 과제수행에 소요되는 시간을 절약시켜 주기도 한다.

② 보조공학 사정

1. 보조공학 사정의 특성

생태학적 사정	• 효과적인 사정은 사용자에게 영향을 끼칠 사람들과 장치가 사용될 다양한 상황을 고려해야 한다.
실천적인 사정	• 사용자들이 자연적인 환경에서 장치들을 사용하면서 경험을 얻는 것과 동시에 장치로 훈련을 받도록 한다. • 다른 보조공학서비스가 있는 사용자들의 복합적인 환경에서 다양한 사람들과 함께 행해질 수 있게 장치로 훈련하도록 한다. • 장치가 선택되고 사용자에게 맞춰진 후 사정은 장치들이 사용될 복잡한 상황에서 계속된다.
계속적인 사정	• 사정은 다양한 형식으로 계속적으로 이루어진다. • 사정팀의 결정이 정확하고, 장치가 효과적이고 올바른 방향으로 사용되고 있는지 확인하기 위해 장치의 사용에 대해 지속적으로 평가한다.

기출 LINE

23초) 자세한 내용을 설명하기 전에 학생의 신체적 특성과 운동 기능 등 여러 가지 사항을 고려하여 보조공학 사정을 해 보는 것이 좋을 것 같습니다. 보조공학 사정은 생태학적 사정, (㉂)와/과 계속적 사정의 특성이 있습니다.

키워드 Pick

기출 LINE

12중) 보조공학 활용의 중도 포기를 방지하기 위해서는 인간, 활동, 보조공학, 주변 상황을 체계적으로 고려하는 생태학적 사정이 이루어져야 한다.

23중) HAAT 모형은 공학적 지원을 통해 학생의 활동 참여 증진에 주안점을 두고 있습니다.

2. 보조공학 사정모델

(1) 인간활동 보조공학(HAAT) 모델 12·23중

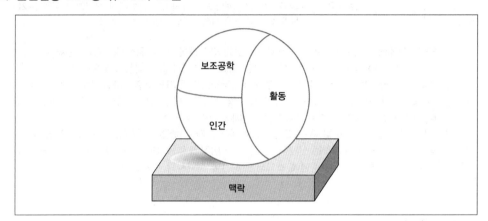

① 개념 및 특징

　㉠ 인간활동 보조공학 모델은 자신이 참여를 원하는 활동과 활동이 일어나는 환경을 탐색함으로써 개인이 원하는 것을 성취하는 데 초점을 맞춘다. 이를 통해 장애인이 보조공학기기를 사용하여 주어진 환경 안에서 활동하도록 촉진한다.

　㉡ HAAT 모델은 인간(human), 활동(activity), 보조공학(assistive technology), 그리고 이 세 가지의 통합된 요소가 존재하는 맥락(context)의 네 가지 요소로 구성되어 있다. 각 구성요소는 전체 체제 내에서 고유한 요소로 역할을 한다.

　㉢ HAAT 모델은 개념적으로 임상적 관점이나 손상에 초점을 맞추는 시각을 지양하고 장애인의 참여 가능성에 초점을 둔다. 그리고 수행을 장애나 손상의 관점에서 생각하기보다는 사용자, 보조공학, 환경 간의 부조화로 이해할 것을 강조한다는 측면에서 ICF의 장애 개념과도 일치한다.

② HAAT모델의 하위요소

인간	신체적·인지적·정서적 숙련 정도 관련 요소
활동	자기보호, 노동, 학업, 여가 등과 같은 실천적 측면
보조공학	공학적 인터페이스, 수행 결과, 환경적 인터페이스 등의 외재적 가능성
맥락	물리적·사회적·문화적·제도적 요소

　㉠ 독립적인 체제를 형성하는 인간, 활동, 그리고 보조공학 등과 같은 개별 요소들 간에는 강한 역동적 상호작용이 일어난다

　㉡ 물리적·사회적·문화적 및 환경적 맥락은 또 다른 체제를 형성하고 있으며, 체제의 바탕이 되고 있음을 보여 준다.

　㉢ 다양한 맥락 안에서 개별 요소 또는 체제들 간에 역동적인 상호작용이 전개되고 있음을 의미하는 것으로, 보조공학기기의 효과적인 사용을 위해 개인의 능력과 공학적 요구 간의 적절한 대응은 필수적이다.

(2) SETT 구조 모델(Joy Zabaha) 18유

① 개념 및 특징

㉠ 학생이 보조공학을 선택할 때 네 가지 주요 영역인 학생, 환경, 과제 그리고 도구를 강조하는 모델이다.

㉡ 보조공학을 사용하는 일련의 과정은 교육자나 관련된 사람들과 가족 그리고 학생 모두의 참여를 통해 이루어지는 과정임을 전제로 한다.

② SETT 구조 모델의 하위요소

학생(S)	• 참여자들은 학생이 해야 할 일을 함께 결정한다. 즉, 자립적으로 성취할 수 없는 학생을 위한 목표는 무엇인가에 대한 결정을 한다. • 학생이 해야 할 필요가 있는 것을 먼저 확인한 후, 학생의 능력, 선호도, 특별한 요구(예를 들면, 학생이 스위치에 접근하려면 머리를 왼쪽으로 기울여야 함)에 대한 정보를 수집한다.
환경(E)	• 참여자들은 물리적 환경에 존재하는 것들을 찾아서 목록을 작성한다. • 교수환경 조정, 필요한 교구, 시설, 지원교사, 접근성에 관한 문제점(예를 들어 물리적 환경, 교수적 환경, 또는 공학적 환경에의 접근성)에 대해 파악한다. • 이때, 학생을 지원해 주는 사람들에게 도움이 될 만한 지원 자료들도 수집해야 한다. 지원 자료에는 해당 학생의 태도나 기대치도 포함된다.
과제(T)	• 학생이 수행해야 할 모든 과제가 조사되어야 한다. • 학생에게 필요한 활동을 과제에 포함시켜서 그 학생이 전반적인 환경에서 더 많은 활동에 참여할 수 있게 하고, IEP 목표를 달성할 수 있게 해야 한다. • 일단 정보가 수집되면, 참여자들은 중요한 요소들을 검토하여 과제의 본질을 변형시키지 않는 범위 내에서 최선의 조정 사항을 결정하도록 한다.
도구(T)	• 도구는 참여자들의 초기 결정 그리고 뒤따르는 사항들에 대한 지속적인 결정에 사용된다. 즉, 참여자들은 학생과 환경, 필요한 과제들에 대해 잘 알고 있기 때문에, 결정에 초점을 둘 수 있다. • 첫 번째 도구는 가능성이 있는 보조공학 해결책(무 테크놀로지, 저급 테크놀로지부터 고급 테크놀로지까지)을 함께 심사숙고하는 것이다. • 다음 단계는 가장 적절한 혹은 가장 가능성이 있는 해결책을 찾고, 이어 참여자들은 선택된 공학에 필요한 교수전략을 결정하게 된다. • 마지막으로, 사용 기간 동안 효과성에 대해서 어떻게 점검할 것인지에 관한 방법을 결정한다.

🖋 키워드 Pick

(3) Bryant와 Bryant 보조공학 사정모델

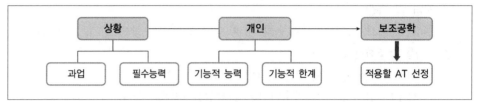

보조공학 장치 및 서비스의 사정모델로 SETT모델보다는 더 체계적이고 역동적인 모델을 제시하였다.

상황별 구체적인 요구사항		개인별 독특한 특성		적응
과업	필수능력	기능적 능력	기능적 한계	단순한 것에서부터 복잡한 것으로
양치하기	• 칫솔잡기 • 치약잡기 • 치약짜기 • 이 닦기 • 입 헹궈내기	• 시각 • 청각 • 인지적 과업 완수능력	• 잡기 • 세부적인 움직임 • 난이도 계열화하기	• 조정된 손잡이 • 단계별 점검표 • 전동칫솔

(4) Raskind와 Bryant 사정모델

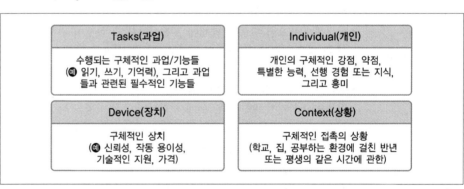

과업	• 생태학적 사정의 부분은 어떤 일이 행해졌는지, 어떤 상황에서 무슨 내용의 과업이 이루어졌는지, 그러한 상황에서 누가 의미 있는 사람인지 밝히는 것이다.
상황	• 구체적인 상호작용 상황들이 보조공학기구가 개인의 하루하루의 일과에 얼마나 잘 맞는지를 조사해야 한다.
개인	• 개인의 특수한 강점, 다양한 분야에서의 기능적 제한, 이전의 경험, 흥미 등 모든 것이 사정팀에 의해 평가되어야 한다.
장치	• 장치 자체가 평가되는 것이 필요하다. • 사정팀은 장치의 다양성을 평가할 수 있고, 의견을 결정할 때 그 평가를 이용할 수 있다.

③ 보조공학 전달체제 12중

보조공학 전달체제란 보조공학장치와 서비스를 장애학생에게 전달하는 전반적인 과정을 말한다.

1. WATI 모델

WATI는 장애아동의 요구와 능력을 기능적으로 평가하여 과정 중심, 체계적 접근이라는 주요원칙을 바탕으로 팀 접근을 통한 보조공학서비스 전달 체계로 많이 활용되고 있다.

정보 수집 단계	전문가 팀 구성, 팀 일정 및 주요 활동 계획 수립 후 팀 접근을 통하여 장애학생의 요구와 능력에 대한 정보, 보조공학적 요구, 보조공학 관련 정보를 탐색한다.
결정 단계	먼저 이전 단계에서 수립된 장애학생의 공학적 요구를 바탕으로 문제해결 방안을 제안한다. 이때 구체적인 보조공학기기와 서비스가 선택되며, 선정된 보조공학기기와 서비스를 장애학생들에게 적용하기 위한 세부계획이 수립된다.
적용 단계	선정된 보조공학기기와 서비스를 시범 적용하고, 시범 적용 결과를 바탕으로 보조공학기기와 서비스를 최종 결정한다. 그리고 사후 관리 프로그램을 수립한다.

2. 일반적인 보조공학 전달체제

WATI를 포함한 각각의 전달 체계는 기본적으로 의뢰 ⇨ 초기 평가 ⇨ 추천 및 보고서 작성 ⇨ 실행 ⇨ 단기 사후지도 ⇨ 장기 사후지도라는 유사한 과정을 거친다.

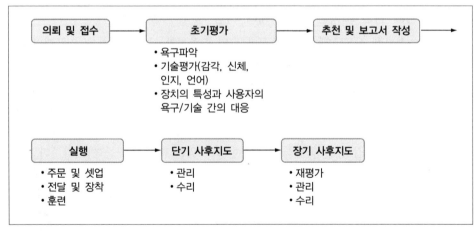

| 일반적인 보조공학 전달체제 |

기출 LINE

12중) 초기평가단계는 사용자에게 알맞은 보조공학을 제공하기 위해 장치의 특성과 사용자의 요구 및 기술 간의 대응을 해야 한다.

12중) 장기사후지도 단계에서는 보조공학이 장애학생에게 적용된 이후에도, 보조공학이 사용자의 요구나 목표의 변화에 부합하는지를 지속적으로 재평가하는 장기적인 사후지도가 이루어져야 한다.

✿ 키워드 Pick

05 교육용 소프트웨어

① 장애학생을 위한 소프트웨어 개발·선정

1. 소프트웨어의 개발·선정 시 고려할 사항

고려사항	내용
정확성	선택한 소프트웨어가 제작된 지 오래되었다면 부분적인 정보가 최신성이 부족한 지식일 가능성이 높다.
피드백	소프트웨어는 적절한 교육적인 기법과 원리에 따라 만들어져야 하는데, 반복연습 프로그램이라면 학습자가 정보제공 피드백을 자주 받을 수 있도록 설계되어야 한다.
학습자 통제	자신의 학습 진도와 방향을 자유 선택할 수 있어야 한다.
선수학습	학습자의 이전 경험과 관련된 실제적인 예시를 제시하는 방법은 학습과정에서 높은 가치를 발휘한다. 따라서 정보는 학습자의 능력에 맞는 적절한 수준으로 제시되어야 한다.
사용의 용이성	소프트웨어는 사용하기가 쉬워야 함을 의미하는 것으로 학습과정에서 학생이 컴퓨터를 쉽게 다룰 수 있게 사용자 친화적이어야 한다. 그리고 효과적인 학습을 위해 중요한 역할을 할 수 있는 특별 효과나 사양을 가지고 있어야 한다.

2. 장애학생을 위한 교육용 소프트웨어 개발 시 반영할 사항 10중

① 교수–학습용 소프트웨어는 학습목표에 맞게 주제가 적절해야 하고, 컴퓨터가 가지는 특성에 맞게 적절하게 구성되어야 한다. 하지만 구체물 제시 혹은 현장학습과 같은 현실 상황이 학습목표에 더 적절하다면, 가급적 소프트웨어를 제작하거나 적용할 필요가 없다. 그러나 현실 상황의 재현이 힘들 경우에는 가상현실을 적용하는 것도 바람직하다. 교수–학습용 소프트웨어에서는 보기 힘들지만, 개인용 컴퓨터 혹은 DVD 등의 안경, 장갑 등을 착용하는 가상현실 게임은 많은 흥미를 가져다준다.

② 교수–학습용 소프트웨어는 학습자의 흥미 수준에 적합하여야 하며, 이를 통하여 동기를 제공해 줄 수 있도록 설계되어야 한다. 이것은 인지장애를 가지고 있는 학습자들을 위한 교수–학습용 소프트웨어를 개발 및 제작할 때 반드시 포함되어야 하는 사항이다.

③ 교수–학습용 소프트웨어는 학습자들에게 좌절감이나 실패를 유도하지 않고, 도전의 기회를 제공하는 것이 중요하다. 장애를 가지고 있는 학습자들은 일반아동에 비하여 실패의 경험이 많으며, 이러한 경험은 학습에 상당한 영향을 미치므로 학습자가 가지고 있는 학습능력을 토대로 조절할 수 있는 기회를 제공할 수 있도록 소프트웨어가 설계 및 제작되어야 한다.

④ 교수-학습용 소프트웨어는 개인이 프로그램을 사용하는 데 능동적으로 참여할 수 있어야 하고, 상호작용 기능을 많이 포함하고 있다. 특히 인터넷과 네트워크 기능이 학급 및 가정에 보편화되면서 쌍방향 기능을 가진 소프트웨어가 많이 제공되고 있는데, 이러한 기능은 계속적으로 유의미하게 적용될 필요가 있다.

⑤ 교수-학습용 소프트웨어는 피드백과 강화의 기능이 적절해야 한다. 사용자의 학습유형에 따라서 외적·내적 통제소재를 통해서 강화가 제공되어야 한다.

⑥ 교수-학습용 소프트웨어는 개별적이어야 하며, 프로그램을 사용하는 개인과 상호작용이 이루어져야 한다. 이러한 형태는 특히 나이가 어린 사용자와 낮은 인지적 기능을 가진 사람에게 중요하다.

⑦ 학습자의 기능 수준이 낮을수록 청각, 시각, 촉각에 대한 통제가 더 중요해진다. 그래서 교수-학습용 소프트웨어에서 사용자가 문자를 읽을 수 있어도 어떤 경우에는 제시되지 않도록 하는 것이 좋다. 그리고 경도장애의 경우에 종합적 청각자극이나 과다한 시각적 자극은 주의를 산만하게 할 가능성이 있기 때문에 적절한 빈도로 제공하는 것이 중요하다.

⑧ 소프트웨어에서 지시문의 선택과 통제는 사용자의 능력 한도 내에서 제공되어야 한다.

⑨ 화면의 유형은 학습자의 기능적 수준과 학습요구를 반영해야 한다. 개인의 시각은 상단 왼쪽에서부터 하단 오른쪽으로 움직이기 때문에 문자, 동영상, 그래픽, 애니메이션 등의 배치는 신중하게 고려해야 한다.

⑩ 마지막으로, 학습자가 소프트웨어를 사용할 때 오류확인이 가능해야 하며, 사용자의 잘못된 입력과는 관계없이 프로그램이 쉽게 끝나서는 안 된다.

② 교육용 프로그램의 평가 13중

1. 외부평가와 내부평가

(1) 외부평가

① 외부평가자의 자질
  ㉠ 소프트웨어가 적용되는 대상자에 대한 전문적인 지식과 경험을 가져야 한다.
  ㉡ 교과 지도 경험이나 교과 관련 전문 지식을 가져야 한다.
  ㉢ 특수교육 현장의 고유한 특성과 컴퓨터 및 디지털 관련 공학 간의 상호관계를 이해해야 한다.

② 단계
  ㉠ 평가할 교수-학습용 프로그램을 수집하고, 프로그램의 목표, 주요 대상자, 사용 시 고려사항에 대한 정보를 확인한다.
  ㉡ 프로그램의 주요 내용과 대상자의 특성을 고려하여 관련 전문가들로 팀을 구성한다.
  ㉢ 이 프로그램이 사용될 현장의 정보를 확인하고, 프로그램을 사용할 주 대상자인 교수자와 학습자들을 참여시켜 현장 조사를 실시한다.
  ㉣ 평가팀의 기본적인 평가와 현장 조사 자료를 토대로 정밀 평가를 실시한다.
  ㉤ 평가 결과에 대한 재평가 및 정보를 제공한다.

⚡ 키워드 Pick

③ 고려사항
　㉠ 교수-학습용 프로그램 평가는 정확한 과정으로 이루어졌는가, 과정은 어떠하였는가?
　㉡ 교수-학습용 프로그램 평가는 개인이나 팀으로 이루어졌는가?
　㉢ 평가자는 어떠한 배경을 바탕으로 교수-학습용 프로그램을 평가하였는가?
　㉣ 평가 중에 고려된 주요 요인 및 항목(예 장애 유형, 장애 정도, 연령)은 무엇인가?

(2) 내부평가

① **수업 정보** : 수업과 직접적인 연관이 있는 학습자와 교수자의 특성이 포함된다.
② **교육 적절성**
　㉠ 멀티미디어가 가지는 특성과 교수-학습 장면의 여러 요소를 고려하여야 한다.
　㉡ 학습자들의 입력에 대한 프로그램 반응의 방법이 여러 가지 행동수정의 원리에 근거하여 고려되었는지 확인해야 한다.
　㉢ 교수-학습용 소프트웨어는 학습자가 재시도하거나, 반응에 대한 자기 교정적인 또 다른 기회를 제공할 수 있도록 제작되었는지 확인해야 한다.
　㉣ 학습자의 학습동기에 대한 측면에 대해서도 고려해야 한다.
③ **공학기기의 적절성**
　㉠ 화면 구성이 복잡해서는 안 되며, 문자, 그래픽, 애니메이션, 비디오가 적절하게 배치되고 그 수가 적절한지를 파악해야 한다.
　㉡ 대부분의 교수-학습용 소프트웨어는 입력장치의 조정으로 프로그램이 진행되기 때문에 입력장치에 대해 고려해야 한다.
　㉢ 공학기기의 적합성을 파악할 때 다음과 같은 사항을 고려해야 한다.
　　• 공학기기는 학습자의 학습능력 및 수준을 향상시킬 수 있는가?
　　• 공학을 이용하여 교수자가 주요 기능과 개념을 지도할 때 용이하게 발전할 수 있는가?
　　• 교수-학습에 활용하는 자료는 기능과 개념을 실제적으로 향상시킬 수 있는가?
　　• 교수-학습에 활용하는 자료는 학습자의 참여를 증가시킬 수 있는가?
　　• 교수-학습에 활용하는 자료는 학습자의 상위 수준의 사고기능을 사용할 수 있도록 하는 수업을 가능하게 하는가?
　　• 교수-학습에 활용하는 자료는 비용과 시간적인 면에서 효과성을 가지는가?

기출 LINE

13중) 학급에서 교수학습용 소프트웨어 프로그램을 선정할 때에는 거시적 관점의 외부평가와 미시적 관점의 내부평가 과정을 거친다.

13중) 평가 과정은 팀 접근을 통해 이루어지는 것이 바람직하며, 장애학생의 교육적 요구에 부응하고 학습 장면에서 실제적 효용성을 보일 수 있는 프로그램으로 선정해야 한다.

2. 기술적 평가와 교육적 평가

(1) 기술적 측면

① 현재 사용 가능한 컴퓨터 환경에서 별도의 하드웨어나 소프트웨어의 설치 없이 프로그램이 제대로 구동되는가?

② 기술적인 오류는 없는가?

③ 사용설명서와 보조 자료는 잘 갖추어져 있는가?

④ 화면의 색상과 음질, 디자인의 품질이 떨어지지 않는가?

(2) 교육적 측면

① 원하는 학습목표가 달성될 수 있도록 학습내용이 체계적으로 짜여 있는가?

② 불필요한 내용이나 혼란을 줄 만한 내용은 없는가?

③ 어휘 수준이 학습자에게 적합한가?

④ 학습자와의 상호작용이 적절한가?

⑤ 내용의 제시방법이 효과적인가?

⑥ 학습자의 관심을 끌 수 있는가?

③ 컴퓨터 보조수업(CAI)

1. 컴퓨터 보조수업(CAI)의 유형 10·16유, 10·18·20초, 21중

반복연습형	새로운 지식이나 기술을 습득한 후, 학습한 내용을 정착시키고 숙련도를 높이기 위해 사용
개인교수형	새로운 지식이나 기술을 가르치고자 할 때 제공되는 형태
시뮬레이션형	비용이나 위험 부담이 높은 학습 과제의 경우, 컴퓨터를 이용하여 최대한 유사한 환경을 개발하여 제공하는 형태
게임형	경쟁, 도전, 흥미 요소를 포함하여 학습자가 능동적으로 학습에 참여하도록 함으로써 원하는 학습목표에 도달하도록 하는 형태
문제해결형	주어진 복잡한 문제를 해결해 나가도록 만든 형태
발견학습형	가설을 세운 다음 데이터베이스에 질문을 던지면서 귀납적으로 접근한 후 시행착오를 통해 가설을 검증하게 됨

기출 LINE

21중) CAI를 이용하여 실제 상황과 유사하게 미술관 관람하기

20초) 컴퓨터 보조수업 활용: 실제 활동 전 새싹 채소를 키우는 것과 유사한 상황에서 씨앗 불리기, 씨앗 뿌리기, 물 주기 등 필요한 행동을 선택해 나가며 새싹 키우는 과정을 체험해보게 한다.

키워드 Pick

2. 컴퓨터 보조수업(CAI) 유형별 특징

유형	교사의 역할	컴퓨터의 역할	학습자의 역할	보기
반복 연습형	• 선수 지식의 순서화 • 연습을 위한 자료 선택 • 진행상황 점검	• 학생 반응을 평가하는 질문 던지기 • 즉각적 피드백 제공 • 학생 진전 기록	• 이미 배운 내용을 연습 • 질문에 응답 • 교정/확인받음 • 내용과 난이도 선택	• 낱말 만들기 • 수학 명제 • 지식 산출
개인 교수형	• 자료 선택 • 교수에 적응 • 모니터	• 정보 제시 • 질문하기 • 모니터/반응 • 교정적 피드백 제공 • 핵심요약 • 기록 보존	• 컴퓨터와 상호작용 • 결과 보고 • 질문에 대답하기 • 질문하기	• 사무원 교육 • 은행원 교육 • 과학 • 의료 절차 • 성경 공부
시뮬레이션형	• 주제 소개 • 배경 제시 • 간략하지 않은 안내	• 역할하기 • 의사결정의 결과 전달 • 모형의 유지와 데이터베이스	• 의사결정을 연습 • 선택하기 • 결정의 결과받기 • 결정 평가	• 고난 극복 • 역사 • 의료진단 • 시뮬레이터 • 사업관리 • 실험실 실험
게임형	• 한계를 정함 • 절차 지시 • 결과 모니터링	• 경쟁자, 심판, 점수 기록자로 행동	• 사실, 전략, 기술을 학습 • 평가 선택 • 컴퓨터와의 경쟁	• 분수 게임 • 계산 게임 • 철자 게임 • 타자 게임
발견 학습형	• 기본적인 문제 제시 • 학생 진전을 모니터	• 정보 원천을 학습자에게 제공 • 데이터 저장 • 검색 절차 허용	• 가설 만들기 • 추측을 검증하기 • 원리나 규칙 개발하기	• 사회과학 • 과학 • 직업 선택
문제 해결형	• 문제를 확인 • 학생들을 돕기 • 결과 검증	• 문제 제시 • 데이터 조작 • 데이터베이스 유지 • 피드백 제공	• 문제를 정의하기 • 해결안을 세우기 • 다양성을 조절	• 사업 • 창의력 • 고난 극복 • 수학 • 컴퓨터 프로그래밍

3. 컴퓨터 보조수업(CAI) 프로그램 개발 · 선택 시 고려사항

목적	• 프로그램을 통하여 성취하고자 하는 목표
대상	• 프로그램을 사용할 사람
피드백	• 훌륭한 교사의 본보기 • 애니메이션, 색깔, 그래픽, 음악, 음성, 비디오, 사진, 문자 등 • 정답 및 오답에 대한 긍정적이고 즉각적인 강화와 바른 교정 및 표시 • 오답에 대한 기회 재부여
동기유발	• 흥미로운 상호작용(오락에 치우치지 않도록 주의) • 성취도 기록, 과정을 도표로 표시 • 컴퓨터 자체 평가 • 자아 평가, 자아 감독, 자아 강화 • 학습에 대한 책임감 부여 • 다양한 피드백과 강화를 통한 동기유발
그래픽 사용	• 문자보다 더 잘 전달됨 • 추상적인 개념 전달에 도움이 됨 • 너무 많은 그래픽은 혼돈을 줌 • 단순하고 명확하고 색깔 배합이 좋은 그래픽 사용 • 실례 제공, 동기유발, 교수를 위해 사용
학습자 조종	• 학습을 하는 데서 개인의 취향과 요구에 맞는 사용자의 자발적인 선택 • 나이가 어린 아동보다 나이 많은 아동에게 보다 효과적임 • 프로그램 통제 및 사용자 조정의 균형 • 단계별 진행(가장 중요함)
구조 및 탐색	• 프로그램의 구조를 명백하고 단순하며 일관성 있고 자유롭게 만드는 탐색 전략 • 정보접근의 대체적인 방법 제공(같은 정보를 여러 방법으로 접근 가능하게 함) • 학습의 보편적 디자인 적용 • 사용 또는 탐색에 대한 명확한 설명
스크린 디자인	• 화면 구성 • 그래픽 + 문자 • 너무 많거나 너무 작은 문자, 그래픽 또는 아이콘은 피함 • 문자 및 그래픽의 기능 및 위치는 학습 원리에 의존함 • 첫 카드가 가장 중요함 • 첫 카드에 호기심과 동기유발을 불러일으킬 수 있는 디자인을 선택
개발 순서	• 제대로 개발된 프로그램을 디자인하기 위해서는 피나는 노력이 필요함 • 반드시 사전 연구와 견고한 이론적 바탕이 필요함 • 반드시 장애인 입장에 서서 단계별 디자인이 필요함 • 실험연구를 통한 효과 입증 • 현장 반응 및 배부

기출 LINE

10초) 프로그램은 단계적으로 구성되어 있고, 각 단계별 내용 간에는 연계성이 있어야 한다.

10초) 아동의 능력 수준에 따라 프로그램의 진행 속도나 내용 수준을 조절할 수 있어야 한다.

✒ 키워드 Pick

06 장애유형별 특수교육공학의 적용

장애유형	적용 가능한 특수교육공학	
시각장애	• 확대경 • 녹음도서 • 점자프린터 • 독서확대기(CCTV) • 음성합성장치 • 점자타자기 • 확대활자 • 시각장애인용 독서기 • 촉각 그림세트 • 타이포스코프 • 점자측정도구	• 점자정보단말기 • 단안망원경 • 카세트 녹음기 • 점자도서 • 독서대 • 화면읽기프로그램 • 점판과 점필 • 화면확대 소프트웨어 • 화면해설 수신기 • 촉각지도
의사소통장애	• 의사소통 시스템 • 의사소통 기기 • 소프트웨어	• 선택 스위치 • 애플리케이션 • 블리스기호와 리버스체계
청각장애	• 보청기	• 인공와우
지체장애	• 필기 보조도구 • 책상 • 교과목별 보조도구 • 자세별 보조도구 • 이동보조도구	• 식사 보조공학 • 용변을 위한 보조공학 • 몸단장 보조공학 • 컴퓨터 접근성 향상을 위한 대체 키보드 및 마우스 등
학습장애	• 한글 학습 교구 • 한글 학습 소프트웨어 • 녹음기 • 전자책 • 전자계산기	• 쓰기 보조기구 • 컴퓨터 키보드 • 워드 프로세서 • 음절예측 문자입력 소프트웨어 • 마인드맵 지원 소프트웨어

MEMO

임지원 특수교육의 맥

CHAPTER

05

전환교육

맥 VIEW

01 전환교육의 개념

┌ 전환 및 전환서비스

├ 전환교육 모델
│ ├ 생활중심 진로교육 모델(Brolin)
│ ├ 교량모형(Will)
│ ├ 독립생활과 지역사회 적응모형(Halpern)
│ ├ 지역사회 중심 직업훈련 모델(Wehman)
│ ├ 전환교육 통합모형(Severson)
│ ├ 혼합형 진로교육 모형(Kohler)
│ └ 포괄적 전환교육 서비스 모델(Sitlington, Clark 등)

└ 팀 접근 ┬ 학제적 팀
         └ 기관 간 협력 ┬ 정보전이 모델
                        ├ 책임전이 모델
                        └ 상호협력 모델

02 전환평가

┌ 전환평가의 이해
│ ┌ 의미
│ ├ 특성
│ └ 영역: 전환평가 모델(Miller)

├ 전환평가의 단계
│ ┌ ① 정보 수집
│ ├ ② 진로탐색 활동
│ └ ③ 직업 평가

├ 전환평가의 유형
│ ┌ 형식적 평가와 비형식적 평가
│ ├ 조사와 인터뷰
│ ├ 직접 관찰
│ ├ 기능적 평가
│ ├ 교육과정중심평가
│ ├ 작업표본평가
│ └ 직무현장평가

└ 전환사정을 위한 검사도구

03 전환교육계획(ITP)과 수행요약서(SOP)

┌ IEP와 전환계획수립 단계

└ 수행요약서(SOP)

04 전환교육 교수전략

┌ 학교중심의 작업 경험
│ ┌ 현장학습
│ ├ 프로젝트 과정
│ ├ 참여실습
│ ├ 교내 기업
│ ├ 진로캠프 프로그램
│ ├ 도제 제도와 인턴십
│ ├ 협력 교육
│ ├ 노작 혹은 시간제 직업 배치
│ ├ 기술-준비
│ └ 진로 교과

├ 인지적 전환교수
│ ┌ 환경분석
│ ├ 직무 분석
│ ├ 직무과제분석
│ └ 인지적 전략

└ 자기결정 교수
   ┌ 개념
   ├ 구성요소
   └ SDLMI

05 전환의 결과

┌ 고용 ┬ 경쟁고용
│   ├ 지원고용
│   ├ 보호고용
│   └ 소비자 중심 고용

└ 주거 ┬ 주거유형
       └ 대안적 주거유형

05 전환교육

01 전환교육의 개념

① 전환 및 전환서비스

전환	• 전환이란 한 가지 상태 혹은 조건에서 다른 상태나 조건으로 옮겨 감을 의미한다. • 수직적 전환과 수평적 전환 − 수직적 전환: 유아기에서 초등학교 시기로 성장하는 것과 같이 생활연령과 관련하여 다음 연령 시기로 이동하는 것이다. − 수평적 전환: 분리교육 상태에서 일반교육 통합교육 장면으로 옮겨가는 것과 같이 지금까지와 다른 상황으로 이동하는 것이다.
전환 서비스	• 전환서비스란 장애아동을 위한 협응된 일련의 활동을 의미한다. • 전환 서비스에 포함되는 내용(IDEA 2004) − 학교에서 학교 이후 활동으로의 이동을 촉진하기 위해 장애아동의 학업적·기능적 성취 향상에 초점을 두는 성과 지향적 과정 안에서 계획되며 중등 이후 교육, 직업교육, 통합고용(지원고용 포함), 평생교육 및 성인기 서비스, 독립적인 생활 혹은 지역사회 참여를 포함한다. − 아동의 강점, 선호도, 흥미를 고려한 개별 아동의 요구에 기초한다. − 교육, 관련 서비스, 지역사회 경험, 고용 및 학교 졸업 후 다른 성인기 생활목표 개발, 일상생활 기술 습득 및 기능적 직업 평가를 포함한다.

✎ 키워드 Pick

┌─기출의맥─
전환교육 모델의 흐름을 보며
전환교육의 개념이 어떻게 확
장되어 왔는지 확인할 것!

② 전환교육 모델

1. 생활중심 진로교육 모델(LCCE. Brolin의 모형)

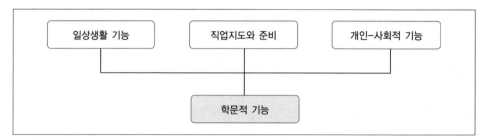

① 이 모형은 능력기반 접근을 통해 고안되었는데, ㉠ 일상생활 기능, ㉡ 개인-사회적 기능, ㉢ 직업 지도 및 준비로 분류된다.

② 각 능력마다 능력 요소와 하위능력 요소, 간단한 훈련과제가 포함되며, 이를 정리하여 22개의 주요 기능을 담은 기능적 교육과정으로 제안하였다.

③ 이 모형은 학교, 가정 및 지역사회 간 또는 특수교육, 직업교육, 직업재활기관 및 관련 기관 등 상호 협력하에 모든 요소를 조정하여 개인적 직업 능력을 최대한 발전할 수 있도록 준비시킨다.

④ 이러한 일차원적 능력/기능은 다른 두 개의 차원과 연결되는데, 학교 및 가정, 지역사회의 경험으로의 연결 및 직업교육의 4단계와 연결되어 3차원적인 직업교육 모형으로 구성된다.

⑤ 이 모형은 장애아동의 성장에 따라 진로발달의 4단계, 즉 진로인식, 진로탐색, 진로준비, 진로적응의 단계를 체계적으로 적용시키는 것을 강조하였다.

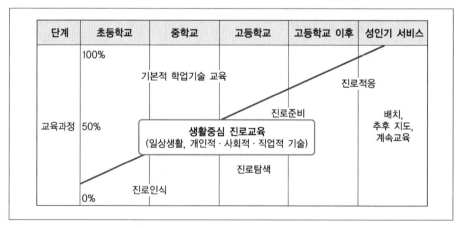

2. 교량모형(연결모형, Will의 3단계 전환모델) ¹²중

기출 LINE

12중) 전환의 초점을 과정보다는 결과인 '고용'에 둔다. 고등학교와 고용 사이의 다리 역할로서의 전환교육을 강조한다.

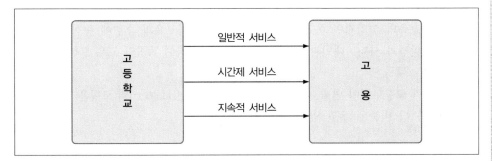

① 가장 먼저 등장하였고 광범위하게 알려져 있는 전환교육 모형이다.
② Will은 고등학교와 졸업 후의 직업생활 간의 '다리/교량' 또는 '연결'을 강조하며 학교에서 고용으로 이끄는 폭 넓은 서비스와 지원을 제공하는 성과중심의 과정을 반영한 모형을 제시하였다.
③ 지역사회 기회와 서비스 협력이 장애학생의 환경과 요구에 부합해야 한다는 가정 아래 Will의 모형의 특성은 고용/직업 적응을 궁극적인 목표로 두었고, 학교 활동과 경험은 고용에 도움이 되어야 한다고 여겼다.
④ 학생의 특성, 흥미, 선호를 고려하지 않고 전환계획의 결과가 고용 및 취업이라는 단 하나의 영역으로 국한되었다는 제한점이 있다.
⑤ 전환 교육과정을 고등학교 졸업 후 성인기로 나아가는 몇 년간의 기간에만 국한하였다는 제한점도 있다.

3. 독립생활과 지역사회 적응모형(Halpern의 모형) ¹³추중

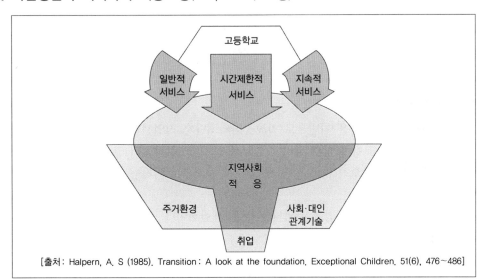

[출처: Halpern, A. S (1985). Transition : A look at the foundation. Exceptional Children. 51(6), 476~486]

| Halpern의 전환교육모형(Halpern, 1985) |

키워드 Pick

① Will이 고용에만 중점을 두었던 것을 변화시켜, 성과중심의 교육효과를 극대화하기 위하여 지역사회 적응을 통한 성인생활 자립을 강조하였다.

② 전환교육의 일차적인 목표인 취업을 위하여 직업교육과 훈련에 중점을 두었다.

③ 주거환경과 사회·대인관계 기술 연결망을 포함하여 Will의 고용 모형을 더 확대하였다.

④ Will의 교량모형이 연결 자체에만 중점을 두었다면 Halpern의 모형은 진로교육 접근에 좀 더 비중을 두고 있다.

기출 LINE

13추중) 전환 과정을 '투입과 기초', '과정', '취업의 결과' 3단계로 구분하여 중등학교 직업교육 프로그램을 강조한 전환모형

4. 지역사회 중심 직업훈련 모델(Wehman의 모형)

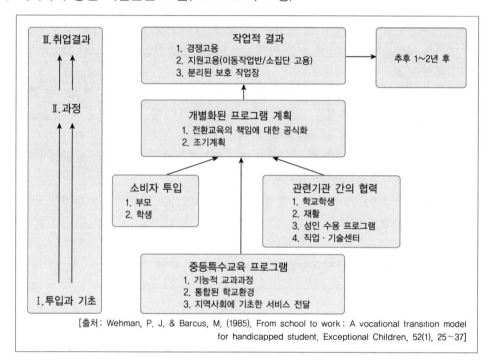

[출처: Wehman, P. J. & Barcus, M. (1985). From school to work : A vocational transition model for handicapped student. Exceptional Children, 52(1), 25~37]

(1) 의미 및 특징

① Will의 교량 모형을 기반으로 학교중심의 3단계 직업전환 모형을 제시하였다.

② 기존 Will의 교량 모형과 달리 전환교육과정을 고등학교와 고용을 연결하는 하나의 지원 과정으로 보지 않고 이를 세 단계에 걸쳐 이루어지는 복합적 과정으로 제시하였다.

③ 여전히 고용에만 초점을 두었다는 것은 제한점이다.

④ 기본원리

    ㉠ 훈련과 서비스 전달체제 내에 있는 구성원들은 반드시 참여해야 한다.

    ㉡ 부모는 필수적으로 구성원에 포함되어야 한다.

    ㉢ 직업 전환계획은 반드시 21세 이전에 수립되어야 한다.

    ㉣ 과정은 반드시 계획적이고 체계적으로 이루어져야 한다.

    ㉤ 양질의 직업교육 서비스가 제공되어야 한다.

⑵ 3단계 직업 전환

1단계 투입과 기초	• 학교에서 장애학생의 성공적인 고용을 준비시키기 위한 전제 조건으로 통합된 학교 환경을 제시하였다. • 기능적 교육과정, 통합 교육, 지역사회 기반 서비스 등이 포함된다.
2단계 과정	• 모든 장애학생에게 개별화된 전환교육 프로그램을 계획하여 실시한다. • 프로그램 계획 과정 속에서 학생과 부모와의 협력뿐만 아니라 기타 관련기관과의 협력을 강조하였다.
3단계 취업결과	• 장애학생들이 실제로 직업현장에 배치되어 적응하는 단계이다. • 고용의 결과 중 경쟁고용과 지원고용을 목표로 하며, 1~2년 후의 추수지도 및 지원도 포함하여 고용 성과를 도모하고자 하였다.

5. 전환교육 통합모형(Severson 등)

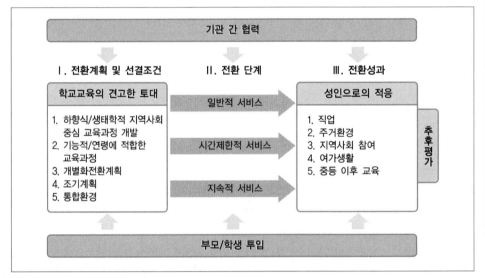

| Severson 등(1994)의 전환교육 통합 모형 |

① 이 모형에서는 학교의 전환계획 및 선결조건, 전환단계, 전환성과의 세 단계로 구분하여 각 단계마다 필요한 요소를 제시하였다.
② 다른 모형과 달리 이 모형에서는 전 과정에서 학생, 부모 및 관련 기관의 협력이 이루어져야 한다고 제안하였다.
③ 졸업 후 성과에 있어서 추후평가의 필요도 언급하였다.
④ 이 모형은 이전과 달리 전화성과를 직업 외에 여가 활동과 계속 교육과 같은 더욱 다양한 성인기 삶의 성과를 포함하였다는 데 의의가 있다.

✒️ 키워드 Pick

기출 LINE

23중) ○○지역 장애인협의회 단체장과 장애인부모회 대표 및 교육지원청 특수교육 담당 장학사가 참석하였습니다.

6. 혼합형 진로교육 모형(Köhler의 전환교육 분류체계) [22중]

(1) 의미 및 핵심

① Kohler(1998)는 혼합형 진로교육 모형(infusion-based career education model)을 제시하였다.

② 이 모형은 전환교육에서 제공하여야 할 교육내용을 강조하는데, 그 영역은 학생중심 계획, 가족 참여, 프로그램의 구조와 속성, 기관 간 협력 그리고 학생 개발이다.

③ 이 모형의 핵심은 전환도 교육의 한 측면으로 강조되어야 한다는 것이다.

(2) 주요 활동

① 첫째, 졸업 이후 목적은 학생의 능력, 흥미, 관심, 그리고 선호도에 따라 정해 계획되어야 한다.

② 둘째, 교수활동과 교육 경험은 학생들의 졸업 이후 목적을 달성하기 위해 개발되어야 한다.

③ 셋째, 학생들을 포함하는 다양한 인사들이 목적을 정하고 목적을 개발하는 데 함께 참여하여야 한다.

(3) 5가지 영역

이 모형은 결과 중심 계획 과정(outcome-orientedplanning process)과 교과 내용을 개인의 요구에 연관시킨다. 이에 따라 학교의 교육내용도 전환 중심의 교육(transition-focused education)인 다섯 가지 영역으로 구성되었다.

학생중심 계획	• 학생중심계획의 실제는 졸업 이후의 목표에 기초를 둔 개별화전환교육계획을 개발하기 위해 학생 참여를 증진하고 필요한 전략을 계획하려는 것이다.
학생 역량 개발	• 학생 역량 개발 실제는 생활, 고용, 학교기반 또는 직무기반 학습 경험을 통합 작업 기술 개발을 강조한다. • 성공적 전환으로 이끄는 학생 역량 개발을 위해서는 기본적으로 학생에 대한 평가와 편의를 위해 조정이 필요하며, 전환 기술과 학업적 기술에 대한 학생 평가 및 교수의 두 가지 요소를 모두 포함하기 때문에 매우 중요한 범주라고 할 수 있다.
기관 간 협력	• 전환교육의 모든 측면에서 대상 학생, 부모, 교사, 서비스 제공자, 지역사회 담당자, 졸업 후 기관 담당자, 고용주 등 관련 주체와의 협력 및 연계는 매우 중요한 문제로 협력을 위한 체계와 협력적 서비스 전달이 필요하다. 이러한 목적에 도달하기 위해서는 이들을 잘 이끌어야 하며 각 기관의 담당자를 미리 결정해 두는 것이 좋다. • 학생과 부모는 재정계획, 건강 관리, 장애 혹은 정신건강 서비스나 이동에 도움을 받기 위해 적절한 기관과 연계하여야 한다.
가족 참여	• 가족 참여 실제는 전환서비스와 교육을 계획하고 제공하는 데 있어서 부모 혹은 가족의 참여와 관련된다. • 가족 중심의 훈련과 가족역량 강화 활동을 제공함으로써 교사 및 기타 서비스 제공자들과 효율적으로 일하기 위한 가족구성원의 역량을 개발하고자 한다.

프로그램의 구조와 속성	• 프로그램 구조는 전환에 초점을 둔 교육과 서비스를 효율적·효과적으로 전 달하는 일과 관련된다. • 전환 프로그램의 기본적인 철학과 계획, 정책, 평가, 인적자원의 개발을 포함 하는 전환 프로그램이 성과 지향적이며 모든 학생에 대해 높은 기대 수준을 반영한다거나 유치원 과정부터 고등학교까지의 교육 단계와 정신건강, 직업 재활 등 관련 시스템을 통해 이루어진다는 등의 프로그램 성격을 규정하고 다룬다. • 프로그램 전개와 발전을 위해 프로그램의 한 부분으로서 진행되어야 하는 지속적인 평가 그리고 교육 분야와 관련 서비스 제공기관, 지역사회 담당자 간 운영 세부사항에 대한 전략계획 사항 등을 포함하고 있다.

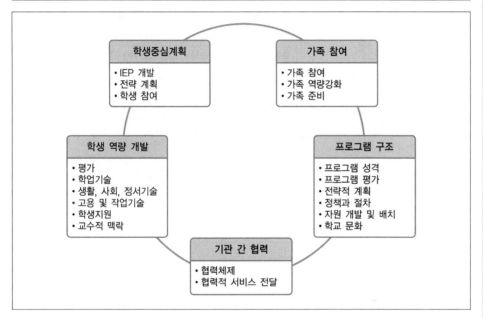

| Kohler의 전환교육 분류체계(taxonomy for transition programming 2.0) 모형 |

7. 포괄적 전환교육 서비스 모델(종합적 전환교육 모델, Sitlington, Clark와 Kolstoe)

21중

① 고등학교에서의 전환을 강조했던 관점에서 벗어나 전 생애 동안 여러 번의 전환이
있으며 나이 발달 수준에 따른 학생의 성과와 전환 출발점에 대한 모형이다.
② 장애학생의 전환교육은 전 생애 관점에서 종합적·체계적으로 계획되고 실행되어야
한다는 것이다.
③ 여기서 전환은 수직적 전환과 수평적 전환을 모두 포함한다.
④ 포괄적 전환교육 모형에서는 삶의 요구에 성공적으로 대처하기 위해서 12가지의 지
식과 기술 영역이 필요하다고 보았다.
⑤ 또한 단계별 기준이 되는 진출 시기와 성과가 있다고 보았으며, 단계별 전환을 위해 교
육과 서비스는 학교와 여러 지역사회 서비스 기관들이 함께 제공해야 한다고 보았다.

기출 LINE

12중) 전환 프로그램의 지식과 기능 영역에는 의사소통, 자기결정, 여가와 레크레이션이 포함된다. 생애의 각 단계마다 수료점과 결과가 있어, 전환은 생애에 걸쳐서 한 번이 아니라 여러 번 나타난다.

키워드 Pick

⑥ 한 교육 단계에서 다음 단계로 이동할 때 성공적인 전환을 한다면 이후 단계에서 보다 나은 성과를 보일 것으로 예측하였다.

⑦ 가능한 전환에 필요한 교육과 지원을 일찍 시작해야 한다고 보았다.

⑧ 인생에 있어서 한 번의 전환만 있는 것이 아니라 전 생애에 걸쳐 이루어지는 전환을 강조하며 수직적 및 수평적 전환과정을 포함하여 개념을 확장하였다는 데 의의가 있다.

⑨ 또한 각 시기에 포함되어야 할 일련의 공식적 또는 비공식적 지식 및 기술 영역을 다뤘다는 데 의의가 있다.

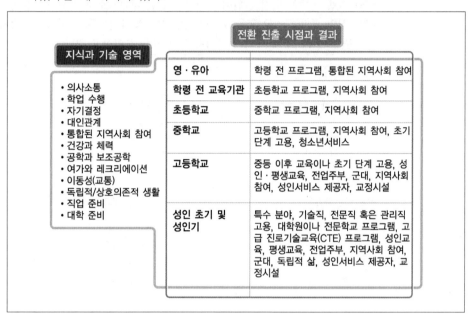

| 포괄적 전환교육 서비스 모형 |

맥 Plus

전환교육 이론적 모형

협의의 모형	포괄적 모형
• 고용이나 취업에 초점을 둔 모형 • Will과 Wehman이 제시하는 모형	• 결과보다는 과정에 초점을 둔 모형 • Clark의 학교중심 모형 • Brolin의 생활중심 모형 • Halpern의 모형

3 팀 접근

1. 학제적 팀

단학문적 팀	동일한 분야의 구성원들만 모여서 협력하는 방식
다학문적 팀	계획이나 결과를 공유하기 위하여 만나지만, 구성원들이 각각 상호 독립적으로 활동하고 개입활동을 조정하지 않는 방식
간학문적 팀	다양한 분야의 구성원들로 구성되어 서비스를 통합·조정하며, 내담자에 대한 사정과 개입을 위하여 공동으로 협력하는 방식
초학문적 팀	역할이완을 바탕으로 전문 분야를 넘나드는 정보와 기술의 공유를 특징으로 하는 방식

2. 기관 간 협력

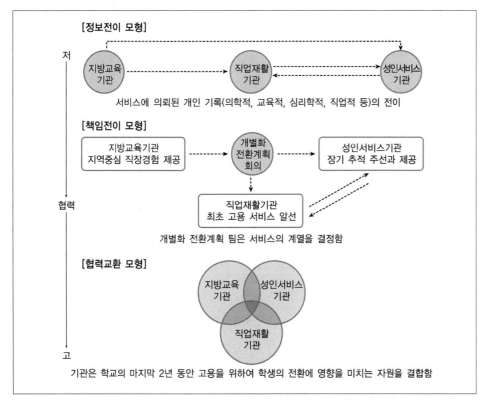

| 기관 간 상호작용 모형 |

정보전이 모델	기관들 사이에 의사소통을 위해 계획된 절차가 거의 없으며, 정보의 전달은 한 기관에서 제공된 서비스의 내용을 다른 기관에서 참고할 수 있도록 개인의 교육적·심리적·직업적·사회적·의학적 이력을 서류 형식화하여 한 기관에서 다른 기관으로 전달하는 형식을 취한다.
책임전이 모델	서비스 전달이 갑작스럽게 되지 않도록 하기 위해 기관 간 회의를 통해 미리 계획되어 있으며, 기관들 사이의 의사소통과 종합적인 계획은 일괄된 절차로 제공한다. 이는 논리적이고 종합적인 서비스 계획의 지속성을 촉진시켜 주고, 비효율적인 역행정책과 서비스 활동의 반복을 방지해 준다.
상호협력 (협력교환) 교환모델	중복을 조정하기 위하여 기관 간 상호작용을 하는 모델이다. 모든 기관들이 서비스의 계획과 이행에 관여되고 개별 학생을 위한 지출의 중복은 없다. 모든 의사소통의 절차와 정보의 공유, 중복을 방지하기 위한 서비스의 이행, 비용 분배의 적절성 등에 관한 계획들이다.

02 전환평가

① 전환평가의 이해 [13중]

기출 LINE

13중) 학생의 자기결정 및 자기옹호 기술, 학습 스타일, 생활기술 관련 교육적 요구, 직업의 흥미, 적성 및 능력 등에 대한 평가가 포함된다.

1. 전환평가의 의미

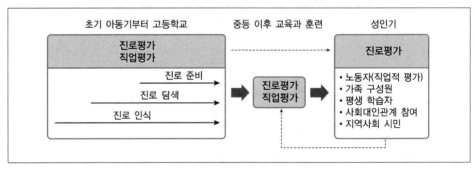

| 전환평가 체제 |

① 전환평가(transition assessment)는 적절한 개별화교육을 계획하기 위하여 학생의 능력, 태도, 적성, 관심, 직업적 행동, 자기-결정 수준, 자기-주장 기술, 대인관계 기술, 학업 기술 수준, 독립 생활 기술을 결정하는 과정으로 정의된다(Miller et al., 2007).

② 전환평가를 통하여 학생, 부모, 교사 그리고 관련 인사들에게 졸업 이후의 미래를 계획하는 데 필요한 정보를 제공할 수 있다.

③ 최근 전환 교육의 포괄적 의미와 더불어 전환평가도 광범위한 정의를 내리고 있다.
   ⇨ 연령과 관계없이 장애학생의 성공적이고 만족한 생애 전환을 위해 장애학생 본인과 그 가족을 지원한다.

④ 광범위한 의미에서 전환평가는 현재와 미래의 일과 교육, 생활, 개인적이고 사회적 환경과 관련 있는 개인의 요구, 선호도, 관심 등에 대한 자료 수집 과정이라고 할 수 있다.

⑤ 평가자료는 전환과정에서 기본적 자료가 될 뿐만 아니라 개별화교육계획에 포함되어야 할 목적과 서비스를 정하는 기초 자료로 활용된다.

⑥ 진로평가, 직업평가, 전환평가

　㉠ **진로평가**: '초등학교에서 성인기까지의 발달적 과정'이라는 의미이며, 학령기 동안의 진로 평가는 생애 동안의 진로 발달과도 관련되며 삶의 모든 과정에 영향을 미친다고 할 수 있다.

　㉡ **직업평가**: 직업평가 및 직업 전 그리고 직업과 관련된 정보와 개인과 관련된 삶의 역할에 대한 정보가 제공된다.

　㉢ 전환평가는 진로평가와 직업평가를 모두 포괄하고, 전환평가는 전체 생활에서의 역할과 그리고 성인기 이전, 성인기 이후에 필요한 지원과 관련된다. 또한 각 시기별 평가에 관한 정보도 적절하게 이루어져야 한다.

2. 전환평가의 특성

① 전환평가는 학생중심적이고, 지속적이며, 다양한 장면에서 실시되고, 여러 사람들이 관여되어야 하고, 평가자료가 이해될 수 있어야 하며, 그리고 여러 상황과 사람들에 대하여 합리적이어야 한다(David 등).

② 전환평가의 특징

　㉠ 전환평가는 장애학생의 선호, 흥미, 강점 등에 대한 정보를 포함하는 종합적 전환 요구를 파악한다.

　㉡ 전환평가는 전환계획 수립과정에 지속적으로 삽입되어 영향력을 미친다.

　㉢ 전환평가의 결과는 전환 목표, 중등 이후 목표의 작성과 직접적으로 연관된다.

　㉣ 전환평가는 장애학생에게 개별 접근하는 것이 필요하다.

　㉤ 장애학생과 가족 중심으로 전환평가를 실행하는 것이 필요하다.

✧ 키워드 Pick

3. 전환평가 영역 : 전환평가 모델(Miller) [24중]

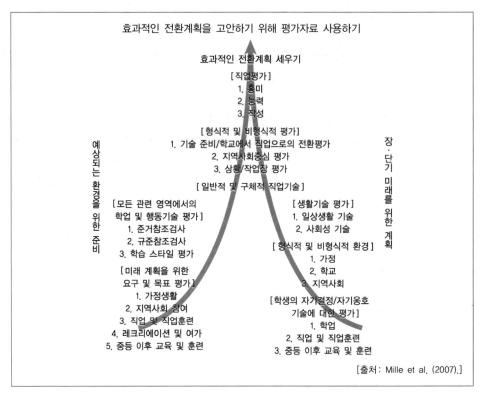

| 전환평가 모델 |

효과적인 전환계획을 수립하기 위해 다양한 평가자료를 수집해야 하고, 전환평가에 대한 다섯 가지 요소를 제안하였다.

미래계획을 위한 요구와 목표	• 미래계획 평가가 전환평가 과정의 매우 중요한 구성요소임을 의미한다. • 미래계획 평가는 학생, 가족, 교사가 고등학교 이후 삶의 방식에 관한 목표를 포함하여 진로목표에 도달하기 위한 장기적인 계획을 개발하는 데 도움이 된다.
자기결정 및 자기옹호 기술	• 자기결정에 대한 평가는 효과적인 전환계획의 토대이다. • 학생의 동기를 존중하고 교육과정의 주도권을 학생과 가족에게 양도하고자 하는 과정이기 때문이다. • 미래계획에 대한 평가와 자기결정에 대한 평가의 기본전제는 교육이 효과적이고 의미 있기 위해서 학생중심적이고 소비자 주도적이어야 함을 의미한다.
학생의 학습 형태·행동·학업적 강점 및 제한점	• 향후 전환계획을 위해 학업기술 수준에 대한 언급은 꼭 필요하다. • 행동상의 문제는 모든 학생이 성공적으로 참여하는 데 결정적으로 중요하다. • 고등학교 생화과 졸업 이후 삶이 성공적이기 위해 사회적·행동적 측면에 관한 정보를 수집하여야 한다.

필요한 생활기술	• 기능적 생활기술에 대한 평가는 총체적 전환평가를 위해 없어서는 안 될 요소이다. • 성인기 삶의 모든 측면은 광범위한 생활기술을 요구하기 때문이다.
학교와 지역사회 모두에서 보이는 직업흥미·적성·능력	• 직업평가 정보는 공식적인 전환계획으로 이어지지 않거나 전환계획 작성에 도움이 되지 않는다면 실제적으로 의미가 없다.

② 전환평가 단계

1. 1단계: 정보 수집

① 이 단계에서는 직업계획과 관련하여 학생의 현재 능력 점검과 기능적 기술을 결정하기 위한 선별(screening) 과정으로 이루어진다.

② 이에 대한 정보는 주로 면접, 자료 검토, 선별 흥미 척도와 같은 방법을 통해 수집된다.

③ 이 단계는 학생에 관한 비형식적인 평가가 주로 이루어진다. 학생의 직업적 흥미, 대인관계 기술, 적응 행동 등이 고려되어야 한다.

④ 학생을 잘 알고 있는 누구라도 평가가 가능하고, 수집된 정보는 교수 계획 IEP나 ITP의 목적을 설정하는 데 활용된다.

2. 2단계: 진로탐색 활동

① 2단계에서는 학생에 대한 좀 더 자세한 능력 검사와 요구사항이 검토된다. 1단계에서 수집된 자료의 분석이 우선 이루어진다.

② 이 단계에서는 학생들의 직업 기술, 태도, 흥미 등의 수준을 결정하기 위해 개별화교육지원팀이나 직업상담 혹은 교육심리평가 담당자들이 참여할 수 있다.

③ 학생들에 따라 더 자세한 직업계획이나 자료를 검토하기도 한다.

④ 흔히 이 단계를 표준화된 검사도구를 통해 이루어지는 임상적 혹은 탐색 단계라고 하기도 하고 또는 진로탐색 활동으로 부른다.

키워드 Pick

3. 3단계: 직업 평가 [25중]

① 3단계는 포괄적인 평가이다. 실제적이거나 가상 작업 경험을 중시한다. 이 단계를 직업평가(vocational evaluation)라고도 한다.

② Paterson 등(1985)은 이 단계를 다음과 같이 정의하였다.

> "이 단계에서는 개인의 전체 진로 발달을 고려하는 포괄적 접근이 이루어진다. 이를 위해 객관적인 진로 정보를 모아 부모, 교육자, 학생, 기타 인사들에게 제공한다. 이는 학생의 고용 가능성을 높이기 위한 적절한 교육 경험을 계획하는 데 활용하기 위함이다."

③ 이 직업평가의 목적은 개인의 흥미, 강점, 교육과 훈련, 요구사항을 밝혀 포괄적인 개별화 전환교육계획을 설정하는 데 활용한다.

④ 1, 2단계와 다르게 3단계에서는 주로 형식적인 평가와 평가 전문가가 개입된다.

⑤ 직업평가(vocational evaluation)와 상황평가(situational assessments) 그리고 노작평가(work-study assessment)가 이루어진다.

직업평가	직무 수행 시 나타내는 태도와 흥미를 평가한다. 이는 특정한 분야에서 직업적 성공을 예측하기 위함이다. 작업 표본(work samples)들에 대한 타당도와 신뢰도가 확보되어야 한다.
상황평가	실제 작업장에서 수행되며, 현장 직업평가를 통해 무엇을 어떻게 가르칠 것인가를 고려하여야 한다.
노작평가	감독이나 멘토가 대상자의 직무수행에 대한 정보를 제공하는 보고 과정이다. 표준화된 관찰 체크리스트가 활용된다.

⑥ 고등학교 졸업 이후의 평가방법

졸업 이후 기술에 대한 일반적인 평가	교과기술, 비평적 사고기술, 타당한 수정 요구, 사회적 행동, 대인관계 기술, 자기-주장기술, 자기-결정기술, 학습전략, 시간 관리 혹은 조절기술 등을 결정하는 데 필요하다. 이러한 기술들에 대한 정보는 동료나 교사 혹은 자기-평가를 통해 모아질 수 있다.
실습장이나 실제 현장에서의 구체적인 평가	일상생활 기술과 관련된 요구를 평가하기 위해 필요하다. 이러한 일상생활 기술들은 교실 혹은 대학 캠퍼스에서 확인할 수 있다. 그 외 고등학교 졸업 후 참여할 대학 사회에 잘 적응하기 위해 기숙사와 독서실, 대형 강의실이나 세미나 장소로의 이동기술에 대한 평가 등도 계획에 포함하여야 한다.

③ 전환평가의 유형

1. 형식적 평가와 비형식적 평가

① 형식적 전환평가는 배점과 해석 등 수행과정이 표준화된 절차를 따르는 것이 특징으로, 학생이 얻은 점수에 대한 명확한 해석과 표준화된 정의에 따라 학생이 위치한 규준을 알게 된다.

② 비형식적 평가는 구조화되지는 않았지만, 융통성이 있으며 다른 장애학생과 비교하지 않고 학생 본인의 수행 준거를 참조하기 때문에 가르친 것에 대한 효과를 확인한다든가, 다양한 조건이나 환경에서 자료를 수집할 수 있다는 장점을 가지고 있다.

형식적 평가	• 객관적이며 표준화된 자료로, 주로 집단을 대상으로 한다. • 특정한 목적을 위해 구조화된 상황을 설정하며 비교할 수 있는 규준 집단을 설정한다. • 특히 상업적으로 개발된 도구들이 많다. • 평가의 목적은 학생의 관심, 태도, 학습의 선호도, 작업 기술, 직업표준 흥미 및 태도, 직업 정교성(dexterity), 기타 직업 관련 정보를 얻기 위해 사용한다.
비형식적 평가	• 주관적이고, 개인을 중심으로 하며 진행 과정의 자료를 중심으로 평가한다. • 비구조화된 다양한 상황에서 주로 평가하며, 면담, 질문지, 직접 관찰, 기록, 환경분석, 교육과정중심평가 등이 있다. • 교사의 자작 평가지로 시기에 구애받지 않고 평가할 수 있다. • 이는 형식적 평가 결과를 결정하는 데 중요한 참조 자료로 활용된다.

2. 조사와 인터뷰

① 조사와 인터뷰는 정보를 개인으로부터 직접 수집하는 평가자료이다.

② 대상은 장애학생 당사자가 될 수도 있고, 부모, 교사, 직장 동료, 상사, 고용주, 공동생활가정 생활지도사, 친구 등 다양한 사람들이 될 수 있다.

③ 사전에 친숙도 형성과 인터뷰 과정이 방해받지 않도록 상황을 설정하고, 주로 다음의 여덟 가지 내용을 중심으로 인터뷰할 것을 제안하였다(Miller 등).

  ㉠ 장애나 특별한 요구에 대한 학생의 태도

  ㉡ 능력과 강점에 대한 지각

  ㉢ 직업적 흥미와 활동

  ㉣ 진로 인식과 경험

  ㉤ 일과 학습 선호도

  ㉥ 교육적 흥미와 목적

  ㉦ 기능적 기술과 요구

  ㉧ 가족 및 부모의 관심

키워드 Pick

3. 직접 관찰

① 직접 관찰을 '상황평가'라고도 한다.

② 장애학생이 생활하는 실제 상황에서 실시한다. 교내 취업이나 졸업 이후, 지역사회에서 학생을 전문가가 직접 보고 평가하는 것이다.

③ 직접 평가의 목적은 주로 학생의 특정한 일이나, 지역사회 상황에서는 일반적인 작업 행동과 적응에 대한 관찰과 기록 그리고 해석을 하기 위함이다.

4. 기능적 평가

① 기능적 평가(functional assessment)는 직업 계획과 전환 준비에서 고려되어야 할 전반적인 구성요소를 제공한다.

② 장애학생에 대한 기능적 기술은 학업이나 교과 혹은 신체적 결함이 무엇인가를 찾기보다는 이들이 무엇을 할 수 있고, 무엇을 배우고 성취할 수 있을 것인가에 중점을 두어야 한다.

③ 기능적 평가는 가정, 학교, 직장, 지역사회 등 자연적 환경에서 장애학생의 기술에 관심을 두어야 한다.

④ 이는 이들이 살아갈 통합환경에서 어떻게 역할을 할 것인가를 중시하기 때문이다. 이러한 이유로 기능적 평가는 생태적 혹은 환경적 평가 과정을 고려한다.

5. 교육과정중심평가

① 교육과정중심평가(CBA)는 학생을 지도하는 교육자가 구체적인 교육과정에서 학생의 수행에 대한 정보를 수집하기 위해 실시하는 것을 의미한다.

② CBA는 학생이 현재 수업 받고 있는 현행 교육과정에 근거하여 평가한다.

③ CBA를 통해 개인이 도달해야 하는 수준이나 기준을 확인할 수도 있다.

④ **교육과정중심직업평가**(CBVA) : CBA와 비슷한 CBVA는 현재 교과에서 학생들의 수행과정에 근거한 진로개발과 직업적 요구를 결정하기 위한 과정이다. 따라서 CBVA는 학급에서 교사가 자신의 교육과정에 따라 개발하여 실시하는 수행중심 절차를 활용한다. 그리고 이것은 직업적인 교육을 필요로 하는 학생의 교수과정에 대하여 교사가 질문하고 대답하는 지속적인 과정, 즉 평가–지도–평가–지도를 반복하는 과정이다.

6. 작업표본평가 [21중]

(1) 개념 및 특징

① 작업표본평가(work samples assessment)는 실제 직무나 모의된 직무를 평가실에서 실시하여 직업평가의 목적을 달성하고자 하는 것이다. 즉, 검사를 하기 위한 목적으로 실제 작업 활동을 생산 활동으로부터 분리해서 실시하는 것이라고 볼 수 있다.

② 실제 작업에 쓰이고 있는 재료, 도구, 기계, 공정을 사용한 작업 과제를 표본으로 추출하고, 그 과제수행을 평가의 도구로 하여 작업결과를 양적 및 질적으로 파악한다.

③ 작업표본 결과의 가치는 실제 상황에 최대한 맞추려고 하고, 구체적인 작업 활동을 포함하려고 한다는 점이다. 그리고 작업 행동을 가능한 한 표준화된 형태로 수집하려고 한다는 것이다.

④ 실제 직무표본과 모의 작업표본의 차이는 지역사회에서 발견되는 특정 직무와의 관련성에 있고, 실제로 반드시 완벽하게 구별되기 어려운 경우가 있다.

⑤ 작업표본은 피평가자가 수행하고, 평가자가 그 수행을 관찰 및 측정할 수 있게 하는 모의 상황이다. 따라서 피평가자의 근로 특성과 작업 요인은 표준화된 지시사항이 주어지고, 지침자료가 측정에서 활용될 때보다 편리하게 이루어질 수 있다.

(2) 작업표본평가의 유형

실제 직무표본	• 산업체에 있는 특정 직무를 그대로 사용한다. • 그리고 이 표본에는 산업현장에서 발견되는 장비, 과제, 원료, 비품, 절차, 엄격한 규범이 포함된다.
모의 작업표본	• 지역사회에 있는 하나 또는 그 이상의 직무를 모의하는 핵심이 되는 작업 요인 및 과제, 자료, 장비, 비품 등이 사용된다.
단일 특성 표본	• 고립 특성 작업표본이라고도 하며, 단일 근로자 특성을 평가한다. • 특정 직무 등 많은 직무와 관련된다.
군 특성 표본	• 근로자의 특성군을 평가할 수 있게 설계되어 있다. • 하나의 직무나 다양한 직무에 고유한 수많은 특성을 지니고 있으며, 다양한 직무를 수행할 수 있는 잠재력을 평가한다.

(3) 장단점

장점	• 학생들로 하여금 통제된 상황에서 여러 가지 직업을 탐색하고 시도해 볼 수 있는 기회를 제공한다. • 직업의 일부분을 학교나 교실로 옮겨 올 수 있게 한다. • 흥미나 태도 검사보다 더 실제적인 작업을 경험하게 함으로써 동기를 더 갖게 해준다. • 흥미, 태도, 작업 습관을 포함한 다양한 작업 특성을 평가할 수 있게 한다.
단점	• 인성적인 측면보다는 생산품의 질과 양을 강조한다. • 직무 수행과 관련된 조건(환경)이 작업표본에 의해 충분히 나타낼 수 없기 때문에 흥미와 태도의 심층적인 면을 제시하는 데 한계를 가진다. • 작업 표본을 활용하는 데 비용과 시간 소비가 많다. • 심리측정적인 면에서 특정한 직업 수행을 정확하게 예측하는 데 있어 확신이 부족하다.

☆ 키워드 Pick

기출 LINE

21중) 직무현장평가(On the Job Evaluation)방법을 학생들에게 적용하는 방안도 고려해 봅시다.

7. 직무현장평가

(1) 개념

직무현장평가(on the job evaluation : OJE)는 실제 직무현장에서 평가 대상 장애인이 직무를 수행하는 동안 고용자나 직무감독자가 수행하는 평가방법이다.

(2) 장단점

장점	• 실제 작업 상황에서 발생하는 문제점을 찾아 개선할 수 있는 장점을 가지고 있다. • OJE는 단순한 작업과 같은 직무 상황뿐만 아니라 평가 과정을 통해 직무를 구체화시키는 환경 상황을 다루고, 작업수행 과정에서 사회성과 작업 능력을 동시에 평가할 수 있다는 장점도 있다.
단점	• 인원이 제한적이며 평가에 많은 시간과 비용이 소요된다. • 직종 및 평가 장소의 어려움과 업체와의 협조가 있어야 한다. • 작업상황이 복잡할 경우 효과적으로 관련 요인을 구분하는 데 어려움이 따른다.

(3) 직문현장평가와 상황평가

① 유사점 : 직무현장 평가는 앞서 언급한 상황평가(직접 관찰)와 같이 평가자가 현장에서 직접 평가한다는 점에서 유사하다.

② 차이점 : 상황평가는 평가자가 작업영역에서 개인의 시간, 의무, 책임뿐만 아니라 물리적 요구 및 환경 특성까지도 조절할 수 있는 융통성을 가지고 있다. 이에 비해 직무현장 평가는 개인을 경쟁적인 작업환경에 배치하고 작업환경이나 유형을 거의 바꾸지 않는 상태에서 개인의 성공적인 작업수행과 유지를 평가하며, 그 업체의 생산 요구를 충족할 수 있길 원한다.

(4) 직무현장평가의 특수한 목표

① 직무준비의 평가
② 직무수정과 작업환경 편의시설의 평가
③ 고용지원 사항의 평가

Plus

직업평가(vocational evaluation)

개인의 직업 흥미, 적성, 능력, 강점과 제한점, 기능 수준을 종합적이고 체계적으로 분석하여, 각종 직업의 내용과 현장에 관한 폭넓은 정보를 제공함으로써 직업의 방향을 결정하고 효과적으로 적응할 수 있도록 하는 직업재활서비스의 하나이다. 직업평가는 직업재활서비스에 대한 신청자의 적격 판정, 대상자에게 제공할 서비스 프로그램 확정, 작업자의 정보와 자기 이해를 도움으로써 작업자가 실질적으로 작업 결정을 내리도록 하는 것이다. 직업평가에서는 면접, 의료 및 심리평가, 작업표본 평가, 상황 및 현장 평가 등의 방법을 사용하게 된다. 심리평가에는 지능, 적성, 성격, 흥미, 행동, 동기 등이 포함된다. 작업표본평가는 개인의 직업 적성, 장애의 정도 및 영향, 직업 흥미 등을 평가하기 위해 실제 작업이나 직업군에서 사용되는 것과 유사하거나 동일한 과제, 재료, 도구를 사용하는 평가방법이다. 상황평가는 실제 작업환경과 유사한 모의 작업장에서 직무수행과 관련된 행동을 체계화된 관찰 기법으로 평가하는 것이며, 현장 평가는 경쟁적인 작업환경에 배치된 장애인을 대상으로 현장의 생산 요구에 대한 작업 생산성과 작업 행동을 평가하는 것이다. 「장애인 등에 대한 특수교육법」에서는 특수교육대상자의 특성 및 요구에 따른 진로 및 직업교육을 지원하기 위하여 직업평가를 실시하도록 하고 있다.

— 「특수교육학 용어사전」

직무 분석(job analysis)

한 개인이 구체적인 직업에서 어떤 일을 성공적으로 수행할 수 있는지를 체계적으로 분석하는 것이다. 직업의 적합성에 관련된 주요 요인을 평가하고, 특정한 직무가 한 개인에게 적합한지 여부를 결정하는 데 목적이 있다. 직무 분석을 위해서는 전 직무를 여러 과제(하위 과제)로 나누고, 그 직무가 어떤 일로 구성되어 있는가, 어떻게 수행되는가, 어디에서, 왜, 그 일이 수행되는가 등을 고려해야 한다. 직무 분석은 직접 관찰, 지필조사, 인터뷰 등을 통해 이루어지며, 수행하는 과제를 기술식으로 분석하는 방법과 그 직무를 수행하는 데 필요한 기능 체크리스트를 이용하는 방법 등이 있다.

— 「특수교육학 용어사전」

키워드 Pick

┌ 기출의 맥
검사도구별로 평가하는 주요 내용이나 목적에 초점을 두고 간단히 알아 두세요!

④ 전환사정을 위한 검사도구

1. 학생 자기 보고서 측정

(1) 삶의 질 질문지

저자들에 따르면 이 검사도구는 장애인과 기타 사람들을 위한 삶의 질 사정에 활용될 수 있다. 하위 영역에는 만족, 능력/생산성, 권한 부여, 독립 및 사회적 소속감, 지역사회 통합 등에 초점을 맞춘 40개 항목이 있다. 인터뷰 양식의 하위 검사는 3점 측정을 활용하는 선택 질문지가 요구되고, 처리하는 데 약 20분이 걸린다. 각 하위 영역에 전체 점수와 백분율 점수가 제공된다.

(2) 학교생활의 질 질문지

이 검사는 재학 중인 중등학교와 중등학교 이후 삶의 경험에 대한 주관적인 반응과 인식의 심리적 및 사회적인 지표에 초점을 맞추고 있다. 이 검사는 만족, 복지, 사회적인 소속감, 권한 부여/통제를 측정하는 40개의 항목이 있고 약 15분에 걸친 인터뷰 혹은 인쇄된 질문지를 통해 측정된다. 질문들을 이해하고 반응하기 위해 충분히 수용적이고 표현적인 언어(자연적인 혹은 조정된)를 구사하는 학생이 요구되며, 백분율 등위는 수동적으로 혹은 소프트웨어 채점 프로그램을 통해 측정될 수 있다. 표준은 중등 및 중등학교 이후 학생 모집단에 기반을 두고 있다.

(3) Arc 자기결정 검사

인지장애 및 학습장애 청소년들이 사용하도록 고안된 학생의 자기 보고식 검사이다. 학생은 개인적으로 자신의 신념을 평가할 수 있고 시간 경과에 따라 강점, 제한점, 자기결정 장기목표와 단기목표, 자기결정에서의 진보 등의 영역을 알아내기 위해 다른 사람들과 협력할 수 있다.

(4) 전환기술 검사

학생의 자기 탐색과 자기 평가를 다루는 여섯 가지 과제로 구성된 교육과정에 기반을 둔 검사이다. 학생, 부모 및 교사가 이 검사를 완성하는데, 학생은 자신의 흥미, 강점 및 약점 그리고 고등학교를 마치고 떠맡게 될 성인 생활의 서로 다른 영역(◎ 개인 생활, 직업, 교육과 훈련, 독립생활)에 관해 배운다. 이 검사는 자신의 전환계획에 포함될 구체적인 전환목표를 선택하고 사정을 수행하고 해석하는 책임이 학생에게 있다.

2. 전환척도검사

(1) 전환행동척도(Transition Behavior Scale)

이 척도는 관찰되고 있는 개인의 고용과 독립생활 준비도와 관련된 개인관계기술과 행동을 측정하는 주된 관찰 기회를 가지는 최소 3명의 사람들이 완성시켜야 할 62개 항목을 가지고 있다. 이 척도는 완성하는 데 약 15분이 걸리며, 바람직한 피고용인과 사회적 전환 행동을 파악하는 데, 전국적인 기준과 학생 행동을 비교하는 데, 전환 준비도에 대한 관심 영역들을 찾아내는 데 사용될 수 있다. 수반된 중재 매뉴얼은 가능한 장기목표와 단기 목표 및 62개 척도 각각을 위한 중재를 파악하는 데 활용할 수 있다.

(2) Enderle-Severson 전환평가척도

이 규준지향적인 사정은 요구되는 전환서비스에 대한 진술을 개발하기 위해 어떤 유형의 장애를 가진 14~21세 개인에게 활용될 수 있는 척도로서, 학급 교사, 부모 및 주된 돌봄 제공자 등이 이것을 완성시킬 수 있다. 이 척도는 5개의 하위 영역으로 나누어진 136개의 항목을 지니고 있는데, ① 직업과 직업훈련, ② 오락과 여가, ③ 가정생활, ④ 지역사회 참여, ⑤ 중등학교 이후 훈련과 학습 기회 등이다. 한편, 이를 통해 하위 영역과 전체 수행에 대한 백분율이 획득된다.

3. 전환계획 작성 측정

(1) McGill 행동계획 작성체계

미래계획 작성과 관련된 개인의 응답을 이끌어 내도록 설계된 다양한 삶의 상황과 환경에 걸쳐 체계적으로 제시된 질문들로 구성된 면담이다. 이것은 중도 혹은 중복장애를 지닌 학생들에게 주로 사용되지만 또한 학습장애학생들을 위해서도 활용될 수 있다. 이 검사는 학생의 투입 이외에도 부모 혹은 안내인, 친구, 자신의 희망을 표현하는 데 흥미를 가진 타인들, 장애인 개인의 미래에 대한 두려움 등을 표현하도록 허용한다.

(2) 전환계획 작성검사

이 검사는 학생의 종합적인 전환계획을 허용하고 부모, 교사 및 학생의 요구, 선호 및 흥미를 충족시키고 찾아내기 위한 지역 교육기관의 인사들에 의해 사용될 수 있다. 전환 계획 작성 및 목표와 관련된 정보를 제공하기 위해 완성되어야 할(학교, 가정 및 학생 양식) 세 가지 양식이 있으며, 검사, 관리 절차, 기술적인 정보, 종합적인 자료목표 및 각각의 계획 작성 진술과 연관된 600개 이상의 전환목표에 대한 개관을 제공하는 매뉴얼이 포함된다.

🖋 키워드 Pick

4. 전환 지식중심 측정

(1) 사회 및 직업 전 정보 검사

이 검사는 직업 지식과 지역사회 적응기술 및 정신지체 성인과 청소년들의 능력 등을 측정하는 것으로, 9개의 하위 영역, ① 직업 탐색 기술, ② 직업 관련 행동, ③ 은행, ④ 예산, ⑤ 구매, ⑥ 가정관리, ⑦ 건강관리, ⑧ 위생과 차림새, ⑨ 기능적인 신호 등의 지식을 사정한다. 9개의 하위 영역은 주로 참/거짓, 구두로 진술된 항목들로 이루어지고 중학교 및 고등학교 수준의 학생들을 지향한다.

(2) 일상생활 검사

이 검사는 다소 낮은 성취도를 보이는 청소년과 젊은 성인들의 일상생활의 지식과 지역사회 적응기술을 사정하는 데 사용될 수 있다. 7개의 하위 영역은 검사도구에 포함되고 SPIB의 목표들처럼 동일한 장기적 교육목적을 반영한다.

5. 생활중심 측정 : 생활중심 진로교육(LCCE) 교육과정

이 종합적인 교육과정은 가정과 지역사회에서 장애학생이 생산적인 노동자로서, 성공적으로 기능하는 데 필요한 핵심기술을 준비하도록 고안되었다. 교육과정에 수반되는 교육과정 중심척도는 LCCE 지식검사, 수행검사, 능력등급척도 등이다. 이 측정은 일상생활 영역과 대인-사회적 기술 및 직업 및 직업 준비 기술과 관련된 97개 하위 능력과 22개의 능력 영역에 학생의 지식과 기술을 결정하도록 허용하는데, 이런 정보를 활용해 개별적으로 적절한 교수목표가 뒤이어 성문화될 수 있다.

6. 진로 흥미 및 적성검사

(1) 진로탐색 및 배치조사

이 검사는 개인이 행하는 데 흥미가 있는 일의 종류를 한정시키도록 돕는다. 검사지 안내서는 많은 종류의 직업 활동을 나열하고 4점대 평가를 활용하여 응답자들이 나열된 활동을 행할 것인지 아닌지를 요구한다.

(2) 진로 능력 배치조사

이 조사는 응답자들의 다양한 진로 배치 능력을 결정하는데, 조사 영역은 ① 기계적인 논리, ② 공간관계, ③ 구두의 논리, ④ 수학적 능력, ⑤ 언어 사용, ⑥ 어휘력, ⑦ 인지 속도 및 정확성, ⑧ 손동작 속도 및 솜씨 좋음 등을 포함한다.

(3) 진로탐색 배치 및 평가조사

이 조사는 사람들이 자신의 일과 활동에서 중요하다고 생각하는 가치를 나타내는 진술을 포함한다. 각각의 가치 진술은 대조적인 진술과 짝을 이루는데, 응답자는 두 가지 진술 중 어떤 것이 자신의 가치를 가장 잘 기술하는 것인지를 결정해야만 한다.

03 전환교육계획(ITP)과 수행요약서(SOP)

1 IEP와 전환계획수립 단계

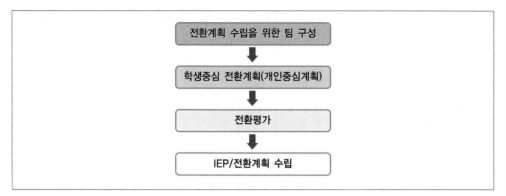

개인중심계획(PCP) ⇨ PCP는 '시스템 중심' 서비스를 '개인의 독특한 요구에 대한 반응'으로 대체한 일종의 패러다임 변화라 할 수 있다. 학생의 주변인들이 모여 그의 강점, 선호도, 요구에 대한 정보를 토대로 미래계획을 수립하고, 필요한 지원체제를 구성해 나가며 의사소통을 통해 문제를 해결해 나가는 상호작용적 과정이다.

2 수행요약서(SOP : Summary of Performance)

구분	내용
개념	• 전환교육과 전환 내용을 포함한 IEP가 학령기 장애학생을 대상으로 한다면 수행요약서(SOP)는 장애학생이 학령기를 마치는 시점, 즉 성인기로 접어들기 직전에 작성하는 문서로 성인기로 순조롭게 전환될 수 있도록 돕는 역할을 한다. • SOP는 일종의 포트폴리오 기능을 지니고 있기 때문에 학생과 부모에게 지역사회 생활로의 성공적 전환을 촉진하는 데 많은 이점을 가지고 있다. • 적절한 서비스와 프로그램 선택에 도움을 줄 수 있는 학생의 현재수행수준에 대한 전반적 진술을 제공하고 성인 및 지역사회 서비스를 받을 적격성이 있는지 결정하는 데 소용되는 시간을 줄여 주며, 졸업 이후 교육 프로그램에 들어갔을 때 학생에게 필요한 수정과 조정 사항을 파악할 수 있도록 한다. • 이 밖에 학생이 좀 더 자신을 효과적으로 옹호할 수 있도록 도울 수 있다.
작성시기	• 고등학교 졸업 전
내용	• 배경 정보 • 중등 이후 목표 • 수행수준 요약 기술 • 중등 이후 목표 지원을 위해 필요한 권고 사항 • 학생 의견

기출 LINE

11중) 중등교육 이후의 전환을 효과적으로 준비하기 위하여 개인중심계획(PCP)을 통해 장애학생의 적극적인 참여를 유도하고 학생과 가족, 전문가 서로 협력하여 장애학생의 교육적 요구를 파악하는 것이 중요하다.

16중) 장애학생의 진로를 결정하는 데 효과적인 방법의 하나로 개인중심계획(PCP)을 적용하여 전환계획을 수립하는 것이 강조되고 있어요.

11중) 전환계획 수립 시 장애학생이 원하는 진로와 성인기 전환 영역을 고려하여 학생과 학생의 현재 및 미래 환경에 대한 포괄적인 전환평가가 선행되어야 한다.

기출의 맥

개인중심계획(PCP)은 지적장애학생의 지원계획, 긍정적 행동지원(PBS)에서도 중요한 접근입니다.

✒ 키워드 Pick

04 전환교육 교수전략

① 학교중심의 작업 경험

기출 LINE

24중) 운동화세탁을 주로하는 특수학교 ○○클리닝입니다. 교육과정과 연계하여 학생들의 현장실습에 활용되고, 일반 사업장과 유사한 형태의 매장을 운영하기도 합니다.

현장학습 (field trip)	• 가장 단기간에 이루어지며 작업 경험 정도가 약한 것으로 현장 견학이나 산업체를 관찰 방문하는 작업 경험 유형이다. • 교사가 주로 학급 학생을 인솔하여 수행하며 학급 단위 혹은 학년이나 전교생이 교육과정과 연계하여 수행하기도 한다.
프로젝트 과정 (course project)	• 작업장에서 학생으로 하여금 작업 경험을 하게 하는 유형이다. • 특정 과목과 관련하여 직업 현장과 연계하여 직접 참여하게 한다.
참여실습 (job shadowing)	• 작업 과제, 작업 과정, 특정 직장인의 작업장 등을 학습하기 위해 업체를 방문하는 과정이다. • 참여 실습은 성인 모델과 특정 작업 유형을 학습하는 데 도움이 된다. • 주된 목적은 고용인 가까이에서 작업 과제를 수행하고 도와주면서 작업 과정을 관찰하는 것이다. • 1, 2일 과정으로 5일을 넘지 않게 구성한다. • 장애학생의 직업 준비를 위해 참여 실습을 개인이나 학급 단위로 준비하여 경험하게 할 수 있다.
교내 기업 (school-based enterprise) 24중	• 학교 내에 제품 생산이나 판매를 위한 서비스 시설을 갖추고 학생 및 교직원들이 이용하는 활동이다. • 교내 기업을 통해 학생들로 하여금 일, 소비자와의 상호작용 경험을 갖게 한다. • 또한 교내 기업을 통해 교과 수업과 별도로 혹은 연계하여 직업 교육과 직업 준비를 강조할 수 있다. • 운영 유형은 직업 업체 연계 사업, 서비스 분야, 공장 제품 등에 따라 다양하게 운영되지만, 교내 식당, 교내 매점, 우체국, 은행, 방송국, 출판 편집사, 건강 센터 등이 운영된다.
진로캠프 프로그램	• 단기간의 집단 프로젝트로 구성된다. • 방학을 활용하여 진로캠프, 문제해결 경험캠프 등 장애 특성의 연령에 맞게 수정된 프로그램이 적용된다. • 이 프로그램은 계획의 방대함이나 비용 문제로 단위 학교보다는 지역 단위로 모집하여 운영되는 경우가 많다.

도제 제도와 인턴십 (apprenticeship and internship)	• 특정 직업에 관심을 가진 학생을 한 학기 방과 후 지정된 지역 업체에 등록하여 일할 기회를 제공한다. • 도제 제도는 기본적으로 학교에서 배우는 수업과 직업과의 연계를 중시하고 자격증을 받을 수 있도록 하는 반면, 인턴십 과정은 특정 고용주와 연계를 강조한다. • 그리고 도제 제도는 5년 이상 장기간의 배치와 급여를 받는 반면, 인턴십 제도는 제한된 기간인 한, 두 학기에 이루어지고 있으며 무보수로 근무하게 된다. 그러나 두 제도의 기간은 명확하게 구분하기 어렵다는 의견도 있다. • 두 제도의 기간은 명확하게 구분하기 어렵다는 의견도 있다. • 두 프로그램은 재학 중에 작업 경험을 할 수 있는 대안적 제도이다. • 가장 일반적으로 오전 수업을 하고 오후에 이들 프로그램을 적용하는 교과와 통합한 운영 방법을 선호한다.
협력 교육 (cooperative education)	• 교육과정 범위 내에서 교과 수업 중에 그리고 작업 경험을 대안적으로 제공한다는 점에서 인턴십 제도와 비슷하다. • 그러나 협력교수는 일정한 연구 기간을 거쳐 전 학기 동안, 전일제로 완전 고용 형태로 운영된다는 점에서 구별된다.
노작 혹은 시간제 직업 배치 (work study or part time job)	• 이 단계에서는 방과 후, 주말, 하계 취업, 졸업 후 완전 취업 등의 계획이 이루어진다. • 학교에서 전문 직무 개발을 위한 직무 배치 직원이 이 역할을 담당하고, 상담 관련 인사가 학생의 학교와 직업 현장 간의 교육 일정을 조정한다. • 학교 일정 중에 작업 시간을 배정할 수 있고, 필요하다면 일부 과목들은 교외 직업현장에서 학습을 받을 수 있게 할 수 있다.
기술-준비 (tech-prep)	• 기술-준비 학습은 교과와 직업기술을 개발하고, 학교와 졸업 이후 훈련과의 연계를 원활하게 하기 위해 마련되었다. • 중등학교 졸업을 2년 정도 남겨두고 구체적인 직업 분야에 자격증 과정을 이수할 수 있도록 수학, 과학, 의사소통, 기술 교과를 도제 프로그램 중심으로 구성하여 운영한다. • 기술-준비 학습은 학생들로 하여금 재학 중에 직업 훈련 기회를 갖게 하고, 교과와 직업에 대한 일련의 과정을 자연스럽게 연계할 수 있다.
진로 교과 (career academy)	• 진로 교과는 특정 직업 현장과 연계되고 졸업자격이나 졸업 후 진학교육과 연계된 직업과 교과 수업에 대한 포괄적인 교육과정을 의미한다. • 교육과정에 일련의 작업 경험과 참여 관찰, 하계 취업, 연중 시간제 인턴십 등도 포함된다. • 교과 내용은 학생의 졸업 후 진학이나 진로 준비로 구성된다. • 전체 프로그램이 특정한 진로를 강조하는 내용으로 구성되기 때문에 교과 내용이 학생의 작업 경험과 매우 밀접하다.

💡 키워드 Pick

② 인지적 전환교수

환경분석	• 환경 분석(environmental analysis)을 위해서는 담당자가 우선 직무 현장을 방문하는 것이 필요하다. 이를 통해 작업 현장의 환경적 특성에 대한 정보를 얻을 수 있다. • 환경 분석은 작업환경 내에서 학생을 자연스럽게 지원할 수 있는 방법의 유무를 확인할 수 있다.
직무 분석	• 직무 분석(job analysis)은 학생이 참여하게 될 각 작업 현장에서 어떤 고용 준비 활동을 해야 하는지를 알 수 있게 한다. • 직무 분석을 통하여 학생이 수행하게 될 직무와 관련된 과제와 순서 그리고 사회적이거나 비직업적인 과제와 기술 등을 파악한다. • 직무 분석을 통해 일련의 직업 수행 절차를 개발할 수 있고, 이것을 학생과 어떻게 수업할 것인지 결정해야 할 사항에 대하여 사전에 협의를 할 수 있을 것이다. • 교사가 훈련을 위해 직무 분석한 내용을 회사의 관계자와 사전에 검토받아 보다 정확하게 하는 것이 도움이 될 것이다
직무 과제분석	• 직무 과제분석(job task analysis)은 교수 계획을 보다 적절하게 하기 위해, 큰 과제를 일련의 작은 단계로 나누는 것이다. • 직무 과제분석은 특정한 과제나 직무를 성공적으로 완성하기 위해 개별 내용, 행동, 혹은 필요한 단계로 나누어 문서로 작성하는 것이다. • 직무 과제분석은 학생의 기술 수준이나 과제의 복잡성 등에 따라 좀 더 상세하게 분석할 수 있다. 반면에, 학생의 수준이 높은 기술을 수행할 수 있다고 하면 직무 과제분석은 좀 더 포괄적이고 전체 과제를 수행할 수 있도록 분석한다. • 직무 과제분석은 학생의 진전 정도와 과제의 진행 과정에 대한 자료를 수집함으로써 사전과 사후 테스트로 활용될 수 있다. • 그리고 짧은 단어나 문장, 그림, 상징물 등으로 직무 과제를 제시할 수 있고, 이를 통해 학생들이 직접 자기-평가 도구로도 활용할 수 있다.
인지적 전략	• 자기교수전략 • 대인관계 문제해결 전략

기출 LINE

13중) 직무분석은 장애학생의 능력과 수준에 맞추어 직무과제를 여러 요소로 나누고, 그 요소들을 추가, 면제, 재결합하여 직무배치 전 실시한다.

③ 자기결정 교수 ^{09·11중}

1. 자기결정의 개념과 구성요소

(1) 자기결정의 개념

① Wehmeyer(2005)는 자기결정 행동을 "자신의 삶의 일차적인 원인 주체로서 행동할 수 있게 하고, 자신의 삶의 질을 유지하거나 향상시킬 수 있는 의지 행동"이라고 정의했다.

② 삶의 질은 개인이 주체적인 삶을 사느냐의 여부와 밀접한 관계를 갖는다는 관점에서 자기결정을 이해하기 위해서는 몇 가지 전제를 알 필요가 있다.

  ㉠ 자기결정 증진은 장애와 비장애, 중도장애와 경도장애의 조건과 상관없이 모든 학생들에게 중요하다.

  ㉡ 자기결정 능력의 향상을 위한 노력은 장애학생의 성공적인 삶을 위해 전 생애적으로 이루어져야 한다.

  ㉢ 자기결정 능력의 증진을 위한 교수는 일반교육과정과 연계하여 가급적 통합 상황에서 제공되어야 한다.

  ㉣ 자기결정은 개인의 기질과 능력, 환경에 의해 영향을 받을 수 있으므로 개인의 신념과 문화적 맥락에서 이해하고 적용되어야 한다.

③ 자기 자신의 일을 스스로 결정한다는 것은 많은 기술을 필요로 하는 쉽지 않은 과정이다. 스스로 선택해야 하고, 문제를 해결해야 하며, 목표를 설정하거나 자기를 관찰, 강화, 교수, 옹호, 인식하는 기술을 활용하거나 능력을 발달시켜야 자기결정 능력이 향상된다.

(2) 자기결정 구성요소

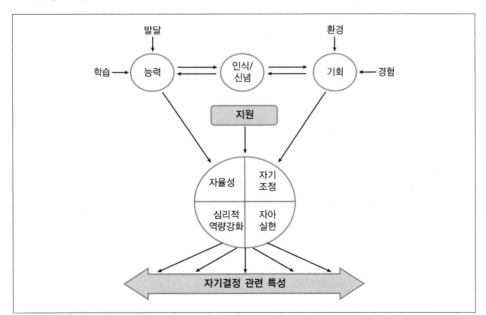

기출 LINE

11중) 장애학생의 자기결정 증진은 장애학생의 성공적인 성인기 전환 및 삶의 질과 관련이 있다.

11중) 장애학생에게 다양한 선택의 기회를 제공하는 것은 장애학생의 자기결정 증진에 긍정적인 영향을 미친다.

✎ 키워드 Pick

주요 요소	내용
선택하기기술	선택하기기술은 자기결정의 핵심 요소이다. 학생은 자신의 요구와 선호도를 확인하고 이에 대해 의사소통하기 위해서 '선택할 기회'를 가져야 한다. 이것은 학생에게 자신이 할 활동, 활동할 장소, 학습 과제, 과제를 수행할 순서 등에 대해 선택할 수 있게 함으로써 성취될 수 있다.
문제해결기술	학생에게 문제해결기술을 가르치기 위해서는 학생 스스로 문제를 확인하고 분석하여 잠정적인 해결책을 결정하고, 가장 적절한 해결책으로 문제를 해결하도록 해야 한다. 학생은 일상생활의 문제해결력을 향상하기 위한 지원과 편의를 제공받아야 한다.
의사결정기술	의사결정기술은 다양한 상황에서 잠정적인 해결책 중 어느 것이 가장 좋을지를 결정하는 것과 각각의 서로 다른 해결책의 결과에 대해 이해하는 것을 포함한다. 의사결정기술 교수의 핵심은 선택하기 기술을 가르치는 것이다.
목표설정 및 성취기술	목표설정 및 성취기술은 학생에게 목표를 정의하고, 목표와 관련하여 현 위치를 파악하고, 행동을 위한 계획을 세우고, 목표를 향한 자신의 진전도를 평가할 수 있도록 가르치는 것을 포함한다. 목표설정기술은 학생이 자신의 학습에 좀 더 책임감을 갖도록 하는 데 매우 효과적이다.
자기관리기술	자기관리기술은 자기점검, 자기평가 및 자기강화로 구성되어 있다. 자기점검은 학생에게 자신의 행동에 대해 측정하고, 관찰하고 기록하는 것을 가르친다. 자기평가는 학생에게 자신의 다양한 행동에서의 발전을 살피고 평가하는 것을 가르친다. 자기강화는 학생에게 자신의 행동에 따라 결과가 달라짐을 가르친다.
자기옹호와 리더십기술	자기옹호기술은 학생에게 자신의 믿음을 옹호하는 능력을 제공한다. 자기옹호와 리더십교수는 학생에게 자신의 권리와 책임에 대해 가르치고, 그것들을 어떻게 옹호하는지, 크고 작은 집단 내에서 어떻게 의사소통하며 협상하는지에 대해 가르친다.
자기효능	자기효능은 자신이 특정한 목표를 수행하거나 성취할 수 있다고 믿는 것이다. 자기효능은 직접적으로 가르치지는 않지만 다른 자기결정기술들을 성공적으로 적용하는 경험을 통해서 향상될 수 있다.
자기인식이나 자기지식	자기인식이나 자기지식은 한 개인이 자신의 강점이나 능력, 자신의 약점이나 제한점 등을 이해하는 능력을 말한다. 자기인식과 자기지식에 대한 교수는 학생에게 자신이 자신의 삶의 질에 영향을 주는 원인 제공자이며, 자신의 행동이 자신의 주변에 어떻게 영향을 미칠 수 있는지에 대해 이해하도록 가르치는 것을 포함한다.

2. 자기결정 교수·학습 모델(SDLMI) [23중]

(1) 특징

① 학생의 학업 영역에서부터 기능 영역에 이르기까지 학생 자신이 목표를 세우고 계획을 세울 수 있도록 고안된 교수 모델이다.

② 자기결정 교수학습모형은 다중전략모형으로 삶의 주체로서, 외적인 영향력과 침해로부터 자유롭게 선택과 결정을 하도록 돕는다.

③ 학생들이 자신의 삶의 원인 주체가 되어 자신을 관리, 통제하는 힘을 가지며, 자기주도적 학습의 기회를 증가시킴으로써 학생들이 교육 프로그램에 활발히 참여할 수 있도록 교사가 도와주는 교수모형이다.

④ 교사주도적인 기존 모형과 달리 학생 스스로 주도하여 학습목표를 설정하고 이를 달성할 수 있도록 교사는 다양한 의사결정기술을 습득시키고 연습하게 한다.

⑤ 자기결정 교수학습모형은 지적장애학생이 일반교육과정에 성공적으로 적응하기 위한 내적 동기를 촉구하고, 자기조정능력을 향상시킬 수 있다.

(2) 구성요소

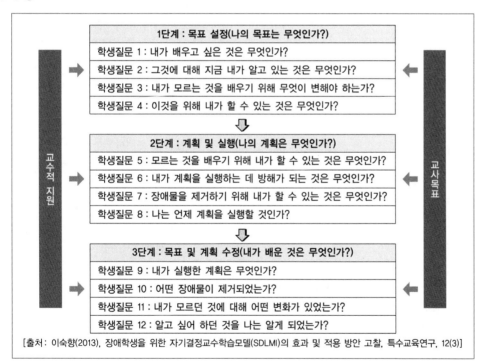

[출처: 이숙향(2013), 장애학생을 위한 자기결정교수학습모델(SDLMI)의 효과 및 적용 방안 고찰, 특수교육연구, 12(3)]

| 자기결정 교수-학습 모델(SDLMI)의 구성요소 |

🖊 키워드 Pick

(3) 단계별 활동 및 교수목표

1단계 학습목표 세우기	문제해결하기 : 내 목표는 무엇인가?	지원	• 학생이 흥미, 능력, 교수적 요구에 대한 자기평가 • 훈련을 인식하기 • 선택하기교수 • 문제해결교수 • 의사결정교수 • 목표설정교수
	학생질문	**교수목표**	
	① 내가 배우기를 원하는 것은 무엇인가?	• 학생이 특정 영역에서 강점과 교육적 필요를 파악하도록 돕기 • 학생의 선호도, 흥미, 신념, 가치에 대해 의사소통하기 • 우선적으로 필요한 것을 가르치기	
	② 내가 지금 알고 있는 것은 무엇인가?	• 학생의 교육적 필요와 관련된 현재 상태를 확인하도록 돕기 • 학생의 환경 내의 기회와 장애가 되는 것에 대한 정보를 수집하도록 지원하기	
	③ 내가 알지 못하는 것에 대해 어떤 변화가 필요한가?	• 능력을 키울 것인지, 환경을 수정할 것인지, 혹은 둘 모두에 초점을 맞출 것인지 결정하도록 하기 • 우선 순위화된 목록에서 학생이 필요한 것 한 가지를 선택하도록 지원하기	
	④ 이를 위해 무엇을 해야 하는가?	• 성취목표에 대한 기준을 세우고 목표를 진술하도록 가르치기	
2단계 활동하기	문제해결하기 : 내 계획은 무엇인가?	지원	• 자기일정 • 자기교시 • 선행단서조절 • 선택하기교수 • 목표획득전략 • 문제해결교수 • 결정하기교수 • 자기옹호, 자기주장 훈련 • 의사소통기술 훈련 • 자기점검

	학생질문	교수목표
	⑤ 내가 알지 못하는 것을 배우기 위해 할 일은 무엇인가?	• 현재 상태에 대한 자기평가와 목표 상태 확인하기
	⑥ 활동을 방해하는 것은 무엇인가?	• 현재 상태에 대한 자기평가와 목표 상태에 대한 차이를 자기인식하고 활동계획을 결정하도록 돕기
	⑦ 이 장애물을 없애기 위해 무엇을 해야 하나?	• 학생이 가장 적합한 교수전략을 선정하도록 협력하기 • 필요한 학생주도 학습전략 가르치기 • 학생주도 학습전략을 실행하도록 지원하기 • 상호 간 동의한 교사주도교수 제공하기
	⑧ 언제 활동할 것인가?	• 활동계획을 위한 일정을 결정하도록 돕기 • 활동계획을 실행하도록 돕기 • 진전도를 자기점검하도록 돕기

3단계 목표나 계획을 조정	문제해결하기: 내가 배운 것은 무엇인가?	지원	• 자기평가전략 • 선택하기교수 • 목표설정교수 • 문제해결교수 • 결정하기교수 • 자기강화전략 • 자기기록전략 • 자기점검

	학생질문	교수목표
3단계 목표나 계획을 조정	⑨ 내가 한 행동은 무엇인가?	• 목표성취를 위한 진전도 자기평가하기
	⑩ 제거된 장애물은 무엇인가?	• 학생이 원하는 결과와 진전도간 비교를 위해 협력하기
	⑪ 내가 잘하지 못했던 어떠한 것이 변화되었는가?	• 학생이 진전이 충분하기 않다면 목표를 재평가하도록 지원하기 • 학생이 목표를 계속 유지할 것인지 바꿀 것인지 결정하도록 지원하기 • 학생이 활동계획이 적합한지, 부적합하다면 목표를 수정할 것인지 유지할 것인지 정하도록 협력하기 • 필요하다면 활동계획을 바꾸도록 지원하기
	⑫ 알기를 원하는 것이 무엇인지 알고 있는가?	• 학생의 진전도가 적절한지, 부적절한지, 혹은 목표를 성취했는지를 결정할 수 있도록 하기

✎ 키워드 Pick

05 전환의 결과

① 고용

1. 경쟁고용

① 장애인이 비장애인 근로자와 동일한 조건으로 경쟁하여 취업을 하는 형태이다.

② 다른 취업 유형에 비하여 장애인이 사회에 가장 잘 통합될 수 있으며 보수도 가장 높은 편이다.

③ 보다 안정적인 직업에 종사할 수 있고 작업 여건이 좋은 직종에 취업할 가능성도 높은 편이다.

④ 특정한 기능이나 기술을 보유하고 경쟁할 수 있는 능력을 갖추어야 한다.

2. 지원고용 ^{22중}

(1) 개념

① 장애 때문에 작업장에서 일을 수행하는 데 집중적인 계속 지원을 요하는 발달 지체인이 대상이다.

② 비장애인이 취업하고 있는 다양한 작업장에서 이루어진다.

③ 장애인이 계속적으로 유급직업으로 종사하기 위하여 필요한 지원(감독, 훈련, 교통수단 제공 등)을 제공한다.

(2) 절차

1단계 진로계획	• 진로계획에는 바람직한 취업의 결과로 개인의 삶에 질적으로 영향을 줄 수 있는 문제가 다루어진다. 상호관계 개발, 임금 문제, 자기-평가 등이 가능한 고용 결과(employment outcome)가 된다. • 모든 개인이 동일한 고용 결과를 갖지 않기 때문에, 진로계획 기간에 고용 결과들을 개별적으로 개발해야 한다. 개인의 삶의 질에 기여할 인사가 진로계획 과정에 팀의 일원으로 참여한다.		
2단계 직무 분석	• 바람직한 고용 결과가 계획되고 나면, 팀은 개인의 요구에 가장 적합한 것을 결정하기 위해 몇 가지 잠정적인 직무를 심도 있게 분석해야 한다. • 직무 분석은 장애인이 일을 처음 시작하기 위한 청사진을 제공해 준다.		
		직무 분석 내용	• 담당 직무 • 작업 시간대 • 작업장 요소 • 작업 요소 • 학습 요소 • 기타

기출 LINE

10중) 직업평가와 직무분석 결과를 비교하여 지원고용의 적합성 정도를 분석한다.

	직무 분석 방법 6단계	• 1단계 : 작업장을 방문하여 다양한 과제를 수행하고 있는 직원들의 태도 • 2단계 : 현장 관리자 및 직원들을 만나 작업장의 제반 상황 파악 • 3단계 : 구체적인 작업 과정을 현장 관리자로부터 배우기 • 4단계 : 능숙하게 수행할 수 있을 때까지 작업수행하기 • 5단계 : 수행한 직무 분석을 검토하기 위해 고용주 면담 • 6단계 : 직무 조사 양식 작성

• 적합성 분석(compatibility analysis)이라고 하는 이 단계에서 개인 작업자와 특정 직무 관계(좋아하고 싫어하는 일/일정/장점)에서 잘 어울리는 부분과 어울리지 않는 부분들에 대해 분석하게 된다.

	적합성 분석 기준	• 작업 시간대 • 임금 • 출·퇴근 기술 • 물리적 환경(이동성) • 활동반경 • 시간인지 • 과제 변화에 대한 인지도 • 운반하는 힘 • 지속력 • 작업속도 • 과제 집중력 • 의사소통 • 셈하기/읽기 • 사회적 상호작용 • 외모/청결 • 강화의 제공 정도 • 스트레스 요인

3단계 작업자 평가	• 작업자 평가의 목적은 고용에 잠정적으로 영향을 미칠 작업자의 속성과 관심을 알아내기 위함이다. • 작업자 평가는 직무 개발과 같은 단계에서 동시에 실시된다. • 평가는 작업자나 관련 인사의 면접, 작업장에서의 관찰, 공식적인 교육, 심리, 직업 그리고 의료 관련 평가자료 검토 등이 이루어진다. • 지원고용의 작업자 평가가 다른 평가와 다른 점은 규준지향이나 표준화 평가로 작업자의 자격 유무를 판단하는 평가가 아니라는 것이다.
4단계 직무 배치	• 직무 배치는 개별 작업자에게 특정한 일자리를 연결해 주는 과정이다. • 작업자의 속성과 직무가 성공적으로 잘 연결이 되면 작업자의 직업이 보다 잘 적응되고 오래 유지될 가능성이 높아진다. • 고용주와 고용인과의 관계도 보다 바람직하게 발전할 수 있다. 그리고 직무 배치가 이루어지면, 취업을 위한 면접이 이루어진다. 직무 배치의 결과는 직장을 갖게 되는 것을 의미한다. • 성공적인 직무 배치가 완성되기 위해서는 직무요건, 인적 자원 요건, 직무 배치의 기본 요소, 직무 배치에 영향을 주는 요인, 장애인의 동기, 가족의 지지 여부, 신체적 능력, 사회적 행동과 일상생활 기술 등을 면밀히 고려해야 한다.

✿ 키워드 Pick

5단계 교수	• 특정한 작업장이 정해진 뒤, 작업자는 직무에 배치되고 교수(훈련)를 받게 된다. • 이 단계에서 작업자는 직업 현장에서 필요한 중요한 작업과 작업 관련 기술들을 배우게 된다. • 교수는 각 작업자를 위해 구체적인 절차로 계획되어야 하고, 작업자의 진행 과정에 따라 교수 정도가 조정되어야 한다. • 이러한 교수(훈련) 과정은 고용 전문가에 의해 실시되어야 한다.
6단계 계속적 지원	• 지원고용은 작업자가 수행하게 될 과제뿐만 아니라 지원 내용에 근거해야 한다. 이는 많은 개인 작업자들이 계속적 지원을 받아야 함을 의미한다. • 성공적인 직무 경험을 유지하기 위해 생애에 걸친 지원(lifelong support)이 이루어져야 한다. • 대부분의 경우, 개인 작업자가 직무에 익숙해져 점차 독립적이 되어가면서, 지원 강도도 줄여가게 된다.

Plus

지원고용대상자 직업특성 양식의 요소
① 지원고용대상자 직업특성 양식은 사업체 직무 분석 양식과 분석하고 비교할 수 있도록 동일하거나 유사한 영역과 항목들로 구성되어 있다.
② 지원고용대상자 직업특성 양식과 사업체 직무 분석 양식을 모두 작성한 후에 지원고용대상자와 직무 간의 적합성 비교분석을 하는 데 사용할 수 있다.

요소	내용	
개인적 특성	• 용모 • 행동 • 의사소통	• 주의집중 • 업무의 변화 • 사회적 상호작용
시간과 이동	• 작업시간대 • 출퇴근 수단 • 시간 분별	• 작업공간분별 • 이동
작업수행	• 지구력 • 체력 • 작업 주도성 • 순차적 수행	• 변별력 • 작업속도 • 강화정도
기능적 학업기술	• 읽기 • 쓰기	• 셈하기 • 금전관리
환경	• 장애인에 대한 태도 • 안전 • 편의시설	• 기온/조명 • 분위기 • 청결/질서

직무 분석의 영역, 요인, 근거

다음은 지원고용전문가가 직무 분석을 수행할 때 고려해야 할 영역, 요인, 근거이다. 사업체 직무분석 양식은 크게 사업체 일반현황과 직무요인별 항목의 두 부분으로 구분된다.

영역	요인	근거
개인적 특성	용모, 행동, 의사소통, 주의집중, 업무의 변화, 사회적 상호작용	많은 직업에서 개인적이고 독립적인 기술들을 요구한다. 이러한 요인들은 대부분의 직무를 수행하는 데 필수적이다.
시간과 이동	작업시간대, 출퇴근수단, 시간 분별, 작업공간 분별, 이동	모든 직업은 근로자로 하여금 시간과 공간에 대해 어느 정도 인지 능력을 갖고 있을 것을 요한다. 어떤 직무에서는 이러한 요소들이 특히 중요하다.
작업수행	지구력, 체력, 작업 주도성, 순차적 수행, 변별력, 작업 속도, 강화 정도	체력이나 지구력과 같은 신체적 특성은 작업을 수행하는 데 있어서 기초가 된다. 수행기술은 직접적으로 작업의 생산성과 질에 영향을 미치며 작업과제의 순차적 수행에 영향을 미친다.
기능적 학업기술	읽기, 쓰기, 셈하기, 금전 관리	직업과 밀접하게 연관된 읽기, 쓰기, 셈하기, 금전관리 등기능적 학업기술 또한 작업수행 시 요구된다.
환경	장애인에 대한 태도, 안전, 편의시설, 기온/조명, 분위기, 청결/질서	이 영역은 장애인에 대한 태도를 비롯하여, 물리적 상황과 작업환경에 대한 정서적 분위기 모두를 포함한다. 장애인은 특히 환경에 존재하는 물리적·정서적 상황에 민감하게 영향 받을 수 있기 때문에 이 요인들이 포함되어야 한다.

(3) 하위 모델 25중

개별배치 모델	• 지원고용 서비스를 제공하는 데 가장 널리 사용되는 방법이다. • 때때로 분산배치(scattered site)의 지원고용 방법으로 불리기도 한다. • 개별배치를 통하여 취업하게 될 사업체는 각 개인에게 준비된 구체적인 직업목표와 결과에 기초하여 지역사회 안에서 개발된다. • 안정성을 지닌 적절한 사업체를 구한 후, 고용전문가는 만족스러운 작업수행을 보증하기 위해서 사업장의 안이나 밖에서 직업훈련, 고용관리, 지원서비스를 제공할 수 있어야 한다. • 사업체의 직무는 각 지원고용대상자의 목표와 욕구에 따라 전일제나 시간제로 개발될 수 있다. • 성공적인 직업배치 이후에 일대일의 집중적인 훈련과 지도·감독을 포함하며, 이러한 지원서비스는 개인이 일과 중에서 생산력과 기술이 향상되어 감에 따라 점차 감소된다. • **장점**: 지원고용대상자에게 가능할 수 있는 고용선택의 범위를 증가시키고, 지원고용대상자를 특정하게 분리하여 눈에 띄게 하기보다는 비장애인과 자연스럽게 통합되게 배치하며, 지원고용대상자의 월평균 임금이 다른 모델 노동자에 비해 높다는 것이다. • **한계점**: 한 사람의 지원고용대상자를 훈련하는 데 드는 비용이 다른 모델에 비하여 높을 수 있다.

기출 LINE

22중) 마침 인근 도서관에서 내년에 졸업할 우리 학교 학생 중 1명을 고용하고, 직무지도원 1명이 그 학생을 전담하여 전반적인 훈련과 직업 적응을 지원하기로 했습니다.

🖋 **키워드 Pick**

소집단 작업 모델	• 특정 사업장 안에 소집단으로 지원고용의 기회를 제공하는 것이다. • 이 소집단은 어떤 주어진 사업장 안에서 장애인이 전체 8명을 넘지 않는 규모여야 한다. • 소집단 작업은 전형적으로 유사한 직업흥미와 프로그램 서비스 유형을 가진 개인들의 집단으로 구성된다. • 사업장 안에 배치된 지원고용대상자는 고용주와 지원고용 서비스 제공자 사이에 만들어지는 협정에 따라 일을 수행한다. 이러한 협정은 다양한 작업 상황과 작업 생산과정도 포함한다. • 장점: 사업장 안에서 지원고용전문가를 배정받을 기회가 있다. 이러한 사업장 내 직원의 지원은 전형적으로는 계속 지원되는 것이지만, 지원고용대상자가 필요로 하는 지원의 정도에 따라 간헐적으로 제공될 수도 있다. 또한 유사한 직업흥미와 목표, 서비스의 욕구를 사람이 모여 있으므로 지원고용전문가의 시간 사용이 경제적이다. • 한계점: 소집단으로 구성하게 되므로 개별배치의 경우보다 통합의 질이 떨어질 수 있다.
이동 작업대 모델	• 장애인에게 소집단으로 고용기회를 제공한다는 점에서 소집단 작업 모델과 유사하다. 그러나 이동작업대는 구체적인 계약의 내용에 따라 사업장을 이동하면서 서비스를 제공한다는 점에서 차이가 있다. • 일반적으로 이동작업대는 지역사회 내 몇몇 사업체에 서비스를 제공하므로 이 모델이 가진 이동의 측면과 관련지어 이동작업대라는 용어를 사용한다. • 이동작업대 모델은 통합의 가치에 주의를 기울이지 않는 경향이 있고 일반 근로자와 거의 접촉하지 못하는 경우가 흔히 있다. 통합기회를 확대하기 위해서 서비스 제공자는 이동작업대의 작업에 비장애인을 고용하는 방안을 고려하고, 이동작업대가 장애를 가지지 않은 사람과 접촉할 수 있는 기회가 높도록 작업 계약을 개발할 필요가 있다.
소기업 모델	• 소기업 모델은 상품을 생산하거나 지역사회에 서비스를 제공하기 위하여 소기업을 창업하고 운영하는 방식으로 발달되어 왔다. 이는 작업수행을 통하여 수익을 얻고, 기업의 수익으로 근로자의 임금을 지급하는 등 다른 기업과 같은 형태로 운영된다. • 일반적으로 소기업은 근로자가 일반 대중과 접촉하는 기회가 많은 장소에 위치한다. • 일부 소기업에서는 비장애인을 고용하며 장애인과 비장애인이 통합될 수 있는 방식으로 운영된다. • 장점: 중도의 장애인에게 유급의 취업 기회를 제공한다. • 한계점: 작은 규모의 보호작업장과 같은 방식이 될 수 있어 사회적 통합을 위한 기회가 줄어들 수 있고, 일부 하청 중심으로 이루어지는 소기업은 하청 물량에 따라 고용 여부가 결정되는 기존의 보호작업장의 단점을 그대로 가질 수 있다.

전환고용 모델	•지역사회의 다양한 사업장 안에서 시간제한적인 작업 기회를 제공한다. •이 프로그램의 목적은 프로그램 참가자들이 작업기술을 키우고 긍정적인 경력을 가질 수 있는 단기간의 고용경험을 제공하는 데 있다. •이 모델은 정신장애를 가진 성인에게 서비스를 제공하는 기관이나 프로그램에서 널리 활용되고 있다. •전환고용을 담당하는 직업재활 기관은 일반적으로 하나 이상의 일자리를 사업체와 교섭하게 된다. 일자리는 실제적인 작업이며, 근로자는 작업수행의 결과로 최저임금이나 사업체 기준에 따른 임금을 받는다. •지원고용전문가는 초기의 직업훈련과 근로자에게 요구되는 지원서비스를 제공하는 데 중요한 역할을 담당한다.

(4) 현장훈련

① 현장훈련은 지원고용대상자가 실제 작업환경에 배치되어 직무를 수행하는 동안 지원고용전문가나 직무지도원, 작업 동료 등이 제공하는 훈련이다.

② 지원고용대상자는 주의집중, 대인관계, 행동 등에서 문제가 발생할 수 있고, 그 결과 작업속도나 질적 수준 유지에 어려움이 있으며, 대인관계가 원만하지 못한 경우가 있어 지원고용전문가의 현장훈련이나 지원이 집중적으로 제공된다.

③ 현장훈련 시 지원고용전문가는 수행해야 할 작업에 대한 과제분석을 실시하고, 활용할 수 있는 교수전략을 적용하여 지원고용대상자가 직무수행을 적절히 할 수 있도록 지도하게 된다.

④ 현장훈련에 사용되는 교수전략

전략	내용
언어적 교수전략	•명확하지 않게 제공되는 언어적 단서 •보조를 맞추어 주는 식의 단서 •명확한 행동을 지칭하는 언어적 단서
그림단서	•지원고용대상자의 올바른 반응을 증진시킬 수 있도록 지원고용대상자가 반응하기 이전에 제공되는 그림
제스처	•지원고용전문가가 지원고용대상자의 주의를 특정 물체나 작업과제, 환경으로 향하게 만드는 동작
역할 모델링	•작업동료는 유력한 역할 모델로 작업의 수행 방법에 대한 시범을 보여 줄 수 있음
신체적 단서	•부분적 신체단서를 사용할 때, 고용전문가는 지원고용대상자의 신체 일부에 가벼운 접촉을 함 •완전한 신체단서는 일반적으로 보다 광범위하고 높은 강도의 신체적 안내를 의미하며, 지원고용대상자의 손, 손목, 팔꿈치 등을 완전히 붙잡는 형태를 취함
반복적 교수	•바람직한 작업수행의 수준에 도달하기 위해서는 작업에 관련되는 방법이나 단계에 대한 반복연습으로 과제를 학습할 수 있음

☞ 키워드 Pick

정적강화	• 정적강화는 올바른 반응 후에 강화물을 제공함으로써 그 반응이 다시 일어날 가능성을 증가시켜 주는 것
오류 수정 절차	• 오류수정 절차는 지원고용대상자가 무엇을 잘못했는지를 확인하기 위해, 그리고 다음 단계를 시도할 때 바르게 반응하도록 돕기 위해 사용됨
연쇄법	• 전진형 연쇄와 후진형 연쇄 등의 형태로 습득해야 할 과제들을 세분화하여 지도함
행동형성	• 지원고용대상자가 과제의 완성에 근접할 때마다 강화물을 제공함으로써 목표로 하는 행동에 접근하게 하는 것
자기관리	• 지원고용대상자가 스스로 자신의 행동을 관리하고 통제하도록 지도하는 것
기술의 일반화	• 지원고용은 일반화가 어려운 중증장애인의 고용을 위한 효과적인 방법임 • 많은 장애인은 훈련장소에서 습득한 기술을 작업장에서 일반화하기가 어렵기 때문에 적합한 사업체에서 훈련을 하는 기법이 효과적임
자연적 지원 25중	• 자연적 지원은 지원고용대상자의 작업동료나 직무환경 내의 자연스러운 맥락 속에서 자발적이고 지속적으로 제공되는 특성이 있음 • 자연적 지원은 함께 일하는 비장애 작업동료나 직장상사 등이 직무환경에서 함께 일하면서 지원고용대상자가 점차 독립적인 직무수행이 가능하도록 지원하는 것 • 동료근로자가 제공할 수 있는 자연적 지원의 내용 표

지원	내용
조직적 지원	• 필요한 재료들을 찾기 쉬운 장소에서 제공하기 • 직무순서 조정하기 • 이동을 고려하여 직무배치하기 • 필요할 때 적절한 업무 찾아주기 • 필요한 장비 제공하기 • 위험요인에 대해 미리 설명하기 • 훈련일정에 대해 안내하기
물리적 지원	• 사용하는 도구 수정하기 • 일이 없을 때 쉴 수 있는 공간 제공하기 • 보조공학도구 사용하기
사회적 지원	• 쉬는 시간에 이유기 나누기 • 간식 함께 먹기 • 실수했을 때 위로해주기 • 작업장에서 지켜야 할 규칙 설명하기 • 같이 일하는 직원 소개해주기 • 의사소통 시작행동 먼저 하기
훈련적 지원	• 수행방법에 대한 모델 제공하기 • 이해하지 못하는 것에 대하여 설명하기

(5) 전통적 직업훈련과 지원고용

기준	전통적 접근	지원고용 접근
기본접근	선훈련 후배치	선배치 후훈련
과정	전이나 일반화 어려움	직무를 수행해야 할 특정 상황에서 학습된 행동은 다른 상황으로 전이됨. 작업환경 내에서 학습할 때 가장 효과적
중재유형	치료활동, 일상활동, 작업활동	과제분석, 실제 작업환경 내에서 개인별, 작업별 특수훈련을 함
지원, 지도, 감독	개인의 필요와 욕구보다는 프로그램의 규모나 규정의 정도에 따라 결정됨	훈련 초기에는 집중적인 훈련을 하고 시간이 경과함에 따라 지원의 양을 줄여나감. 훈련의 양은 개인의 필요에 따라 정해짐
진단 및 평가	학습이나 훈련이 이루어지기 전에 개인에 대한 평가가 일반적으로 실시됨	훈련 시작 전과 훈련 과정에서 구체적인 직무 수행 가능성이 개인과 환경 차원에서 진단 및 평가됨
프로그램의 유형	일상활동, 작업활동, 보호고용	개별배치, 이동작업대, 전환작업, 소기업 등
비장애인과 통합기회	통합이 제한적이거나 주류사회와 분리됨	통합이 강조되며 지역사회에 중심을 둔 프로그램에 많이 참가
작업과 관련된 기능	작업기능을 직업을 갖기 위한 전제조건으로 생각하고 작업 과정에서 크게 강조되지 않음	작업현장에서 작업기능이 지도되고 강조
임금	임금 수준이 낮고 임금 인상의 기회가 제한됨	경쟁적 임금체제 또는 작업결과에 따라 비교적 높은 수준의 임금을 받음

3. 보호고용 19·24중

① 경쟁고용에 취업이 힘들 정도로 노동능력이 떨어지는 장애인을 대상으로 한다.

② 장기적으로 고용의 기회를 제공한다.

③ 임금이나 생산성이 경쟁고용보다 낮을 수 있으나 임금을 받고 생산성도 어느 정도 유지하는 고용의 형태이다.

④ 몇 년의 훈련을 통하여 경쟁고용으로 나아갈 수도 있다.

기출 LINE

19중) 외부실습은 장애인 직업재활시설 작업장에서 인근 사업체 하청 작업(볼펜 조립)을 반복적으로 수행하여 작업 기능을 높일 수 있도록 합시다.

24중) 중증장애인에게 고용기회를 제공하는 직업재활시설의 일종입니다. 분리된 작업장이고 보수가 적습니다.

키워드 Pick

4. 소비자 중심 고용

(1) 개념

① 소비자 중심 고용은 고용주와 고용인 간의 관계이며 이 둘의 요구를 충족시키는 개별화된 고용 관계를 의미한다. 이는 장애인의 개별화된 강점, 요구, 관심 사항이며, 또한 고용주의 구체적인 요구를 맞추기 위해 고안된 것이다.

② 소비자 중심 고용은 장애인의 요구에 맞추기 위해 개별적으로 협상하고 소비자 중심의 책임 있는 취업이 될 수 있도록 직업 개발(job casing), 자기-고용, 업주 주도, 혹은 다른 직무 개발이나 전략의 재구조화를 통해 개발된 고용을 포함한다.

③ 소비자 중심 고용은 개별적으로 협상하고 개발한 직무 기능을 개인이 수행하는 데 필요한 것을 제공하기 위하여 합리적인 조절(accommodations)과 지원을 하는 것을 의미한다.

④ **지원고용과 비교**

    ㉠ **유사점**: 지원고용에서와 마찬가지로 소비자 중심 고용에서도 개인의 취업에 필요한 도움을 주기 이전에 이들의 강점, 흥미에 대한 것을 먼저 찾고, 필요한 지원을 한다는 점이다.

    ㉡ **차이점**: 소비자 중심 고용에서는 고용주와의 협상을 통해 실제로 취업이 이루어진다. 협상에서 신규 구직자의 개별화된 직무 기술(job description)은 현재 직무에서 새로운 일을 협상하는 것이거나 전혀 다른 새로운 것일 수 있다. 이러한 과정을 직업 개발(job carving), 직업 발견, 혹은 직업 재구조화라고 한다. 이것이 지원고용과 다른 점이다.

(2) 원칙

① 고용주가 자발적으로 특정한 직무나 혹은 고용인의 기대에 대해 협상한다.

② 협상된 고용 관계는 양측 모두 즉, 구직자의 독특한 요구, 강점, 그리고 흥미와 고용주의 특별한 요구에 맞아야 한다.

③ 구직자가 지역사회에서 자신의 선호도, 흥미, 연계성에 대한 취업 계획 과정을 조정한다.

④ 소비자 중심 고용은 개인에게 맞추어져 있고, 그래서 취업이 어려웠던 미취업자들에게 도움이 된다.

⑤ 작업은 지역사회에 통합되고 개별화된 작업장에서 이루어진다. 혹은 장애가 없는 다른 고용인들과 함께 일하는 개인 업체에 고용된다.

⑥ 월급은 물가 인상률에 따라 일정하게 인상되어야 한다.

⊕ Plus

고용 유형별 특성

고용 유형	특징	수입	훈련	통합
비고용	• 지원 요구가 높거나 제한된 기술로 고용이 어려움 • 일은 할 수 있지만 일에 대한 개인의 동기가 없음 • 일에 대한 동기는 있으나 개인이 일을 찾을 수 없음	없음	없음	없음
무보수	• 재정적 보상 없이 작업(작업 자체에 의미 부여, 자원 봉사, 통합 기회 활용)	없음	다양함	가능
보호 작업장	• 성인 주간보호시설 프로그램(일상생활 훈련, 사회적 기술, 여가 기술, 취업 전 기술 습득)과 작업 활동 연계 • 작업 훈련(포장, 조립 등 하청 과제수행) • 중증장애인을 위한 작업장	낮음 (작업 수행 기준)	지속적 훈련	없음
지원고용	• 개인 배치 모델(작업 코치가 장애인과 일대일 배치) • 소집단 모델(기업 내에서 일하는 3~8명의 소집단) • 이동작업대 모델(1~2명의 감독이 3~8명의 작업자를 담당하여 지역 내 하청서비스) • 소기업 모델(장애인과 비장애인이 동반 고용)	최소/ 낮음	지속/ 소거	가능
소비자 중심 고용	• 경쟁고용 시장에서 근무하여 구직자의 능력과 흥미에 따라 고용 협상 • 취업자와 고용주 모두의 요구에 맞춘 맞춤형 고용	합리적 임금	개별적 다양	가능
경쟁 고용	• 자율 노동시장에서 일반인처럼 경쟁을 통한 전일제 혹은 시간제 근무 • 취업 이후 서비스 중지	최소/ 높음	다양	가능

② 주거

1. 주거유형

대규모 집단 시설 (large group facilities)	• 대규모 집단 시설은 주에서 운영하는 공공기관이다. 이 기관들은 한 곳에서 집단으로 장애인들에게 서비스를 제공한다. • 공공기관의 보통 규모는 300명 이상의 거주자가 수용된 양호가정(nursing home)이며, 사설 기관들은 주에서 운영되는 시설들이 많다. • 양호가정은 주로 의료적인 서비스에 중점을 둔다.
공동생활가정 (group home)	• 공동생활가정은 발달장애인들이 가장 많이 생활하는 지역사회의 한 유형이다. • 공동생활가정이란 용어는 가정에서 대부분의 서비스와 지원이 이루어지고 함께 가정에서 생활하는 다양한 주거 유형을 의미한다. • 3명 정도의 소규모의 가정도 있지만, 15명이 함께 생활하는 규모가 큰 가정도 있다. • 같이 생활하는 상담사(생활지도사)가 있는 경우도 있지만, 교대로 근무하는 직원이 배치되기도 한다.

✏ 키워드 Pick

	• 거주자가 영구적으로 생활하도록 설치되기도 하고, 일시적으로 거주자의 독립성을 훈련시키는 장소로 설치되어 훈련을 마치면 이들은 제한이 적은 환경으로 이동할 수 있도록 한다. • 공동생활가정은 규모가 작고 지역사회를 기반으로 설치되었기 때문에 대규모 집단 시설보다는 덜 제한적이라고 여겨졌다.
양육가정 (faster homes)	• 발달장애인이 가정집에서 가족으로 함께 생활하는 것이다. • 양육가정은 가정과 같은 자연스런 생활을 할 수 있어 가장 덜 제한적이라고 볼 수 있다.
반-독립적 생활 (semi- independent living)	• 반-독립적 생활 유형은 다양한 형태로 분류될 수 있다. 일반적으로 반-독립적 생활은 발달장애인이 그들의 장애에 따른 요구에 의해 지원이나 관리를 통해 가정이나 아파트에서 혼자나 한두 명의 룸메이트와 함께 생활하는 형태이다. • 일반적인 형태는 아파트 집단배치, 장애인과 비장애인이 함께 생활하는 형태, 장애인이 가정 혹은 아파트에 혼자나 한두 명의 다른 장애인과 함께 생활하는 형태이다.
독립생활 (independent living)	• 대규모 집단 시설과 연속성에서 정반대에 있는 생활형태이다. • 독립생활은 장애인을 지역사회에 배치하는 데 있어 공식적인 서비스와 지원이 더 이상 필요하지 않은 경우이다. • 궁극적으로 독립생활은 장애인들의 최종 목적이다.

2. 대안적 주거유형

지원생활 (supported living)	• 지원생활은 장애인의 주거 재활에 대한 대안으로 인식되어 왔다. • 지원생활은 장애인이 자신의 집에서 거주하면서 각 개인에게 필요한 지원을 받게 하는 것이다. • 자기 소유의 가정을 가질 수 있는 기회를 제공하고 자신의 일상생활 기능을 스스로 조정하고 활용할 수 있는 기회를 넓혀주는 것이다. 이를 통해 생활에서 자기-결정 능력을 높이고 자신이 하고 싶은 일을 결정하는 데 있어 적극적으로 참여하도록 하는 것이다. • 지원생활의 주요개념 : 지원에서 분리된 거주지, 자기 소유의 주거지에서 생활, 지원생활은 각 개인에 따라 달라져야 함, 원하는 것들을 선택할 수 있어야 함, 도구적 활동에 더 많은 참여가 있어야 함, 비공식적 지원을 통합함
개별중심지원 (person- centered services)	• 개별지원서비스나 소비자중심 서비스 모델과 전체적인 발전 과정에서 맥락을 같이 하고 있다. • 지역사회 내에서 과제와 서비스가 수행되기 때문에 개인의 만족과 역량을 강화하는 데 있다. • 개별지원서비스는 독립생활에 필수 요소이며, 서비스에 소비자가 직접 관여하는 내용이 포함되어야 장애인들은 통합된 지역사회 환경에서 살아갈 수 있다.

참고문헌

Chapter 01
통합교육 · 개별화교육

통합교육의 이해와 실제 3판, 이대식 외, 학지사, 2018
장애아동 통합교육론, 정동영, 교육과학사, 2019
특수아동교육 4판, 이소현 외, 학지사, 2024
협동학습 모형 탐색, 전성연 외, 학지사, 2010
지적장애 학생 교육 3판, 송준만 외, 학지사, 2022
중도 · 중복장애학생 교육의 이해 2판, 강혜경 외, 학지사, 2023
통합교육 2판, 한국통합교육학회, 학지사, 2009

Chapter 02
특수교육평가

특수교육평가 4판, 이승희, 학지사, 2024
특수교육평가 이론과 실제, 송현종, 학지사, 2021

Chapter 03
행동지원

행동수정이론에 기초한 행동지원 2판, 양명희, 학지사, 2016
개별대상연구, 양명희, 학지사, 2015
응용행동분석, 이성봉 외, 학지사, 2019
장애 학생을 위한 개별화 행동지원, 이소현 외, 학지사, 2008
단일대상연구, 이소현, 학지사, 2000
장애아동관찰, 이승희, 학지사, 2021
응용행동분석, 홍준표, 학지사, 2009

Chapter 04
특수교육공학

특수교육공학 2판, 김남진 외, 학지사, 2017
특수교육공학 2판, 권충훈 외, 학지사, 2024
지체장애아동의 이해와 교육, 정동훈 외, 시그마프레스, 2016

Chapter 05
전환교육

지원고용의 이해와 적용, 박희찬, 학지사, 2016
전환교육의 이해와 실행 3판, 김형일, 학지사, 2020
지적장애 학생 교육 3판, 송준만 외, 학지사, 2022
장애청소년 전환교육, 박승희 외, 시그마프레스, 2006
지체장애아동의 이해와 교육, 정동훈 외, 시그마프레스, 2016

임지원 특수교육의 맥

1. 특수교육의 방법 및 전략

초판인쇄 | 2025. 1. 10.　**초판발행** | 2025. 1. 15.　**편저자** | 임지원
발행인 | 박 용　**발행처** | (주)박문각출판　**등록** | 2015년 4월 29일 제2019-000137호
주소 | 06654 서울시 서초구 효령로 283 서경 B/D　**팩스** | (02)584-2927
전화 | 교재 문의 (02)6466-7202, 동영상 문의 (02)6466-7201

저자와의
협의하에
인지생략

정가 23,000원
ISBN 979-11-7262-406-4
ISBN 979-11-7262-452-1(세트)